张程 著

一步之遥

中国的**皇太子政治**

群言出版社
QUNYAN PRESS
·北京·

图书在版编目（CIP）数据

一步之遥：中国的皇太子政治 / 张程著 .— 北京：群言出版社，2015.9
ISBN 978-7-80256-803-7

Ⅰ. ①一… Ⅱ. ①张… Ⅲ. ①皇太子—生平事迹—中国②政治制度史—研究—中国—古代 Ⅳ. ①K820.2 ②D691.2

中国版本图书馆 CIP 数据核字（2015）第 170740 号

责任编辑：张天放
封面设计：美信书装设计

出版发行：群言出版社
社　　址：北京市东城区东厂胡同北巷 1 号（100006）
网　　址：www.qypublish.com
自营网店：http://qycbs.shop.kongfz.com（孔夫子旧书网）
http://www.qypublish.com（官方网店）
电子信箱：qunyancbs@126.com
总 编 室：010-65265404　65267783
编 辑 部：010-65138815　65262436　65276609
发 行 部：010-65263345　65263836
市 场 部：010-65220236　65265832（读者服务）
经　　销：全国新华书店
法律顾问：北京市君泰律师事务所

印　　刷：北京市宏泰印刷有限公司
版　　次：2015 年 9 月第 1 版　2015 年 9 月第 1 次印刷
开　　本：710mm × 1000mm　1/16
印　　张：15
字　　数：201 千字
书　　号：ISBN 978-7-80256-803-7
定　　价：25.80 元

目录

么人能坐皇帝的位置，什么时候能坐，应该怎么坐，坐之前需要做些什么准备，这一切都是有明确而又严格的规定的。它们构成了中国历史上的皇太子制度，衍化出了形形色色的“皇太子现象”。而参与其中的主角是一群邂逅皇位的、既幸运又不幸的孩子们。

风萧萧兮易水寒

——燕太子丹的责任与复仇

战国末期，燕国的太子丹担心的问题，和其它太子担心的问题完全不同。太子丹不担心自己的太子地位，而是为即将灭亡的国家命运担忧。面对秦国咄咄逼人的入侵，太子丹过早地承担起了保家卫国的责任，展开了对秦国的理想主义复仇行动。

人质生涯

一

太子丹是战国时燕国的末代太子。太子丹的父亲是燕王喜。燕王喜有一个很喜庆的名字，可日子过得一点都不喜庆。经过几百年的征战兼并，燕国传到燕王喜手中的时候，已经是积贫积弱，风雨飘摇了。而燕王喜是个平庸懦弱的人，根本就不知道怎样做才能避免国破家亡的厄运。

太子丹有这样的国家和父亲，日子过得好不到哪里去。很小的时候，太子丹就被送到赵国去当人质。

战国时期各国流行互换人质，仿佛换了人质大家就能相安无事似的。实际上，只有外交关系不好，老是兵戎相见的国家，才热衷于交换人质。这都是“形象工程”，充当人质的人大多是在国内地位无足轻重的王子王孙。太子丹除外。他之所以被当做人质送到赵国去，是因为燕国打不过赵国，主动求和，必须要送一个货真价实、地位重要的王子去表达诚意。

当时在赵国的首都邯郸的人质除了太子丹外，还有一位秦国的人质——王孙异人。异人是秦国众多王孙中的一个，多他一个不多，少他一个不少，基本上与秦国的王位“绝缘”。秦国和赵国搞“假和谈、真备战”，就把异人这样的货色送到邯郸来了。

一个是弱小的邻国主动送上门来的太子丹，一个是强大的邻国随便打发来的异人，赵国对他们两个人的态度都不好。太子丹在邯郸的日子过得很不舒心。异人在邯郸的日子开始的时候也很不愉快，不过很快就得到了改善。因为一个叫吕不韦的商人决定“投资”异人，做一笔“政治生意”。吕不韦大笔大笔花钱，慷慨地送给异人豪宅、车驾、华服和美味佳肴，后来还把自己的老婆赵姬也送给了异人，真的是不惜血本。

赵姬没有经过十月怀胎就莫名其妙地给异人生下了一个儿子。秦国人不知道，在遥远的邯郸他们的国家多了一个王曾孙。如果他们知道这个曾孙将带领他们扫荡寰宇，统一六国，他们一定会举国狂欢，来庆祝这个后来取名为“嬴政”的婴儿的诞生。

我们不知道太子丹有没有见过嬴政。不管见没见过，太子丹的后半生命运都紧紧地和嬴政连接在了一起。

二

太子丹后来回到燕国，做他的太子去了。嬴政后来被接回秦国，经过一系列令人眼花缭乱的宫廷政变，奇迹般地成为了秦王。这都是多年后的事情了。

话说秦国和燕国的关系也很不好。秦国喜欢侵略他国，霸占他国领土，曾一度攻入燕国的南部，攻占了几十座城池。燕王喜黔驴技穷，故伎重施，向秦国求和，要求互换人质，恢复和平。秦国答应了，于是太子丹只得前往秦国首都咸阳，开始另一段人质生涯。

嬴政此时已经成为秦王，但是对父亲昔日的难兄难弟太子丹一点都不关照。太子丹在咸阳饱受欺凌，一点也没享受到“王室待遇”，最后连日常的物质供给也出现了问题。谁让祖国弱小，秦国强大呢？如果自己的悲惨命运能够换取燕国的安全与和平，太子丹也就认命了。问题是秦国接受了燕国的人质后，出尔反尔，继续对燕国发动侵略战争，蚕食燕国土地。太子丹的人质生涯一点作用都没有，他恨死秦国，恨死嬴政了。他觉得自己的身心煎熬都是罪恶的秦国造成的。

于是，太子丹跑去质问嬴政：“燕秦两国已经重启战事了，你什么时候放我回国？”

嬴政冷冷地看了太子丹一眼，蛮横地说：“只要乌鸦变成了白头，马长出头角，我就放你回去。”

乌鸦是黑的，马是没有头角的，这是自然规律。太子丹听了嬴政的条件后，心情跌落到谷底，怒视嬴政，开始在心里一遍又一遍地将嬴政五马分尸、千刀万剐。

看来通过正常的途径，太子丹是回国无望了。太子丹是个坚强的爱国者，他决定找机会潜逃回国。几年后机会终于来了，太子丹趁秦国看守松懈，化装成仆役，逃回了燕国。

三

太子丹回到祖国后，痛苦地发现燕国比自己出去当人质之前更加落后，局势更加危险了。

最大的敌人秦国正一步步地逼近燕国，但燕国没有足够的力量抵挡秦国的进攻。太子丹为了报复嬴政的傲慢与虐待，为了挽救祖国沉沦的命运，决心竭尽全力与秦国为敌。

遗憾的是，父亲燕王喜显然没有认识到秦国才是燕国最强大最凶恶的敌人。当时长平大战刚刚结束。赵国的几十万大军被秦军打得落花流水，一败涂地。赵国丧失了军队主力，国内空虚。燕王喜开始觉得赵国挺可怜的，派了一个叫做栗腹的大臣去赵国“慰问慰问”，联络一下感情，还送了五百黄金给赵王买酒喝。栗腹回来后把赵国虚弱的情况一五一十地报告给了燕王喜，建议说：“赵国的青壮年几乎都在长平战死了，国内的孤儿弱小还没有长大，这正是我们讨伐赵国的好机会啊！”燕王喜觉得这的确是个趁火打劫的好机会，又叫来昌国君乐闲，询问能否出兵。乐闲反对说：“赵国是四战之国，百姓尚武好斗，我们不能轻易讨伐他们。”燕王喜问：“反正赵国现在没多少军队了，我用五倍的军队去打它，难道还打不过吗？”乐闲认死理，坚持说不行。燕王喜发怒了，其他大臣忙都说可以讨伐赵国。燕王喜这才破涕为笑，派出二千乘车骑，任命栗腹为统帅，大举进攻赵国。临出发前，大臣将渠劝谏说：“我们燕国和赵国是友好邻邦，和睦共处，大王您还送过赵王五百黄金呢。使者刚回来我们就去进攻赵国，在道义上站不住脚，肯定打不赢。”燕王喜非但不听，还亲自率领一支部队作为偏师伐赵。将渠就拉住燕王喜的绶带，死死不让燕王喜出征，结果被燕王喜一脚给踹倒了。将渠哭着说：“我这么做，不是为了我自己，而是为了大王啊！”结果，燕国大军遭到了廉颇率领的赵军的迎头痛击。栗腹大败而归，被赵军在屁股后面追了五百多里路，引火烧身，战火最后烧到燕国土地上来了。燕王喜没办法，只好说软话求和。赵军提出，赵国只以将渠为“谈判对象”。燕王喜赶紧拜将渠为丞相，和赵国和谈。赵国这才撤军。

燕国失败以后，国家更加衰败。燕王喜似乎退出了政治舞台，再也没有什么新的“最高指示”。燕国国政实质上转移到了太子丹的手中。

太子丹的政治思路非常清晰，一次他对太傅鞠武说：“燕秦势不两立，我们应该怎么对付秦国呢？”鞠武很悲观地说：“秦国势力威逼全天下，威胁韩魏赵三国，只有易水以北的燕国土地暂时还没有遭到秦军进攻。太子怎么可以因为曾受到秦国的凌辱，公然与强大的秦国为敌呢？”太子丹骄傲地回答：“是，又怎么样？”当时，秦国发生了内乱（嬴政的弟弟叛乱），将军樊於期逃到燕国。太子丹收留了他。鞠武忙劝谏太子丹说：“太子不可收留樊於期！秦王嬴政正积怨燕国，到处找茬和我国过不去呢，怎么可以在这个节骨眼上收留樊将军呢？这是给饿虎送食啊！太子您不如赶紧把樊於期送入匈奴，就当作没见过他，或者干脆杀人灭口。”说完，鞠武做了一个杀头的手势。太子丹断然拒绝说：“樊於期将军穷困潦倒才来投奔燕国，我太子丹怎么可以因为害怕秦国的强大而抛弃一个可怜人，将他交给匈奴呢？”于是，樊於期不仅在燕国住了下来，而且受到太子丹公开的款待，出席各种场合，日子过得有滋有味。消息传到秦国，嬴政气得牙痒痒。

当然了，太子丹与秦国的仇恨没有只停留在表面反立上，他时时刻刻都在谋划反秦的具体方法和步骤。当时以鞠武为代表的燕国大臣们的观点是：“向西发展与赵国的友好关系，向南连接齐国和楚国，向北与匈奴单于搞好关系，然后慢慢对付秦国。”太子丹认为这样的对策简直就是狗屁，操作起来旷日持久。为了落实这些政策，又要召开无数次更加旷日持久的会议来讨论具体的细节问题。到时候，秦国大军都兵临城下了。现在，太子丹需要的是能够真刀真枪给秦国，给嬴政一个沉痛教训的对策。他觉得最有效的方法就是派人刺杀嬴政。

鞠武看出太子的心思，无奈地说：“我们燕国有一个田光先生，智深，勇沉，太子可以和他商量一下反秦大计。”太子丹很高兴，赶紧从鞠武那要了田光的联系方式。

谋划刺秦

一

太子丹主动找到田光，开门见山地说："我想请先生出山，指点国家大事。"

隐居多年的田光年事已高，但还是被太子丹的直率打动了，同意出山辅助太子丹。

太子丹风风光光地将田光先生接出来，自己在前面给他开道，跪着把他迎进自己的府邸，给他拂干净座席，再恭敬地请田光坐下。田先生坐定后，太子丹把左右支走，郑重地请教："燕秦势不两立，我想派遣刺客去刺杀秦王嬴政，造成秦国内乱，削弱秦国。先生有什么建议嘛？"

田光感叹道："我已经老了。太子您之前听到的都是我壮年时的巅峰表现，现在我已经拿不出什么主意了。"

太子丹那个失望啊，情绪一下子从最高点跌落到了谷底。自己花了大力气请出来的高手，竟然一无所用，难道是自己期望值太高了？

太子丹正绝望着，田光又慢慢开口说话了："但是我田光不能对国事无动于衷。我向太子推荐一个高手——荆轲。我熟悉荆轲，他能辅助太子成就大事。"

荆轲是卫国人，当时在燕国游荡，是个赫赫有名的侠客。战国时的侠客不仅仅是背着一把剑到处晃荡的武林高手，他们的头脑也和四肢一样发达、和身手一样矫捷，对政治对社会都有成熟的看法。荆轲作为侠客群体的佼佼者，自然身手不凡，想必在辅助政务和刺杀嬴政两件事情上都能帮助太子丹。

太子丹赶紧从田光那里要来了荆轲的联系方式。田光也就告辞了。

太子丹恭敬地把田光送到门口，临别时嘱咐了一句话："我所说的和先生所说的，都是国家大事，请先生不要泄露出去！”田光笑着答应了。

告别太子丹后，田光找到了荆轲，说：“太子丹只知道我田光壮盛时期的表现，却忘记了人总是会老的。他拜访我，向我请教对付秦国的方法。我没有什么好建议，就把你荆轲推荐给了太子丹。希望你能去见见太子丹。”荆轲勉强答应了。田光接着感叹说：“刚才太子丹对我说：‘我们说的都是国家大事，请先生不要泄露出去。’这是太子丹在怀疑我田光，不相信我对你的推荐！使人怀疑自己，不是侠士所为。”田光决定自杀来激荆轲出山，说：“希望你能够快去见太子丹，告诉他田光已经死了，不会食言。”说完，田光拔剑自刎而死。

荆轲被田光的侠义行为所感动，随即去见太子丹，把田光的死讯告诉了太子。

太子丹是个一心报仇的深宫子弟，对侠客还是缺乏了解，没想到自己出门前的一句嘱咐竟然要了田光的命[1]，后悔地跪地哭泣。过了好一会儿，太子丹后悔过后，对荆轲说：“我请田先生不要把谈话泄露出去，是想保密，为促成大事打算。现在田先生以死保证，完全不是我的本意！”

请荆轲坐定后，太子丹又离开座席，顿首，郑重地请教：“田先生不嫌弃我不会办事，将您推荐给我，这是上天可怜燕国，不抛弃我啊！现在秦国贪饕之心暴露无遗，不吞并全天下的土地，臣服全天下的人们，是不会满足的。现在秦国已经吞并了韩国，正在进攻南方的楚国和北方的赵国。赵国打不过秦国，投降是早晚的事情。赵国灭亡后，燕国的祸害就到了。燕国弱小，就是举全国之力也抵挡不住强大的秦军。我老是在想，我们燕国能不能挑选天下勇士，出使秦国，用重利引诱秦王相见，再找机会劫持秦王。之后，我们逼秦王归还霸占

1 也有人认为太子丹是卑鄙小人，深刻了解战国侠士的思想与言行，故意嘱咐田光，逼死田光，免得自己的刺杀计划泄露出去。

的六国土地，如果秦王不同意，就杀了他。到时候秦国国内一定大乱，君臣相疑，我们燕国可以联合诸侯，共同讨伐秦国，一定能破秦大胜！”

至此，太子丹把在心里琢磨了好多年的计划和盘托出。想必连太子丹也不相信劫持了秦王嬴政后，秦国就会归还之前侵占的各国土地。太子丹要的就是杀死嬴政这个仇家，出出胸中的恶气，也让秦国内乱一下，改善一下敌我实力对比。我们只能说，太子丹的想法“很傻很天真”。

太子丹对这个理想化的计划也没太大把握，实事求是地对荆轲说：“如果能实现，当然最好了。但是我不知道具体怎么去执行，只有请荆卿留意了。”

荆轲想，你这是想让我去执行一个没有退路、有去无回的任务啊！荆轲想了很久，勉强说：“此等国家大事，荆轲愚钝，恐怕担当不了如此大任。”太子丹赶紧上前顿首，再三请求荆轲答应。士为知己者死。田光刚刚在荆轲面前上演了一堂生动的侠客精神教育课。荆轲咬牙答应了下来。

二

太子丹高兴极了，尊荆轲为上卿。什么别墅豪宅、车骑美女，只要荆轲想要的，太子丹都满足他。

一次宴会上，太子丹特意叫来一位能琴善乐的琴女助兴。荆轲听着悦耳的琴声，如痴如醉。太子丹看荆轲陶醉的样子，问他：“荆卿如果喜欢，这个美女和琴就都是你的了。”荆轲对弹琴的美女动了一点“不良心思”，现在被太子丹看出来了，怪不好意思的，连忙掩饰说：“真是一双好手啊！”他一再表示自己很喜欢琴女的那双手。结果荆轲回家后不久就收到太子丹送来的一个盒子，里面赫然放着琴女的那双手。还有一次，荆轲在一个池塘边无聊地用石子击打水中的鱼。

池塘边没有多少大小、重量合适的石头，太子丹就送来一盘金丸，供荆轲扔鱼用。这可真的是“金子打水漂”了。

太子丹对荆轲的厚待到了这种程度，荆轲的侠客精神使得他只能沿着太子丹的思路一步步向前走下去。

公元前227年，秦国大将王翦攻破邯郸，俘虏了赵王，赵国灭亡。赵国残余力量仅仅保有赵国北部地区，建立了“代”国。赵国灭亡后，秦军饮马易水河畔，前锋到达了燕国的边界。

太子丹觉得国家生死存亡的时刻到来了，着急地对荆轲说：“秦兵随时可能渡过易水，进攻燕国腹地。我很想长久地款待荆卿，只恐怕时日不会长久了。”

荆轲说：“我很愿意入秦刺杀嬴政。但是我们现在平白无故地去秦国，没有任何信物，秦国人根本就不会信任我们。我也找不到机会接近秦王。”

“那应该怎么接近秦王呢？”

“秦王嬴政痛恨樊于期将军，悬赏千金和采邑万家求购樊将军的脑袋。如果我能拿着樊将军的脑袋，再带上燕国督亢等地的地图献给秦王，表示燕国愿意割让土地臣服秦国，我相信秦王一定会接见我。我到时候就可以报答太子了。”

太子丹不同意：“樊将军是相信我才来投靠我的，我怎么能以一己之私而杀他呢！荆卿还是想想其他方法吧。”

荆轲知道太子丹不忍心加害樊于期，就自己跑去拜见樊于期。

他开门见山问樊於期：“将军的父母宗族，都被秦王残杀了。我听说秦国开出金千斤，邑万家悬赏将军的首级，不知道将军有何感想？”

樊於期仰天叹息，痛哭流涕：“我常常想起秦王的残暴和家族的不幸，痛入骨髓，此仇不共戴天，但就是不知道怎么报仇！”

荆轲说：“我有一个方法，既可以解除燕国的忧患，又可以替将军报仇。”

樊於期凑上前来问："什么方法？"

荆轲说："我愿意拿着将军的脑袋去献给秦王，秦王肯定高兴地接见我。到时我左手抓住秦王的衣袖，右手拿刀捅他的胸，那么将军的大仇得报，燕国被秦国欺凌的耻辱也可以昭雪。将军觉得怎么样？"

樊於期听完，仰天哈哈大笑，笑得都快把房顶给掀翻了，笑得荆轲心里特没底。突然，樊于期收住了笑声，猛地脱下一只衣袖，咬牙扼腕说："我日夜切齿拊心的想报仇大事，想不到今天听到了解决的好方法！"说完，他抽出宝剑，一抹脖子，把自己的脑袋给割了下来。

太子丹听到樊於期自杀，赶过来伏在樊将军的尸体上痛哭，无可奈何，小心地将樊於期的首级装在木盒里，密封好。

为了给荆轲找一把锋利的匕首，太子丹四处搜求天下利器，终于得到了赵国徐夫人[1]的匕首。这把匕首由多种合金百般锻造而成，寒光闪闪，长期浸泡在毒药中，只要在人的皮肤上划一道口子就能置人于死地，是杀人行刺的绝好装备。首级、地图、匕首，荆轲刺秦的装备齐全了。

三

荆轲却没有动身的意思，似乎还在等什么人同行入秦。

太子丹更加着急了，甚至怀疑荆轲要在关键时刻掉链子，就反复督促荆轲，最后说："没有多少时间了啊，如果荆卿没有出发的意思，我要先派其他勇士入秦。"

荆轲勃然大怒，对着太子丹吼了起来："临阵反悔的人是懦夫！我现在提着一把匕首，孤身前往强秦，前途难测。我是等待一位朋友和我一起行刺。既然太子丹怀疑我了，我现在就请求出发！"

1　徐夫人，姓徐，名夫人，是个男子。

太子丹很高兴，荆轲终于同意入秦行刺。既然荆轲没有等到同伴，太子丹就委派勇士秦武阳作为荆轲的副手去秦国。这个秦武阳还只是个十三岁的小孩子。一年前，秦武阳当街杀死了杀父仇人。据当时旁观者说秦武阳身上散发的杀气让旁人都不敢对视。太子丹很赏识这个孩子的勇气，赦免了秦武阳的死罪，收在身旁留用。

燕国政府任命荆轲为正使、秦武阳为副使正式“出使”秦国。太子丹和极少数知道荆轲此行真实目的的宾客，都穿着白衣，带着白帽来送行。送到边界易水时，双方要分别了。荆轲的朋友高渐离匆忙赶来，击筑唱歌，给好友送别。荆轲和着他的歌，哼起了悲伤的旋律，悲伤得一行人都垂泪涕泣。荆轲旋律一转，唱道：“风萧萧兮易水寒，壮士一去兮不复还！”歌声慷慨激昂，听得大家都情绪激昂，怒发冲冠。不等大家反应过来，荆轲一把拉秦武阳上车，渡河而去，迅速消失在远方。

太子丹望着荆轲的背景，心里忐忑不安。

四

我们都知道太子丹策划的这一次著名暗杀事件最后以失败告终了。太子丹和荆轲都把事情看得太简单了。凭一人之力在戒备森严的敌国朝堂上杀死敌人的君主哪是容易的事情啊。而且看似勇敢的秦武阳在关键时刻掉了链子，吓得浑身哆嗦，连朝堂都没进去。荆轲之前迟迟不出发是在等合适的伙伴，看来是有道理的。太子丹太心急了，让荆轲在准备不足的情况下匆忙出发，对最后的失败负有不可推卸的责任。

刺杀失败了，后果极其严重。嬴政恨死了燕国，随即在第二年调配大军，大举进攻燕国，几个月后就攻陷了燕国首都蓟（今北京）。燕王喜、太子丹率领燕国残余力量逃往辽东，复负隅顽抗。秦军追到辽东，把燕国打得四分五裂，一心要灭亡燕国。

燕王喜在东躲西藏的时候收到了同为天涯沦落人的代王嘉的来信。代王嘉在信中说："秦军之所以死死追击燕国，都是太子丹惹的祸。现在燕王如果能杀死太子丹，把他的首级献给秦王，秦王一定会放过你。到时候燕国的社稷就能够保全了。"燕王喜本来就是个糊涂蛋，一听可以保命，还能继续当国王，连亲生儿子都不要了，派人去杀太子丹。

当时太子丹正躲藏在衍水。燕王喜派使者来见他，太子丹还以为是来商量抵抗秦军、恢复故土的事情，毫无防备。谁知道使者带人拥上来，利索地把太子丹的脑袋砍了下来，献给了秦军。秦国进攻燕国，一心吞并燕国，并不会因为太子丹的死而转变心意。嬴政看到太子丹的脑袋后，继续催促前线大军荡平燕国全境。五年后，燕王喜被秦军抓获，燕国灭亡。

后人为了纪念太子丹，就把衍水改名为太子河。这就是现在辽宁太子河名称的由来。

太子丹很傻，很急，很天真。他策划的荆轲刺秦事件，即使成功了，也不能扭转燕国走向灭亡的趋势。燕国的困境是几百年来国势衰落的必然结果，不是凭一己之力短期能够扭转的。而刺杀的失败却加速了秦国灭燕的进程。可以说，太子丹倾注全力策划、实施的刺杀行动并不是救国的好方法。但从爱国的角度来说，太子丹的行为是值得肯定的。

长居膝下尽欢颜

——沙丘政变与扶苏之死

皇太子首先是皇帝的儿子，其次才是帝国未来的接班人。因此，皇太子要经常在皇帝身边伺候着，不仅是为增加父子亲情，更为了消除政治隐患，以备不测。秦始皇的嫡长子扶苏就是因为长期领兵在外，在已经被秦始皇确定为接班人的情况下，遭到赵高、胡亥和李斯的迫害，与一步之遥的龙椅擦肩而过，糊里糊涂地自杀了。

暴毙旅途

一

始皇三十七年（公元前 210 年），秦始皇嬴政耀武扬威地在东方大地巡游。

秦始皇把这一次出巡的动静搞得很大，从首都咸阳出发，先到东南的会稽（今浙江绍兴），再沿着海岸线北上抵达琅琊（今山东东南），期间一度入海。一路上，旌旗招展，军阵炎炎，冠盖相从，到处都有臣民战战栗栗地跪迎。

这就是秦始皇出巡要达到的目的：让天下畏惧皇帝的权威。秦始皇继承祖先的基业，花费了二十多年时间，征东西讨，荡平寰宇，建立了中国第一个皇朝：秦朝。为了把征服的土地凝聚成铁板一块，秦始皇花费更大的力气，颁布了一个又一个统一法令。现在，秦始皇垂垂老矣，希望检验自己毕生奋斗的成果。遗憾的是，东方的百姓似乎对秦始皇的招摇行为不太买账。原韩国的落魄贵族子弟张良，雇佣了杀手半路伏击秦始皇的车驾；原楚国将门之后项羽看到秦始皇的排场，不屑一顾地说："谁都可以取代他！"甚至就连穿着秦朝的官服的地方小官、沛县的一个小亭长刘季（发达了以后改名刘邦）也对"最大的老板"没有敬畏之心，反而暗暗产生了取而代之的野心。

秦始皇这叫出钱不讨好，出巡遭人骂，碰了一鼻子灰。

因此，当嬴政赶到山东，知道花了大价钱的入海求仙工程没有成功的消息后，压制已久的怒气终于爆发了出来。之前，秦始皇嬴政为了追求长生不老，动用整个国家机器，不惜民力物力财力，炼丹的炼丹，求仙的求仙，忙得不亦乐乎。他充分相信一群牛气哄哄的江湖方士，给予了他们充分的授权，寻找能让自己永生的办法。结果江湖方士逃的逃，拖的拖，毫无进展。

秦始皇已经50岁了，迫切需要长生不老药。他决定亲自出海，会会海上的神仙们，探寻长生秘方。大臣和方士们吓坏了，找出各种各样的理由劝阻秦始皇的冲动行为。可惜，秦始皇这回固执己见，满怀信心地入海寻仙去了。最后神仙没有找到，秦始皇倒是在之罘见到了一条巨鱼，勃然大怒，用大弓射杀了巨鱼。随从们赶紧劝谏秦始皇说，巨鱼怪兽拦驾，看来神仙暂时还不想见皇上，皇上还是暂且班师回朝吧。秦始皇望洋兴叹，不得不同意返回咸阳。

一路上的劳顿和结果的不如意，尤其是追求长生不老努力的失败，沉重地打击了秦始皇的精神。现在，深入海洋，与巨鱼搏斗，直接透支了年迈的秦始皇的体力。秦始皇上岸不久就病倒了。一行人紧赶快赶，赶到平原津的时候，秦始皇的病情已经相当严重了。

50岁，对于现代人来说，还是壮年。对于秦朝的人来说，已经是高寿了。现在，秦始皇在这个年纪突然病倒，能够挺过去呢？

二

随驾的大臣主要有丞相李斯、中车府令兼行符玺令事赵高。秦始皇的第十八子胡亥打小就很讨嬴政的疼爱。出发前，胡亥奏请从驾，得到了秦始皇的允许。除了胡亥外，秦始皇其他的儿子都没有跟来。

大臣们凑在一起，讨论起秦始皇的病来。随着秦始皇的病情越来越严重，大家讨论的话题开始涉及到秦始皇时候的权力分配问题了。秦始皇本人对“死”和相关的所有词汇都特别敏感。因此，群臣谁都不敢提秦始皇的遗嘱和死后安排。

秦始皇虽然讳疾忌医，身体情况每况愈下，但他的头脑始终是清醒的。每天，秦始皇都照常处理各处的奏章。秦朝时的奏章都是写在竹简上的。秦始皇一般一个工作日能够处理大约120斤重的竹简，工作强度还不低。

秦始皇最清楚自己的身体感受。终于有一天，他支撑不住了。这个结束战国开创统一的硬汉不得不承认自己的大限来到了。

在生命的最后几个时辰里，秦始皇慌忙思考起身后事来。葬礼什么的都不需要秦始皇关心，他最关心的就是由谁来继承皇位。最终，秦始皇给在抗击匈奴前线领兵的大儿子扶苏写了一道诏书，盖上玉玺。诏书只有短短的一行字：“以兵属蒙恬，与丧会咸阳而葬。”（你把军队交给蒙恬将军，赶回咸阳与我相会，主持我的葬礼。）皇帝的葬礼只有新皇帝才能主持。秦始皇写下的这份诏书，意思很清楚，他要传位给公子扶苏。

公子扶苏何许人也？

扶苏是秦始皇的嫡长子。从王权继承顺序来看，扶苏是理论上的第一顺位继承人。秦朝没有留下朝代史，加上秦二世时期的清洗和战乱的破坏，有关扶苏的史料很少。秦始皇有超过20个儿子，除了扶苏和胡亥，其他皇子留下的史料更少。从史料的数量和旁人的反馈来看，扶苏可算是秦始皇众多儿子中最出色的一位。秦始皇很欣赏扶苏这个嫡长子。当然，秦始皇也很喜欢胡亥。但他对幼子胡亥是父亲对儿子的喜爱，而不是政治上的欣赏。因此，现在扶苏最终战胜众多的兄弟，被秦始皇确定为接班人，一点都不奇怪。这从日后其他人的反应也可以间接证明。

可能是扶苏能力出众的缘故，他顺带着在政治上也有许多独立的想法。比如扶苏不赞同父皇秦始皇强化思想专制的许多做法，尤其是迫害儒生的做法。扶苏本人就接受了儒学思想，曾拜大儒、朝廷的博士淳于越为师。阅读了众多的儒学典籍后，他对秦始皇的专制治国很有看法，经常给父亲上书，议论时政。

扶苏的老师淳于越在秦始皇三十四年（公元前213年）的咸阳宫酒会上“翻了船”。他迂腐地从周礼周制出发，对秦始皇推行郡县制大不以为然，而建议实行分封制。淳于越宣称：“事不师古而能长久者，非所闻也。”丞相李斯当场驳斥了淳于越复古尊礼的做法，坚决要求强化对全国的控制，反对分封。秦始皇采纳了李斯的观点，罢黜了淳于越。渐渐的，秦始皇对那些老师抨击执政当局的儒生们异常反感，干脆挖了一个大坑，把他们都给活埋了。这就是大名鼎鼎的“坑儒事件”。扶苏激烈反对秦始皇这么做：“现在天下刚刚平定，远方百姓还没有归附，儒生们都诵读孔子经书。如果皇上一律用重刑制裁他们，将会影响天下的安定，请父皇明察。”扶苏和秦始皇两人的做法都有道理，只是执政思路的不同而已。但当时秦始皇正在气头上，见儿子公开出面反对自己，怒火攻心，把扶苏派到北方上郡（今陕西省榆林县一带）去给大将蒙恬的军队做监军去了。扶苏一赌气，去就去，收拾行装，去陕北体验生活去了。

秦始皇内心对扶苏这个孩子还是满意的，临终前将权力转移给了他。如果扶苏能够顺利继位，秦朝的命运可能会朝着另外的方向发展。

可惜，事情总不会那么美满。

三

秦始皇写下传位诏书后，交给中车府令赵高。因为赵高管理着宫廷的符玺，诏书需要经过他的手里再交给使者，最后由使者传达。

但是秦始皇确定后事太晚了，挣扎着写完诏书没一会，就死了。

当时是始皇三十七年（公元前210年）七月丙寅日，地点在沙丘平台（今河北广宗北）。秦始皇享年50岁。

秦始皇升天了，管不了扶苏，自然也掌控不了尚未发出的诏书了。

因为秦始皇是在旅途中突然死亡的，皇帝驾崩的消息只有身边少数几个人知道。这些人包括：丞相李斯、中车府令赵高、秦始皇第十八子胡亥和五六个近侍太监。其他大臣都不知道。丞相李斯老成持重，怕皇帝突然驾崩引起政局动荡，严令大家封锁消息，不得走漏半个字，同时催促出巡队伍，快马加鞭，早日赶回首都咸阳。等赶回首都，事情就好解决了，局势也容易稳定了。

沙丘政变

一

知道秦始皇的死讯后，中车府令赵高的心理活动开了。

准确的说，赵高心理一直在等待这么一个机会。

别看赵高是秦朝的一个太监，出身却相当高贵。《史记》说赵高是："诸赵疏远属也。"有人就据此说赵高是赵国的群公子之一。实际上，赵高和几个弟弟都是出生在秦朝宫廷中的。虽然是赵国的公族出身，但因为国家灭亡，父母都成了俘虏，做了秦朝的宫奴，赵高根本就没有享受过公子待遇。有痛恨赵高的人指出：赵高的父亲受到了宫刑，做了秦朝的宫奴，母亲也被刑僇，入宫为奴，怎么可能再生下赵高等儿子呢？所以他们认为赵高是其母在秦国和其他人“野合”私生的。不管情况是否属实，赵高的早年生活无疑非常不幸。

在这样卑贱困苦的环境中长大的孩子，要么自暴自弃，要么产生强烈的报复社会、出人头地的欲望。赵高属于后者。

赵高一生下来就被阉割，“继承父业”做了太监。他非常幸运地被秦始皇给看上了。秦始皇听说赵高长得高大有力（这在太监中很少见），而且还精通狱法（可能是从出身贵族的父母那学的），破格提拔赵高担任中车府令。而且，秦始皇还让赵高做小儿子胡亥的家庭教师，教胡亥刑法判狱。赵高教学工作做得很好，胡亥很喜欢这个太监老师，两人很快就走到了一起，无话不谈。赵高的太监生涯也不是一帆风顺的，曾经犯下了大罪，被秦朝的贵族蒙毅抓住了把柄，依法制裁，给赵高定了一个死罪，而且还要把赵高一家去除宦籍（连太监也不让他们当了）。最后还是秦始皇出来扮好人，说赵高办事勤快认真，这回就赦免了死罪，以观后效，以便将功折罪。所以秦始皇恢复了赵高众车府令的官职。

后世的赵翼、章太炎、郭沫若等人仔细分析过赵高这个人，倾向于认为赵高在内心深处始终怀着对秦国的刻骨仇恨。祖国赵国被秦国灭亡了，赵高日夜思念着为祖国报仇。郭沫若的话剧《高渐离》对赵高的这种情绪进行了渲染，说赵高在秦宫中也没有好好教导胡亥，而是抓住小孩子贪玩的心理，老引诱胡亥瞎跑乱玩，让秦始皇心爱的孩子不学无术。在话剧中，阴谋刺杀秦始皇的高渐离还得到过赵高的帮助。我们不排除赵高有可能是在秦朝内部潜伏很深的赵国爱国主义者，但是权欲可能是促使赵高决心在秦始皇死后发动政变的更重要的原因。赵高在秦始皇病重时找个借口，把随驾的将军蒙毅给遣走了。蒙毅是大将蒙恬的弟弟，是监军扶苏一边的人。赵高让蒙毅赶回哥哥蒙恬军中，无形间斩断了扶苏、蒙恬等人安插在秦始皇身边的耳目眼线。现在，秦始皇死了，没有几个人知道，传位诏书和玉玺都在自己手中，任何人处在赵高的位置上，都会很自然地将这看作是为自己谋取利益的大好机会，弄好了还能窃取朝廷大权、威震天下呢。赵高压抑着的权力欲，这时候很自然地膨胀了起来。

二

赵高截留住秦始皇传位扶苏的玺书，跑去做公子胡亥的思想工作。

赵高和胡亥的关系很好，而且胡亥不学无术，赵高很愿意拥戴这样的角色取代扶苏。

只听赵高对胡亥说："皇上驾崩了，没有留下诏书分封诸位公子，单单给长子扶苏留下传位诏书。扶苏回来后，就会成为皇帝，那时候还有公子您的立足之地吗？不知道公子有什么想法？"

胡亥本来没什么想法，现在也被赵高挑逗出想法来了。他无奈地对赵高说："你说的都有道理。但是我听说，明君知臣，明父知子。父皇生前就这么决定了，不封诸子，我能说什么呢？"

赵高神秘地说："不对。方今天下大权，就操控在公子您、赵高我和丞相手中。希望公子好好谋划一下。臣服于别人和让别人臣服于自己，控制别人和受别人控制，那可是不能同日而语的啊！"

胡亥有点明白赵高的意思了，为难地说："扶苏是大哥，我是幼弟，废长立幼，这是不义；抗拒父皇的遗诏而惧怕死亡，这是不孝；我才能浅薄，仅仅依靠你们的帮助而勉强登基，这是无能。这三件事都是大逆不道的事，天下人知道了不会服从我的。这不是把我放在火上烤吗，对国家有什么好处？"

由此看来，胡亥这个公子还不算完全的不学无术，头脑很清醒，大道理说得一套一套的。

赵高只好继续劝说："商汤、周武王起兵杀其主，天下称赞他们的道义，都不说他们不忠。卫君杀其父，卫国人都称赞他的品德，孔子见了也不说他不孝。所以，大行不小谨，盛德不辞让，具体情况要具体分析。现在老看着细枝末节忘记了大事，会贻害无穷；现在狐疑犹豫畏缩不前，会懊悔终生。断而敢行，鬼神避之，后有成功。公子要把握住机会啊！”

胡亥内心邪恶的一面在赵高的劝说下，占据了主导地位，点头同意。终于，胡亥心甘情愿地被赵高当枪使了。

赵高啃下一块硬骨头，高兴地大喊大叫："时乎时乎，间不及谋！赢粮跃马，唯恐后时！”

三

赵高下一个必须啃下来的硬骨头是丞相李斯。

胡亥毕竟年轻，决定搞阴谋诡计后，撩起衣袖就要上阵。赵高拉住他说："这样的大事如果不与丞相商量，没有丞相的合作，恐怕办不成。请公子允许我以您的名义与丞相接洽。”

丞相李斯，是秦国引进的优秀人才。他本来是楚国上蔡的一个郡小吏，后来跟随大学问家荀子学习帝王之术。学成以后，李斯想想自己的浑身本领也得不到楚王的重视，而且他对自己的祖国楚国很不看好，认为东方六国都积贫积弱，没有办法实现自己的抱负，于是收拾行装西入秦国，开始了政治生涯。在秦国，李斯平步青云，最后做到了丞相，被封为通侯，达到了秦朝二十等爵中的最高爵位。李斯不仅自己功成名就，而且李家还成为了秦国显赫的官宦人家。李斯的大儿子李由担任了秦朝的三川太守，所有儿子都娶了秦朝的公主当上了驸马，所有的女儿分别嫁给了秦朝的诸位公子。一次，李由从地方回咸阳述职。李斯在家里举行家宴招待儿子。没想到，朝廷的百官都来祝贺，送礼的送礼，捧场的捧场。李家门口的车乘和马匹数以千数，引起了咸阳的交通堵塞。李家的显赫，可见一斑。

如此显赫了，李斯却一点都高兴不起来，还常常唉声叹气，对亲友说：“之前，我的老师荀子曾说‘物禁大盛’。事情最怕物极必反。我李斯出身上蔡的普通人家，本来一生都可能只是小巷里的普通百姓。皇上不嫌弃我愚蠢无知，将我擢升到如今的地位。我已经达到了人臣所能达到的最高的地位了，可谓富贵至极。盛极则衰，我只怕这样的显赫不会持续太久了。”

可见，李斯也是个明白人。他很清楚人生不能永葆富贵，最怕李家从权势的顶峰跌落谷底。

现在，赵高找到李斯，说：“皇上驾崩了，留下诏书让长子扶苏赶回咸阳，传位给他。诏书至今还没发出去，没有多余的人知道。皇上的诏书、符玺都在公子胡亥那里所。现在，定谁为太子，由谁继位，就由君侯您和赵高我们两个人说了算了。君侯意向如何？”

李斯的第一反应是震惊，第二反应是坚决反对：“你怎么能说出这样的亡国之言！这些事情不是我们这些做臣子应该讨论的！”

赵高受到训斥，一点也不惊慌。因为他看透了李斯的心理，知道李斯的爱恨担忧。

赵高继续诱导李斯说：“君侯和蒙恬将军相比，谁的能力更高，谁的功劳更大，谁的谋略更远，谁在天下人的心理声望更响亮，谁又和未来的皇帝扶苏的关系更密切？”李斯不得不承认：“我在这五个方面都比不过蒙恬将军。你是要责备我吗？”

赵高笑笑说：“赵高我就是内宫的一个奴才，因为认识几个字侥幸获得了一官半职。我在内宫管事二十多年了，还从来没有看到过有被秦王罢免的丞相、功臣能封及第二代的。那些被罢免的丞相都被秦王杀了，不得好死。君侯也知道，当今皇上有二十多个儿子。长子扶苏刚毅而武勇，信人而奋士，深信蒙恬。他即位后肯定任命蒙恬为丞相取代你，君侯也不会安安稳稳地怀揣着通侯之印归于乡里，这是很明白的事情。”

赵高的话一下子打中了李斯的要害，说得李斯意乱心慌。赵高接着夸起公子胡亥来：“我曾经受命教习胡亥，教育公子学习刑法判狱，从没发现公子有什么过失。公子胡亥仁慈笃厚，轻财重士，尽礼敬士。你别看他表现得木讷，其实内心精明强干，只是不善于表达而已。在诸公子中，胡亥是最优秀的，可以作为新君。我们就拥戴公子胡亥继承皇位吧。”

谈到实质问题，李斯还是没有下定决心：“赵高，你们这是谋反！我李斯奉皇上遗诏，听天由命，有什么可以忧虑的？”

赵高淡淡地回了一句：“安可危也，危可安也，安危不定。”

李斯感叹道：“我原本是上蔡闾巷布衣，侥幸做了丞相，被封为通侯，子孙也都尊位重禄。皇上生前将社稷的存亡安危托付给了我，我怎么忍心辜负皇上啊！我们要各守其职，你不要再多言了，多言获罪！”

赵高不愧为心思缜密、口才绝伦，他在这样的情况下还侃侃而谈：“圣人做事不拘一格，根据形势的发展和现实的变化决定自己的对策。人世间没有什么固定不变的规律、法则。现在，天下之权命悬于胡亥，我们跟从他就能够得志。大臣引诱君主那才是惑国，以下犯上的人才是贼，我们这又怎么算是谋逆乱国呢？”巧言强辩后，赵高点题了：“秋霜降，草花落；水摇动，万物作，君侯要为自己的将来和子孙考虑啊。”

李斯还是心存顾虑：“春秋时晋国频繁更换太子，导致三代人不得安宁；齐桓公时兄弟争位，骨肉兄弟同归于尽；商纣王杀亲戚，不听谏，导致社稷败亡。这三个都是擅自更换太子，导致国家社稷不稳的例子。李斯我怎么敢谋逆啊！”

“上下合同，可以长久；中外若一，事无表里。只要君侯听我的劝，事成之后，长有封侯，世世称孤，必有乔松之寿，孔、墨之智。如果君侯今天不听从，将会祸及子孙，令人寒心啊。识时务者为俊杰，你何去何从？”

李斯终究还是有私心，仰天长叹，垂着泪说：“为什么我会遇到这样的乱世，既不能死，只有认命了！”他听从了赵高的话。

丞相李斯的参与壮大了政变小团体的力量，保证了最后的成功。赵高赶紧回去报告胡亥，顺便拍马屁说："臣把太子您的命令告诉了丞相，李斯哪敢不奉令行事！"政变的准备工作就此完成。

四

李斯当时已经 70 岁高龄了，经验丰富，虽然没参加过政变，但对具体操作非常熟练。

李斯担心秦始皇驾崩的消息贸然宣布会引起诸皇子争位，于是确定了"秘之不发丧"的对策，等先赶回咸阳，把胡亥扶上宝座，生米煮成了熟饭再公布秦始皇的死讯。

可当时一行人离咸阳还有十万八千里路，要封闭秦始皇的死讯就必须"造成"一个活的秦始皇来。幸好，秦始皇生命疑心病重，出巡的时候护卫重重，整天坐在大车里，不怎么露面。李斯将一切事情都依照秦始皇活着的时候的样子继续进行。

首先，政变小团体把秦始皇的尸体放在一辆辒辌车[1]中，只安排赵高极亲近的太监"陪乘"。一路之上，"秦始皇"喝什么、吃什么、用什么，继续一样一样地往车上送。其次，"秦始皇"如何像平时一样处理政事啊？李斯命令百官奏事如故，由太监隔着辒辌车上下传递奏章。而公子胡亥坐在车中，批阅那些递进来的奏章。赵高之前教过胡亥律令法事，胡亥现在都用在了奏章的处理上了。所以，乍看起来，秦始皇还真的像没有死一样。

政变最大的难题是如何处置扶苏。当时扶苏在前线蒙恬的军中，控制了秦朝精锐的三十多万大军，力量举足轻重。弄不好，扶苏知道胡亥谋夺了自己的皇位，发狠，率领三十万大军回来争夺，即使不能

1　辒辌车也叫温车，车身宽大豪华，可坐可卧，史载："如衣车，有窗牖，闭之则温，开之则凉，故名之'辒辌车'也。"

马上将胡亥、赵高等人碎尸万段，也是两败俱伤的结果。

这道难题就要交给赵高处理了。赵高替胡亥和李斯分析了一番，觉得自己阵营握有两大有利条件。第一，“皇帝”还在自己手里，诏书和玉玺也在自己手里；第二，公子扶苏这个人对父皇愚忠，也就是缺心眼，父皇说什么让他做什么他都信。赵高找胡亥、李斯两人一碰头，商定以秦始皇的名义让公子扶苏、蒙恬二人自杀。于是，赵高拟了一个诏书，盖上秦始皇的玉玺，派自己的亲信宾客送往上郡。

这封伪造的诏书是篇“奇文”，我们可以“共欣赏”一下。它是这么写的：“朕巡天下，祷祠名山诸神以延寿命。”先说父皇我活得好好的，祈祷神仙后还能活好多年呢。“今扶苏与将军蒙恬将师数十万以屯边，十有馀年矣，不能进而前，士卒多秏，无尺寸之功”接着说扶苏和蒙恬两个人，长期在前线指挥军队，却只知道浪费粮草，一点功劳也没有，简直就是饭桶。“乃反数上书直言诽谤我所为，以不得罢归为太子，日夜怨望。扶苏为人子不孝，其赐剑以自裁！”更可恶的是，扶苏竟然因为没有被册立为太子，心怀怨恨，为人不孝，多次上书诽谤我。现在我派人送一把剑给你，你干脆自杀算了。“将军恬与扶苏居外，不匡正，宜知其谋。为人臣不忠，其赐死，以兵属裨将王离。”而你，蒙恬将军，和扶苏狼狈为奸，也不是什么好东西，你也自杀吧，把军队将给将军王离——王离与赵高关系很好。

使者到了前线，向扶苏和蒙恬宣读了诏书。

扶苏一听父皇骂自己是饭桶，不孝顺，还让自己自尽，当场就痛哭流涕。哭完，他进入卧室，准备自杀。

蒙恬家世世代代都为秦将，政治经验丰富，觉得事情没有这么简单。他赶紧冲进卧室，拉住扶苏，劝他：“皇上现在在外面，不在咸阳，太子地位没有定，这是很微妙的情况。之前，皇上派我率领三十万大军守边，让公子为监军，就是将天下的重任托付给我们了。现在就凭一个使者过来，要让我们自杀，我们怎么知道其中是否有诈？请公子好好向皇上申诉一次，等核对了再自杀也不迟。”

扶苏觉得有道理，就向使者表示要向父皇申诉，不准备马上就死。使者是赵高的亲信，哪里会让扶苏申诉，只是说这是皇上的意旨，再三催促扶苏赶紧去死。

扶苏这个人忠厚老实，只好对蒙恬说：“父赐子死，做儿子的哪里还敢申辩啊？”说完，真的拿起宝剑自杀了。

蒙恬就是不肯死。使者没办法，只好指挥人把他抓起来，押送到阳周关押起来。后来，胡亥听说扶苏已经死了，想释放了蒙恬。结果赵高在其中使坏，怕蒙氏家族重掌实权后，怨恨自己，对自己不利，就再三劝谏胡亥杀死蒙恬等人。胡亥同意了。蒙恬还是不想死，又对前来催命的胡亥使者说希望胡亥看在自己功劳的份上饶了自己。使者照样不允许蒙恬申诉。蒙恬喟然叹息道：“我何罪之有，竟然要无过而死？”也许是为自己的死找一个理由，蒙恬想了好久，才慢慢地说：“也许我负责修建西起临洮东道辽东的万里长城，惊动了地脉？嗯，我就为这条罪名而死吧。”想清楚了，蒙恬吞毒药自杀了。赵高还杀死了蒙毅等人，铲除了蒙家这个政敌。

五

秦朝的交通速度不能和现在相比，胡亥一行人好多天后还没赶回咸阳。天热，时间长，秦始皇的尸体在车上开始腐烂发臭了。赵高等人赶紧传圣旨，要求往车上送一石鲍鱼，供皇帝“欣赏”。生鲍鱼很臭，一石鲍鱼就更臭了。随行的人都对车上鲍鱼的臭味苦不堪言，反而只关心皇上的特殊“爱好”，没人留意臭味到底是从什么地方来的了。

好不容易回到了咸阳，李斯这才公布秦始皇的死讯，为他发丧。秦始皇被安葬了骊山脚下庞大的陵墓之中。赵高则公布秦始皇的“遗诏”，宣布由公子胡亥袭位。胡亥登基，就是二世皇帝。

这场从沙丘开始萌芽的政变，到此就结束了，得名为“沙丘政变”。

各赴黄泉

一

胡亥果然是不学无术，而且个人品行也不太好，上台后胡作非为，将国家搞得一团糟。

胡亥的皇位是政变得来的。他时时担心兄弟们追究起来，更害怕有人不满，拥戴某个兄弟取代自己，所以上台不久就对骨肉同胞痛下杀手。赵高也有同样的担心，就怂恿胡亥这么做。两人紧密配合。胡亥动不动就说某个大臣或者公子有罪，交给赵高审理治罪。秦始皇的12个公子全部在咸阳闹市被公开处斩，10位公主在杜县被集体屠杀。他们的财产全部充公。胡亥和赵高还借此案株连杀戮平时看不顺眼的人，死者不可胜数。

秦始皇的儿子公子高不想死，想逃跑，又怕株连到家人。思前想后，公子高决定牺牲自己，给胡亥上书说："先帝没有生病的时候，臣入则赐食，出则乘舆。御府的华丽衣服，先帝赐给了我；黄璜马厩中的宝马，先帝也赐给了我。现在，我不能跟从先帝而死，真是为人子不孝，为人臣不忠。不忠者没有办法立于人世，因此我请求为先帝殉葬，希望能葬在郦山脚下陪伴先帝。希望皇上可怜我，准许我的要求。"胡亥接到公子高的上书，非常高兴。自己正琢磨着怎么杀掉兄弟，兄弟主要请求殉葬，省得自己动手了。他把奏书给赵高看。赵高看着其中的道理好像都在嘲笑自己，可又找不出破绽来。最后，公子高的"愿望"被胡亥批准了，还领到了金钱十万作为胡亥的"葬礼"。

消除政敌后，胡亥觉得高枕无忧了，大肆享受起来。史载"胡亥极愚，郦山未毕，复作阿房，以遂前策。"本来秦始皇时期的刑罚和税赋就已经很重了，胡亥还继续大兴土木，加重赋敛，无穷无尽地征发戍徭。法令诛罚日益深刻，群臣人人自危，出现了骚乱叛变的苗头。

终于在一个小雨夜，戍卒陈胜、吴广在大泽乡发动了起义，引起了天下的响应。

二

在咸阳，赵高和李斯也出现了矛盾。我们分析过，赵高发动政变的主要原因还是为了烫手的权势。扶持胡亥成了皇帝后，赵高深得胡亥信任，“常侍中用事，事皆决于赵高”。

因为赵高是太监，可以居住在深宫大内，朝野内外就尊称他为“中丞相”。

赵高这个中丞相的权力很快就超过了李斯。而李斯参与政变，就是为了保全手中的权势，现在目的没有达到，自然对赵高心怀不满了。两人开始掐了起来。

李斯还算是一个希望有所作为的政治家。当全国各地造反的烽火反馈到咸阳的时候，李斯非常重视，多次在朝堂上提出这个严重的问题。胡亥就不高兴了。他享受还来不及呢，哪管得了镇压起义的事情。赵高也不管这些事情。他非但不管，也不许李斯管，生怕李斯通过指挥镇压农民起义威胁自己的权力。李斯一而再再而三地拿起义说事，赵高于是决心除掉李斯。恰好李由在镇压起义问题上表现不力，被赵高抓住了把柄。赵高很快就抓李斯全家入狱。

胡亥对李斯很有感情，不愿意加害李斯这个功臣。

赵高则一心要李斯承认凭空捏造的造反谋逆等罪名，可私设刑法严加拷问，李斯就是不承认。赵高就想出了一个方法，派亲信冒充胡亥派来的审案官员和李斯接触。李斯就向这些人倾诉，希望向胡亥申诉。结果李斯说一回实话，就被赵高痛打一顿。慢慢的，李斯怕了苦刑拷打，也不相信审案官员了，把那些栽赃陷害的罪名都给承认了。等胡亥接到报告，真派人来复审的时候，李斯也把罪名一概承认了下来。于是，李斯全家被送上了断头台。

李斯想通过沙丘政变，保全权势，结果落得了如此下场。如果当初知道会有今日，不知李斯做何感想。

李斯已死，秦朝大大小小的事情就全都由赵高做主了。

我们再回过头来谈赵高是心怀赵国，潜伏在秦朝内部搞破坏的问题。即便赵高真的是爱国主义者，对故国念念不忘，“从堡垒内部瓦解堡垒”，那么赵高做得也太过分了。秦朝的确被赵高给搞垮了，但是天下大乱，生灵涂炭，社会倒退。赵高是以“为国复仇”和“爱国主义”为幌子，行个人享受和滥用权势之名，根本不为天下百姓着想。这样的爱国者，其实是最坏的“卖国者”。

三

没过几年，刘邦率领的起义军就逼近咸阳了。秦朝的最后时刻到来了。

当时，秦朝军队的主力已经被消灭，咸阳城里众叛亲离。胡亥这个不知死活的皇帝，还在日夜享乐。赵高的心里活动开了。他决定杀死胡亥这个皇帝，向起义军投降。杀胡亥特别简单，赵高的手下一举手就完成了。之后，赵高扶立宗室子婴为新皇帝，作为与刘邦起义军接洽投降的傀儡。

子婴对赵高不满已经很多年了。他对赵高肆意败坏祖宗基业的做法尤为痛心。现在子婴可有机会接触赵高了，设了一个局，很轻易就把赵高骗来，砍下了脑袋。赵高的三族都被诛灭。赵高的党羽死的死，散的散，无影无踪了。

秦朝末日该来的还是来了，子婴没有回天之力，三个月后向刘邦投降。秦朝灭亡。

如果当初忠厚、能干的扶苏顺利继承了秦始皇的皇位，秦朝的命运又会如何呢？

巫蛊祸后冤难雪

——戾太子刘据与巫蛊

汉武帝的太子刘据从各方面来说都是优秀的接班人，加上外戚卫青家族的庇护，地位看似不可动摇。但他始终生活在汉武帝巨大成就和人格魅力的阴影之下，父子间存在着巨大的性格差异。当这种差异以父子间兵戎相见、尸横遍野的极端形式表现出来后，整个汉王朝都震惊了，数年之间都难以承受政变的血腥后果。

皇帝家事

一

元朔六年（公元前 123 年），大将军、长平侯卫青送给一户姓王的人家五百斤黄金。

这件事情让京城长安的臣民都目瞪口呆。按说，这是卫青自愿馈赠的，合情合理，不值得大惊小怪。但问题在于，卫青是权倾朝野的大将军、国舅，屡次大破匈奴，为国家建立了不世功劳。卫青的姐姐卫子夫是当朝皇后，卫青的部将亲信遍布朝野，掌握实权。而那个王家是出身卑微的普通人家。卫青为什么降低身份，主动结好王家，送上厚礼呢？

如果把整个送礼事件和皇室的家庭关系结合起来观察，就不会让人吃惊了。

卫青的确是大将军，可却是离开了军队在长安闲居的大将军。他纵横漠北，横扫匈奴，反而让自己功高震主。卫青和汉武帝刘彻不仅是君臣，而且还曾是私交甚密的好友、亲戚。但现在两人之间的话越来越少。卫子夫的确是皇后，无奈随着岁月的推移，美貌不再。越来越多的美女进入了刘彻的床榻。在众多新进的美女中，刘彻最喜欢赵国王夫人。王夫人为刘彻生下了齐王刘闳。刘彻宠爱王夫人，但王夫人出身卑微，又找不出一两个拿得出手的亲戚来。刘彻想提拔王家，都找不到合适的提拔对象。王家依然生活在穷困之中。友人宁乘就劝卫青说，卫家现在虽然一户多侯，后宫又有卫皇后支撑，但月盈必亏、波高必跌，卫家迟早也会走向衰落。现在皇帝宠爱王夫人，如果卫家主动结好王家，就能赢得汉武帝的好感。这其实是一笔很划算的买卖。卫青于是主动结好王夫人的家人。

王夫人果然心花怒放，兴冲冲地告诉了刘彻。

刘彻没有高兴。他了解卫青，知道卫青个性耿直、头脑简单，不太可能主动这样做。刘彻就找了一个机会，向卫青问起送金子的事情。卫青果然是个老实人，一五一十地将来龙去脉告诉了刘彻。刘彻这才松了一口气，也高兴起来。一来，宁乘帮他间接照顾了新宠王家。刘彻随即任命宁乘为东海都尉。二来，卫青果然是一个厚道正直的人，没有威胁皇家权威的意思。刘彻对第二点尤其感到高兴，对卫青和卫家的防范之心放松了好多。

第二年（元狩元年，公元前 122 年）四月，刘彻册立卫子夫所生的皇长子、年仅七岁的刘据为太子。

卫家出了太子，掀起了又一股尊崇卫家的热潮。这时，刘彻的胞姐、平阳公主已经守寡多年，想要再嫁。她召集家臣门客商议到底嫁给哪个王公显贵比较好。大家想都没想，异口同声地说："卫青！"平阳公主也有此心，但心里有一个顾虑。卫家在发达之前是平阳公主的家奴。卫青曾是公主的家奴，卫子夫是公主的歌女。平阳公主怕自己嫁给家奴会引来非议。家臣门客们劝道："卫青是大将军，姐姐是皇后，外甥是太子。卫青自己拥有万户侯的爵位，就连三个儿子都封了侯，如果加上另一个外甥霍去病在内，卫家一门五侯。这样的人不嫁，还有谁值得嫁呢？"平阳公主觉得很有道理，就将这个想法告诉了卫子夫，希望汉武帝刘彻为两人赐婚。汉武帝也认可这门亲事，为两人举办了浩大豪华的婚礼。这就出现了一个有趣的现象：汉武帝刘彻和大将军卫青互相娶了对方的姐姐。平阳公主还让自己和前夫生的儿子平阳侯曹襄娶了卫子夫和刘彻生的女儿卫长公主，算是死心塌地地要和卫家拴在一起。卫青的权势算是被连续上了多重保险，让一般人看得头晕目眩。

汉朝开国以来，还从来没有一个家族获得如此尊荣。卫家的富贵荣华此时达到了顶点。

二

卫家权势熏天，最担心的人就是汉武帝刘彻。

因为刘彻是一个权力欲望特别敏感和强烈的皇帝。

宁乘指出的"月盈而亏"的危险终于到来了。对卫青产生疑虑的刘彻，将卫青更加高高挂起，转而重用霍去病。霍去病虽然是卫青的外甥，毕竟不是卫家人，而且头脑比卫青更加简单，只知道率军打仗。霍去病被授予军权，得到刘彻有目的的礼遇厚待，而卫青为绑住了手脚。霍去病的声望很快就超过了舅舅卫青。许多奔走于卫家门下的官僚和小人见势纷纷转投霍去病的门下。卫青门前顿时冷清起来。幸好卫青是一个厚道恬静的人，将这一切看得很开。他一声不响地过着恬淡平静的"寓公"生活，毫无怨言，依然对刘彻毕恭毕敬。卫青的谦恭退让救了他一命，刘彻见状也没有再为难他。

霍去病不久便英年早逝。之后，刘彻宁愿让许多军事行动所用非人，也不愿起用卫青重掌军权。元鼎元年（公元前 116 年），卫青的儿子宜春侯犯法被夺去封爵。五年后九月，刘彻大规模剥夺侯爵，限制贵族。他以列侯助祭金（赞助皇帝祭祀的金子）的份量或成色不够为由一口气废黜了上百名侯爵，其中就包括卫青的另两个儿子阴安侯和发干侯。至此，卫家“一门五侯”只剩下卫青一个长平侯了。公元前 106 年，一代名将卫青去世。朝廷为卫青举办了隆重的葬礼，卫青的儿子卫伉继承了长平侯的爵位，但卫家的权势完全不能与十多年前相提并论了。

当然了，卫子夫的皇后位置一直岿然不动。卫子夫的姐夫公孙贺也当上了丞相。卫家仍然可算是权势最旺盛的大家族。

三

卫家权势的稳固，也就是刘据太子地位的巩固。

太子刘据是位相当不错的太子，具备成为一代明主的潜质。

刘据是刘彻的长子。刘彻在二十九岁时才生下刘据。西汉时期，人均寿命都可能不到二十九岁。许多人不满二十岁就有了子嗣。因此，刘彻格外珍惜刘据，努力将刘据培养成合格的接班人。刘据到了读书的年纪，汉武帝就给他组织了当时最好的师资力量，教授他《公羊春秋》、《谷梁春秋》。刘据加冠后建立了东宫。汉武帝还专门为刘据建筑了博望苑，让他有交通宾客的场所，希望他多长见识，多学习。

刘据没有辜负刘彻的期望，精通儒家知识，性格仁恕温谨。而刘彻虽然推崇儒学，却只将其作为统治工具。刘彻真正奉行的是“外儒内法”，崇尚权威和强法，儒学有用则用，无用则弃。而刘据没能真正体会父亲的苦心，反而沉迷于儒家的说教之中。尽管刘据严格按照儒家理论孝顺父亲刘彻，父子俩在政治理念上存在不可调和的矛盾。汉武帝连年用兵、对外征战，运用强权削藩罢侯，征收繁重的赋税。刘据在这些问题上都不赞同父皇的做法。随着太子越来越接近继位的时间，汉武帝越来越嫌弃太子缺乏帝王才能，认为儿子“不类己”。

刘彻对刘据的不满还有一层原因。太子刘据与卫家实力存在千丝万缕的联系。卫家势力随着卫子夫的失宠和卫青、霍去病的逝世而大为衰落，但只要太子刘据存在，卫家势力都不会受到实质性的削弱。刘彻终生致力于巩固皇权，对于外戚家族与太子的紧密联系打心底里没有好感。

随着汉武帝晚年宠爱的赵婕妤生下爱子刘弗陵后，刘彻和皇后卫子夫、太子刘据见面的时间越来越少了。刘据开始出现不安的情绪。对于接班人来说，最后阶段常常是最煎熬的阶段。汉武帝也察觉了儿子情绪的变化，就对卫青说：“太子敦重好静，必能安天下，不使朕忧。欲求守文之主，安有贤于太子者乎！”可见，刘彻对刘据基本上还是满意的，更没有废立太子的意思。但刘彻也说：“闻皇后与太子有不安之意，岂有之邪？可以意晓之”。刘彻叫卫青去安抚太子，卫青就去劝外甥刘据隐藏一下真实的想法，别和皇上爆发直接冲突，那样对大家都不好。母亲卫子夫也常常劝刘据要善于揣摩汉武帝的心思，而不要干涉朝廷大事，更不要涉及人事问题。可惜，刘据沉溺于儒家说教太深，没有听进去。他还是经常劝谏汉武帝减少与周边民族的战事。汉武帝最后急了，语重心长地告诉刘据说：“我这样做是为了你将来能够安享太平啊”。

卫青死后，刘据失去了重要的外朝屏障。刘据“身陷”儒学说教，中毒太深，依然在若干问题上与父皇唱对头戏。

四

时间进入了公元前 1 世纪。公元前 157 年出生的刘彻渐渐步入了老年。

西汉时期的生活条件和医疗条件，在现代人看来是相当恶劣的。刘彻就饱受疾病困扰。他的绝大部分时间没有住在长安城内的长乐未央宫，而偏爱城外的甘泉宫（今陕西省咸阳市淳化县城北甘泉山南麓）。刘彻和长安城的联系变得间接起来。刘彻年纪大了，心理问题也多了起来。他本来就对手中的权力特别敏感，现在更加疑神疑鬼。年纪越大，刘彻越感觉自己的权威正面临潜在的威胁，变得不自信了；他不能确认威胁潜在于何处，但下决心要不惜代价将威胁掐死在摇篮里。

权力结构的变化和刘彻心理的变化导致了一批"直升机干部"的出现。江充就是其中的代表人物。江充的崛起带有很强的流氓性。这和他的出身有关。江充本名江齐，赤贫家庭出身。江充有着强烈的权力欲望和发达欲望，不惜将善鼓琴歌舞的妹妹献给赵国太子丹作为自己前进的台阶，因此一度和太子走得很近。太子丹和姐姐及王后通奸淫乱、勾结郡国豪猾、攻剽为奸。后来太子丹怕江充将自己的丑事揭发除去，先下手为强，对江家举起屠刀。江充的父亲、兄长都被杀了。江充逃了出来，来长安告御状，揭发赵国的丑闻，从此进入了汉武帝的视野。

为了加深皇帝对自己的印象，江充觐见时别出心裁地穿着纱袍，围着裙裾，戴着插着羽毛的步摇冠。加上他身材魁梧，相貌堂堂，汉武帝大为惊喜，对左右说："燕、赵固多奇士。"通过谈话，刘彻发现这个出身卑微的年轻人头脑清晰、回答干脆，很欣赏。之后，江充志愿出使匈奴。汉武帝问他如何应对强悍的匈奴人。江充回答说："因变制宜，以敌为师，事不可豫图"。的确，外交错综复杂，难以预测，最管用也最核心的原则就是见机行事、因变制宜了。江充归来后，拜为直指绣衣使者[1]，负责抓捕三辅地区的盗贼，禁察逾侈行为。

江充崛起后的表现照样吸引人的眼球。后人常批评江充“卖直邀宠”，大致是说他这个人立功心切，不按常规出牌，做事不讲情面，专找显贵大官的麻烦。当时贵戚近臣多奢僭，江充一一揭露弹劾，奏请收缴这些人的逾制物品，削减这些人的待遇。江充将许多达官显贵列入出击匈奴立功赎罪的黑名单。汉武帝都同意了。江充立即按照名单逮捕近臣侍中，送到北军中去。这些贵戚子弟怕了，忙叩头哀求，表示愿意花钱赎罪。刘彻刚好为朝廷的军费拮据发愁，江充逼贵戚们花钱赎罪一下子就为北军聚拢了数千万的财物。还有一次，江充跟从汉武帝去甘泉宫。恰逢太子的家臣乘车马在驰道中行进。按制，驰道是皇帝专用的。江充铁面无私将太子的家臣送到官署惩处。太子刘据知道后慌忙派人向江充求情：“我并不是爱惜车马，而是不希望父皇知道这件事。父皇年纪大了，就不让他老人家操心了。希望江君能够宽容一次！”江充不肯通融，将整件事情告诉了汉武帝。刘彻专门嘉奖江充说：“江充给作臣子的做出了表率。”

江充连续办了几件很合刘彻心思的事情，刘彻决定重用江充。江充的迅速窜红，不是因为他刻意表现出来的忠诚正直和奉法不阿，而在于他敢办事、会办事。在明哲保身、争权夺利的宫廷中，能够找到敢办事的人是相当困难的事情。在浑浑噩噩的状态下，江充这样的异态分子最容易出位。像江充这样的出身，他也只能靠对政治形势和汉武帝的心理状态的充分把握，采取这样的异常手段。

不管怎么样，晚年刘彻当时最主要的近臣就是江充。中间除了短期出任地方官外，江充一直能够轻易接近刘彻。虽然没有高官显位，

1　直指绣衣使者也叫作绣衣直指御史，是西汉侍御史的一种。之所以得名是因为使者出使时持节仗，穿绣衣，以示特别和尊宠，表示这是皇帝派出的专使。绣衣使者的权力很大，可以调动地方郡国的军队，独行赏罚甚至可以诛杀一定级别的官员。它的设立是汉武帝为惩治地方奸猾、办理大案而特事特办的，一般情况下并不常置。

但这样的人是最危险的。

巫蛊之祸

一

公元前的90年代，西汉的京城长安聚集了许多方士和巫师。

中国从远古开始就流行巫蛊来加害仇敌。中国式的巫蛊主要有诅咒、射偶人和毒蛊三种形式。诅咒指用言语咒骂仇敌，使其遭受祸害；射偶人是用木、土或纸做成仇家偶像，暗藏于某处，每日诅咒之，或用箭射之，用针刺之。人们相信这样可以让仇人得病身亡；毒蛊指用毒虫害人。历代法律都严禁巫蛊害人。西汉时期，蛊人和诅咒术十分盛行。汉朝法律规定对诅咒者和蛊人者可以处以死刑

虽然法律严禁，但西汉的巫蛊风气始终存在。到汉武帝后期，这种风气开始旺盛起来。长安的百姓纷纷求助巫蛊来排解烦恼，安抚心灵。有许多女巫公开在宫中来来往往，教官中的嫔妃们念咒。嫔妃们虽然锦衣玉食，却生活压抑，承担着巨大的心理压力和各种明枪暗箭，也许是长安城中最需要巫师帮助的人群了。

公元前92年，刘彻恰好在巫蛊之风盛行的时候病情加重了。江充就奏言，皇帝的疾病根源于有人利用巫蛊暗算皇上。

刘彻不一定信江充的话，但他敏锐发现了其中包含着针对自己的威胁因素。早在元光年间，刘彻的第一位皇后陈阿娇失宠后，就曾使用巫蛊之术诅咒受宠的卫子夫。汉武帝知道后，干脆废黜陈阿娇，并牵连女巫楚服及宫人三百余人，尽行诛杀。几十年后再次接触巫蛊，汉武帝不及细想就任命江充为使者治巫蛊。朝廷先是在皇家的上林苑大张搜捕之网，随即迅速蔓延到整个长安城。江充关闭长安城门，在城里进行地毯式搜查。他带着许多胡巫（少数民族的巫师、巫婆们）

在长安城里这边看看，那边转转，一有风吹草动就掘地三尺搜索偶人。谁敢有半句怨言，就被铐上锁链押送监牢。江充一行人抓捕了许多参与巫蛊的人，也抓捕了许多在夜里祭祀的人。所有被捕的人看起来都证据确凿。胡巫们每当声称看到“鬼”的时候，他们指证的地方就会相应出现污染和巫蛊的轨迹（事先做好的）。如果有人上前理论，就被抓到监牢中“验证”，烧铁钳灼，屈打成招。在酷刑之下，百姓们相互诬告指认，导致被捕的人越来越多。这些人都被冠以“大逆亡道”的罪名遭到屠杀。在这段时间里，收到巫蛊株连而死的人前后有数万人。

搜查行动持续了十一天，才告一段落。

二

巫蛊的风气在长安城中愈演愈烈，第二年正月，丞相公孙贺牵连下狱。

给表现欲和权力欲都异常强烈的汉武帝刘彻做丞相是一件危险的事情。先前，朝廷都任命贵族显贵出任丞相。但刘彻觉得权贵丞相很碍事，不利于自己施展拳脚，于是从任命七十多岁的儒家读书人公孙弘为宰相开始，专门挑选一些看起来中庸懦弱的人作丞相。公孙弘没做几年就被满门抄斩，之后的丞相李蔡、严青翟、赵周等人既非显贵，也都不得善终，惨遭屠戮。只有石庆战战兢兢，小心办事才避免了重蹈覆辙。可石庆依然多次受到刘彻的公开谴责，死于家中。所以公孙贺知道自己被拜为丞相后，吓得不敢接受印绶，顿首涕泣乞求说：“臣本边鄙小人，以鞍马骑射之功为官，实在不是担任宰相的材料。请皇上开恩啊。”汉武帝也被他悲凉的说辞给感动得流泪，让人扶起公孙贺。公孙贺跪着不肯起来，最后闹得汉武帝拂袖而去。公孙贺这才不得已接受任命。出来后，同僚们都问他为什么这么做。公孙贺说：“现在主上贤明，我不能相配，恐怕辜负了丞相的重责，从此进入多事之秋了啊。”

其实，公孙贺也算是个达官显贵。他是皇后卫子夫的姐夫，和汉武帝算是连襟。在朝廷中，公孙贺得到了卫家势力的支持。儿子公孙敬声也担任太仆，父子并居公卿之位。在常人看来，公孙贺这样的丞相肯定会避免落得几位前任的下场。

公孙贺也希望能够善终，把丞相当得战战兢兢，不敢有一丝马虎。公孙敬声却自恃是汉武帝的外甥，骄奢不奉法，竟然大胆到擅自挪用禁军北军的军费一千九百万。事情败露后，公孙敬声被抓进大牢，按律当斩。

公孙贺救子心切，将之前的谨小慎微抛到了九霄云外，开始四处活动营救爱子。

刚好当时朝廷在大肆搜捕通缉犯、阳陵大侠朱安世，抓了好多年都没抓到。汉武帝一天多次催逼早日逮到朱安世。公孙贺于是自请逐捕朱安世，请求能以功赎儿子公孙敬声的罪过，得到了汉武帝的同意。后来，公孙贺果然抓到了朱安世。

朱安世也不是浪得虚名的大侠。他很快就得知公孙贺是用自己来赎出儿子，笑道："公孙贺他自己就要大祸临头了。南山之行不足受我辞，斜谷之木不足为我械。大不了，大家同归于尽。"朱安世于是从狱中上书，告发公孙敬声与阳石公主私通，告发公孙敬声派巫师祭祠诅咒皇上，并且在皇帝前往甘泉的驰道上埋下偶人，诅有恶言。有关私通的事情并不能置公孙家于死地，但是有关巫蛊诅咒皇帝的告发将公孙贺父子推向了死亡的深渊。汉武帝很快命令有关部门处理公孙敬声巫蛊案。汉武帝的命令中有"穷治所犯"四个字，事实上给整件案子定下了基调。公孙贺父子最终死在狱中，公孙家被族诛。还有多位朝中重臣受到株连致死，包括卫皇后的女儿诸邑公主、阳石公主和卫青的儿子卫伉。

整个巫蛊案子开始通过卫家，引向了太子刘据。

三

负责巫蛊案子的江充决定以此入手，置刘据于死地。

有人说江充是因为之前得罪了刘据，担心刘彻死后新皇帝刘据饶不了自己，所以铤而走险，与刘据为敌。这可能是原因之一。再考虑到江充的发家过程，他需要通过掀起政治大风大浪来谋取更大的私利。他也清楚，当公孙家族和卫家被牵涉进巫蛊事件后，汉武帝刘彻很自然会对太子刘据起疑心。公元前 91 年的夏天，汉武帝刘彻依然在甘泉宫休养。他常常做恶梦。在梦中，有许多人拿着大棒朝自己砸过来。刘彻认定巫蛊诅咒的阴谋依然存在。江充就趁机进谏说，宫廷左右有人从事蛊道祝诅，需要穷治其事。

汉武帝又一次授权江充在宫廷中追查巫蛊之事。

七月，在宫廷中追究巫蛊的专案组正式组成。组长就是江充，成员有按道侯韩说、御史章赣、黄门苏文三人。江充是刘彻信任的、敢办事的人；韩说是侯爵，代表贵族显贵；章赣是负责监察的专门官员，代表朝臣。宦官苏文的进入是个值得关注的细节。苏文向来和太子刘据不和。他曾向汉武帝进谗言说，经常去皇后宫中的刘据长时间停留在皇后宫中，是为了和宫人行淫秽之事。汉武帝在个人道德上对刘据还是放心的，没有相信苏文的诬告，同时将服侍太子的宫女增加到二百多人。现在，汉武帝将明知与太子不和的苏文送入专案组，其实在心灵深处已经怀疑太子与巫蛊，与自己的重病有所关系了。

江充负责查办巫蛊后，禀报说长安宫中有蛊气，得到汉武帝允许后入宫大挖特挖。江充连汉武帝的宝座周围都掘地三尺，先是在后宫希幸夫人的地方发现了巫蛊，后来又进入皇后宫中和太子的东宫四处挖掘。在太子宫的挖掘有“重大发现”。江充等专案组成员和胡巫们挖到了桐木人和一卷帛书。帛书中写着一些乱七八糟的符号。经过江充和胡巫的指认，“翻译”出帛书上的内容是诅咒汉武帝刘彻早死。

江充收起挖掘到的成果，声称要出城禀告皇上。

这下子，刘据的地位乃至性命都危在旦夕。

刘据百口莫辩，忙向太子少傅石德询问应该怎么办。石德作为太子师傅，与刘据休戚与共。石德建议刘据说："前丞相公孙贺父子、两位公主及卫氏皆被以巫蛊的名义处死。现在巫师与使者在东宫掘地得到验证，根本说不清除到底是有人故意放在东宫栽赃给我们，还是本来就埋在那里。太子殿下无以自明。殿下不如假传圣旨，收捕江充等人，惩处他们的奸诈之罪。"石德的胆子很大，继续说："反正皇上现在重病，在甘泉宫休养。皇后和宫中属吏都是拥护太子殿下的。殿下完全可以起兵自卫。"刘据听到师傅造反的建议后，瞠目结舌，不知所措。石德的进一步劝说帮他下定了决心："现在皇上是否在世，我们根本不知道。当年秦太子扶苏就是在父皇秦始皇死后，被赵高、李斯等人矫旨杀死的。太子不能不查啊？"

刘据在情势紧迫之下，同意了石德的建议，迈出了造反的步伐。

四

就在江充兴高采烈地要将"证据"拿去向城外的汉武帝禀报时，宫中突然来了使者。当时天色已晚，办案组的苏文还在深宫继续挖掘，在场的江充、韩说、章赣三人不辨真假，就跪接了圣旨。

使者宣读圣旨："将江充、韩说、章赣、苏文四人就地斩首！"

接圣旨的三人猝不及防，大惊失色。江充最先束手就擒；韩说久经官场，怀疑使者有诈，不肯受诏，结果因为"抗旨"被使者带来的武士当场杀死；章赣慌忙抽出佩剑，疯了似地冲出武士包围，遍体鳞伤而逃。苏文在深宫听到消息后，慌忙溜走，向甘泉宫逃去。

另一边，太子舍人无且率领一队武士，持皇帝的纯赤色符节于当天夜里进入未央宫，与皇后卫子夫联系。卫子夫事先并没有参与造反的谋划，如今面对儿子派来的武士，知道箭在弦上，不得不发了。她对丈夫的不满和对儿子的爱全都转化为对冒险的积极配合。卫子夫将皇后中宫的侍卫车马和长乐宫的侍卫车马全都交给了儿子，并打开了武器库。刘据分发众人武器，真正地踏上了武装叛乱的道路。

刘据通告留在长安城中的百官，说江充造反，太子替皇上除害，命令百官协助除奸。刘据命令将江充带出来，痛骂说："赵虏！你祸乱赵王父子还不够，竟然来挑拨我们父子关系！"政治投机分子江充最终投机失败，被斩首示众。那些与江充联合的胡巫都被绑在上林苑的树上活活烧死。刘据很快就控制住了皇宫的局面。

当时，接替公孙贺的新丞相刘屈氂留在长安城中。

刘屈氂成为丞相也是出于专制的需要。刘屈氂就是刘彻的哥哥中山靖王刘胜的儿子，是自己的亲侄子；同时刘胜是庶出，又有几十个儿子，刘屈氂在宗法上对刘彻这一支没有任何威胁。之前，刘屈氂很深地插入了刘彻的家事。他偏爱刘据的弟弟、昌邑王刘髆，又和刘髆的舅舅、将军李广利结成了儿女亲家，和李广利一起暗地谋划扶立刘髆取代刘据的太子位置。尽管没有参与江充策划的巫蛊之祸，刘屈氂对江充的表演心知肚明。出于推翻刘据的共同目标，刘屈氂也没有出来阻止江充主导的闹剧。江充突然被杀，刘屈氂一下子被推上了前台。

现在，刘屈氂是唯一可能与刘据争夺长安城的人。

刘据抢先发兵攻入丞相府。刘屈氂拔腿就逃，连丞相印绶都来不及拿。

五

现在是考验刘彻和刘据父子感情的关键时刻了。

刘据迫不得已的造反带有"兵谏"的味道，希望父皇能够认清事实，相信自己。刘彻对太子还是了解的，所以当逃回来的苏文哭诉了太子谋反的消息，他的第一个反应是不相信。刘彻说："太子不会造反的。一定是江充等人把太子逼急了，太子才铤而走险。来人，回长安宣召太子来甘泉宫问话。”

汉武帝阅尽了人情世故，在处理太子造反事件上务实稳重。刘彻认为要先把事情调查清楚，和刘据展开对话，无疑有助于整个事态朝着圆满的方向发展。但是之后发生的两件事情让刘彻相信了太子造反的事实。

首先是刘彻派去征召太子的使者是个胆小鬼。他徘徊在长安城周围，许久都不敢进去宣召太子。最后，使者干脆回报汉武帝说：“太子的确谋反，不但不应召，还想杀了下臣。臣是侥幸逃脱回来的。”刘彻不禁怀疑刘据是否真的造反了。

其次是刘屈氂派人来报告“太子造反”。刘屈氂逃出丞相府后，并没有调集军队与政敌刘据作战，而是找了一个安全的地方藏了起来。刘屈氂捉摸不住汉武帝的真实意思，怕轻举妄动招来杀身之祸。刘屈氂决定先通过施加影响让汉武帝相信太子造反。于是他派遣丞相长史赶赴甘泉宫，报告汉武帝太子起兵谋反，已经占领了包括丞相府和皇宫在内的大部分城市。刘彻这才终于相信儿子的确是造反了。

大怒的刘彻喝问：“丞相现在在干什么？”

丞相长史回答说：“丞相正在对外封锁消息，不敢发兵。”

刘彻出离了愤怒：“事情都已经到了这一步了，还有什么秘密可言？我看是丞相没有匡扶国事之心吧？”

刘彻将刘据的行动定位为叛乱，给刘屈氂颁发了一道玺书。在书中，刘彻亲自筹划了对儿子刘据的镇压方案：“捕斩反者，自有赏罚。以牛车为橹，毋接短兵，多杀伤士众。坚闭城门，毋令反者得出。”这个计划主要有三条措施：对叛军开出赏格，杀贼有赏；用牛车等物品构筑障碍，尽量避免短兵相接，防止扩大伤亡；紧闭城门，防止叛乱者逃出长安。为了加大胜算，刘彻拖着病体，从甘泉宫移驾前往城西临近长安的建章宫，以便就近指挥。

六

长安城内顿时成为了血腥的战场。

太子刘据发兵后，宣布汉武帝在甘泉宫病危，太子恐怕社稷有变，所以起兵。他赦免了长安城中的囚犯和刑徒，用武库的兵器武装起来，分别由太子少傅石德、太子宾客张光等人率领控制长安，建立了实际的武装力量。汉武帝刘彻从甘泉宫来到了城西的建章宫，向周边各县发下诏书征兵入长安平叛；又下诏书晓谕朝廷重臣，任命丞相刘屈氂负责讨伐太子。汉武帝调动的军队渐渐超过了太子指挥的军队。

为了壮大兵力，刘据破格提拔长安的囚犯如侯持节杖，假冒圣旨征发长水及宣曲的胡族骑兵，提供武装。刚好侍郎莽通从皇帝身边出使长安，见状当机立断逮捕了如侯。莽通对胡人们说："如侯的节杖有诈，你们不要听他的。"莽通将如侯斩首，反过来率领胡族的骑兵进入长安交给大鸿胪商丘城指挥。之前，汉朝宫廷的节杖都是纯赤的，太子也持赤节，所以才会出现如侯这样的阴谋。事后，皇帝将节杖改为黄旄，和太子的节杖相区别。依律，太子可以调动直属皇帝指挥的北军。因此刘据派人持太子节杖去命令监北军使者、曾是卫青门客的任安出兵协助自己。任安不得不接受太子节杖，但他知道清官难断皇帝家务事，皇帝和太子哪头都不能得罪。所以他收下节杖后，一转身就下令紧闭军门，严禁官兵外出。北军这支捍卫皇室最主要的军事力量，在这次动乱中采取了观望态度，既不应太子，也没有向丞相刘屈氂方面靠拢。

没有办法了，刘据只好率军裹挟着长安四市的数万名百姓勇敢地迎战四面八方涌过来的镇压军队。双方大战了五天，死者数万人，鲜血流满了长安的沟渠和街道，浸染着双方的尸体。整个长安城弥漫着刺鼻的腥臭味。日益寡不敌众的太子军最后战败。

太子刘据带着两个儿子南奔覆盎城门，逃亡。战斗刚开始，刘屈氂就选派官员驻守长安各个城门。分配驻守南门的是司直田仁。田仁认为刘据毕竟是汉武帝的亲生儿子，虎毒不食子，汉武帝终不会对儿子斩尽杀绝。于是他没关城门，眼睁睁看着太子和两个皇孙从身边逃出城去。

长安男子景通抓住了太子少傅石德，因功封德侯；大鸿胪商丘城抓住了太子宾客张光，因功封秺侯；侍郎莽通杀了如侯，因功封重合侯。而各个太子宾客，只要出入过宫门都被诛杀；其中跟随太子发兵的，一概族诛；趁乱劫略长安的士兵和官吏全部发配边远的敦煌郡。监北军使者任安，虽然没有参与叛乱，但接受了太子节杖；司直田仁放跑太子，两人都被腰斩。汉武帝派人入宫收回卫子夫的皇后印玺，废黜皇后。卫子夫不愿受辱，自杀身亡。苏文等人将卫皇后用小棺材葬在城南桐柏山。卫氏一族外戚被彻底诛灭。

为了防止逃亡在外的太子回长安捣乱，长安诸城门屯驻士兵防备太子回城。长安城展开了紧张的清洗工作，幸亏上天上起了雨，街道上的血污冲洗起来简单多了。

真相大白

一

追捕逃亡的刘据成为了刘彻关注的焦点问题。

刘彻似乎失去了理智，一再强压朝臣和各地郡县抓捕刘据及两个孙子。看到皇帝暴跳如雷，群臣无不胆战心惊，不敢开口。

刘据带着两个儿子向东逃到了湖县的泉鸠里（今河南灵宝西部与陕西交界处的泉里村），在一户农家藏匿了起来。收留太子父子三人的农夫家非常穷，一家人连温饱都解决不了。现在平白多了三张吃饭的嘴，所有人都只好干饿着肚子。但即使如此，好心的主人家还是无私地收留了逃难的刘据三人。他忙完农活，还夜以继日地做草鞋，再拿到市场上去卖，补贴家用。刘据父子三人看到主人家的辛劳，过意不去，就躲在屋里帮着一起编织草鞋。好在当地官府没有想到太子会隐藏在赤贫的农家，一直没有到泉鸠里搜查。

即便如此，农夫家最后还是粒米不存，生活难以为继了。刘据突然想起有一个故人在隔壁的新安县（今河南渑池附近），家境富裕，就想找他接济一下。刘据深受儒家思想的教导，却忽视了那些与他交往的人看中的是太子的光辉，并非个个都是真正的挚友。刘据把人心想得太单纯了。那个故人接到太子的求助信后马上向本县官府告发。

新安县令李寿得知太子的下落后，立马带人将农家团团围困住，围捕太子。农家主人为了掩护刘据，上前与官兵搏斗，两位皇孙为了掩护父亲也上去搏斗，都被官兵杀害。刘据自己不能逃脱，在房中悬梁自尽。县卒张富昌一脚踹开门；李寿上去抱下刘据。可惜迟了，刘据已经死了。

汉武帝得到死讯后，略有伤感。李寿和张富昌二人因为擒拿有功，分别被封为邘侯和题侯。刘据死时，年近四十，生育有三男一女。太子败后，他的四个子女都同时遇害。

二

慢慢的，越来越多的真相暴露出来，表明刘据根本就没有用桐木子诅咒皇上。

人们越来越相信刘据是无辜的，坊间的舆论开始朝着有利于刘据的方向发展。

刘彻冷静下来后，渐渐明白儿子刘据起兵是惶恐自卫，并没有谋害自己的意图。

关键时刻，负责守护西汉开国皇帝陵墓的小官，高寝郎车千秋上书为刘据犯颜直谏，扭转了整件局势。他写道：“儿子对着父亲舞刀弄枪，应该受到鞭笞。如果皇帝过失杀死了太子，那又应该作何处理呢？”刘彻对车千秋的上书非常感慨，非常重视。平地一声雷，车千秋竟然因为这次上书而被擢升为丞相。

之后，巫蛊动乱的处置完全被颠倒了过来。先是江充被满门抄斩，接着是宦官苏文在横桥公开烧死；在泉鸠里加兵刃于太子的人都被族诛，包括李寿、张富昌等人。刘彻可怜的儿子无辜遇害，在湖县修建了思子宫，在宫殿中修建了归来望思之台。他希望通过这些宏伟的建筑能够挽回儿子的生命，弥补自己的过错。天下人听说后，没有不感到伤感悲哀的。早知今日，为何当初不三思而后行呢？

一年后（征和三年，公元前 90 年），有个叫郭穰的人告密说刘屈氂的夫人祝诅皇上，贰师将军李广利也参加了祷祠活动。这才是真正的巫蛊罪行。刘李两家的目的是要让昌邑王刘髆早日为帝，证据确凿。刘屈氂被腰斩于长安东市，其妻则在华阳街被枭首示众；当时贰师将军李广利正率军与北方匈奴作战，汉武帝也没放过他，将他留在后方的妻子儿女全部逮捕入狱。前方的李广利害怕了，干脆率军投降了匈奴。他的妻子儿女随即被斩首。

至此，巫蛊之祸中的各个人物都有了自己的结果。

三

刘据的太子生涯以彻底的悲剧结束，原因就在于他始终生活在汉武帝的光芒之下。

汉武帝的文治武功，本朝没有一个皇帝可以企及。汉朝在汉武帝刘彻的统治下，达到了鼎盛。而刘彻是通过不断地加强中央集权，强化皇帝的权威和奴役天下才实现了丰功伟绩。伟大的成功让他的个性非常自负。而太子刘据却是在儒家学说的教化下成长起来的，不知道儒家只是统治工具，不能成为统治思想，又和权势熏天的外戚卫家紧密联系在一起。与谨小慎微才得以善终的舅舅卫青不同，刘据深受儒家入世的人生态度影响，将父子俩的矛盾纠纷自动暴露出来。当这些光芒中的瑕疵被个别奸臣挑拨，无限扩大的时候，父子之间的冲突就变得难以避免了。

当然了，在刘据看似平稳的接班人生涯中还存在许多导致失败的因素。比如刘据没有很好地与父亲刘彻交流。当年老生病的刘彻在甘泉宫养病的时候，即使刘据和刘彻有重大政治分歧，刘据为了自己的地位也应该经常在甘泉宫伺候着。比如刘据没有事先防范那些对自己的地位虎视眈眈的政敌。在一手把持朝政的情况下，刘据即使没有太大的政治空间，也应该抓住一切机会暗中凝聚自己的政治力量，以免一旦有事，无所依靠。

刘据的死将原先隐藏着的刘彻接班人之争表面化了。除了刘据和早死的齐王刘闳外，刘彻还有四个儿子，分别是燕王刘旦，广陵王刘胥，昌邑王刘髆和年幼的刘弗陵。广陵王性情暴戾，很不受刘彻喜欢；昌邑王经过刘屈氂和李广利一案后被彻底排除在候选人序列之外；剩下的燕王刘旦年长有才，最有希望继位，也以未来的太子自居，上表请求入京随侍父皇左右。不想刘彻雷霆大怒，下诏责骂燕王刘旦，还削弱了封给燕国的三个县的土地。因为刘彻选定的接班人是年幼的刘弗陵，他觉得刘弗陵最像自己。不过一贯专权的刘彻也要了个小心眼，在指定刘弗陵即位前，勒令他的生母赵婕妤自尽，以免日后出现幼主在位，太后垂帘的情况。

刘据的死留下了一个小尾巴。当时，刘据的孙子尚在襁褓之中。因为受到巫蛊之祸的株连，小婴儿也被投入了死牢。好心的廷尉监邴吉将他秘密隐藏了下来，联络几个善良的女囚，用自己微薄的收入尽可能地照顾这个可怜的孩子。这个孩子被丙吉取名为刘病已。这个刘病已就是日后的汉宣帝。西汉的皇室血脉最后还是回到了刘据这一系上来。

汉宣帝即位之初，下诏给祖父刘据平反。他采取的方式是“故皇太子”（指刘据）没有谥号，自己年年祭祀他，“不太方便”。有关部门很快遵照皇帝的意思奏请给刘据上谥号“戾”，在他的墓地设立墓园，甚至官吏、卫兵和守墓的百姓。其他人的墓葬也都得到了隆重的改葬。故太子妃的墓地设立了戾后园。刘病已的父亲史皇孙也被追谥为“悼”，埋葬他的广明成乡则被称为悼园。尽管“戾”是一个不太好听的谥号[1]，但有个谥号总比没有强。刘据因此就被称为“戾太子”。

八年后，有关部门再次上奏将悼园的主人史皇孙改称尊号为皇考，立庙，将园林修建为陵寝。守陵的居民增加到一千六百户，单独设立奉明县。刘据没办法上尊号为“帝”，戾夫人却背上尊号为“后”。刘据虽然身前没有做过皇帝，身后却享受到了皇帝的待遇，也算是“迟到的平反”了。

1 戾，就是恶的意思。

退求其次的选择

——孙权晚年选立太子风波

每位皇帝心目中总有一位最佳的太子人选。孙登就是孙权认为最佳的接班人。孙登将太子和皇帝的关系处理得非常好，可惜死在了孙权的前面。孙登死后，孙权面临着艰难的选择：新太子不尽如人心，其他儿子更不成器。迟疑间，诸子争位，在东吴政坛掀起了台风。

最佳人选

一

三国枭雄、东吴大帝孙权一共有七个儿子，分别是：长子孙登、次子孙虑、三子孙和、四子孙霸、五子孙奋、六子孙休、七子孙亮。孙权的接班人就要从这七个儿子中来挑选。

孙权家有一个特殊情况。孙权在做皇帝前一直没有宣布哪一位夫人是正妻，做了皇帝以后也没有册立皇后，因此在理论上孙权没有“嫡子”。所有的七个儿子在血缘上都没有嫡庶之分，没有高低贵贱，只有年龄长幼之别。而在实际上，孙权七个儿子之间的年龄相差悬殊。长子孙登就比弟弟孙亮大三十四岁。孙登首先在年龄上就把六个弟弟给比了下去。

建安二十五年（220年），孙权受曹魏之封为吴王。因为年龄的优势，长子孙登很快就被立为吴王太子。

孙权对太子非常重视，选置师傅，挑选名人，作为太子宾友，一心要把孙登培养好。孙权给孙登精选的师傅和宾友都是三国时期的名臣名家，比如名儒程秉和征崇，先后成为太子师傅，诸葛恪、张休、顾谭和陈表号为“太子四友”，谢景、范慎、刁玄和羊衜等“皆为宾客”。孙登居住的东宫几乎网罗了东吴政权的所有名家人才。孙权又一度命令江东世族代表陆逊“领宫辅留事”，辅佐孙登。在孙权的悉心栽培和良师益友的熏陶下，孙登文武全才，为人处事和行政交际各方面都表现突出。孙登接受的主要是儒家思想的教育，身边聚集的也主要是江东有头有脸的大家族的代表人物。他们希望孙登日后成为一位儒雅清明、公正有为的好皇帝。看起来，孙登也没有让他们失望。孙登的太子地位渐渐稳固了，他的优势也不只停留在年龄上了。

孙权称帝之后，吴王太子孙登顺理成章升格成了东吴的皇太子。

二

孙登成为皇太子之后，品德高尚，待人友善，取得了很高的声望。人心大附。

太子孙登一次乘马出行，耳边忽然飞过一颗弹丸。孙登吓了一跳，左右侍从也吓了一大跳，以为遇到了刺客。大家赶紧进行搜查，恰巧看见路边有个人手持弹弓，身佩弹丸。侍从们二话不说，马上抓住了手持弹弓的那个人。那个人百般申辩，高喊冤枉，说自己没有向太子射击。左右侍从哪里相信，认为这个人“不严刑拷打是不会招供的”，摆开架势就要动刑。孙登摆摆手，不同意。他叫人找到刚才擦脸而过的弹丸，和那个人身上佩的弹丸相比较，发现不是同一种弹丸。孙登于是下令放人。旁边有随从劝谏说，即使表明不是那个倒霉的路人射的弹丸，但是为了显示帝王威严，也要惩罚路人，杀一儆百。结果，孙登狠狠地训斥了提建议的随从，赢得百姓的一片欢呼。

还有一次，孙登发现日常用来盛水的一个金马盂不见了，觉得蹊跷，下令追查起来。结果发现是身边的一个侍从偷走了容器。孙登不忍心处罚他，只是口头训责了他几句，将他遣散回家而已。为了防止此事被人小题大做，孙登特地嘱咐其他侍从不用声张此事。如此一来，宫中上下的属员、侍从们也都说孙登的好话。

孙登不仅是一个心地善良、忠厚老实的孩子，还是一个有原则讲原则的人，有时会暴露出一股子硬气。孙登的生母出身卑贱，他从小由徐夫人抚养长大。后来徐夫人被废黜，搬到吴郡居住。孙权虽然长期没有册立皇后，但最中意步夫人。步夫人是临淮淮阴人，与大臣步骘同族，美貌而且温柔，“以美丽得幸孙权，宠冠后庭”。步夫人得到孙权长期宠爱有一个重要原有就是她没有嫉妒心，对孙权宠爱其他嫔妃没有半句闲话，因此孙权很想立步夫人为皇后。孙登对待步夫人的态度摆得很恰当。步夫人经常赏赐孙登一些东西，孙登都很恭敬地接受，从不推辞。远在吴地的徐夫人也派人大老远地来送衣物。孙登每次都要沐浴之后才更换上徐夫人送来地衣物。谁亲谁近，明眼人一眼就看出来了。

孙权要立孙登为太子时，孙登起先是推辞的。他严肃地说：“万事有本源，本源确立了才能产生其他道义。要立太子，应当先册立王后。”

孙权以为孙登拥戴的王后人选是步夫人，心中暗暗欢喜，问道：“那么谁才是王后呢？”

孙登回答：“我的母亲在吴郡。”他指的是避居在吴郡的徐夫人。

孙权大失所望，也就不再提立后的事情了。他没有想到孙登对养育自己的徐夫人感情这么深，会将太子之位和徐夫人的待遇联系起来。在斗争激烈的宫廷政治中，孙登能有这样的感情和勇气，难能可贵。孙权虽然心中不高兴，但对孙登的品行还是相当满意的，依然定他为接班人。

关于王后或皇后之争，东吴群臣都倾向拥立徐夫人。尽管孙权始终不立皇后，宫内大小人等都称徐夫人为皇后，亲戚上书也都称徐夫人为中宫。徐夫人其实个性好妒，在品行上并不比步夫人高，但儒学思想教育出来的群臣出于维护孙登太子地位的考虑，拥戴徐氏。徐氏一旦成为了皇后，孙登就是嫡子，太子之位上了一个双保险。

三

孙登不仅品德高尚，还表现出了较高的政治素质，得到了孙权的肯定。

赤壁之战后，东吴政权的重心在武昌。东吴王朝稳定后，孙权决定迁都建业，而在武昌周围留下重兵强将。武昌成为了东吴政权稳定长江中流地区，对抗曹魏和蜀汉的重镇，需要留得力人才驻守。孙权就留太子孙登守武昌，将王朝的一半江山托付给他；同时征召大将军陆逊辅佐孙登镇守武昌，兼任宫府留事。孙登年纪轻轻就承担起了家国重任。客观的说，当时天下三分，进入了对峙局面。孙登在武昌没有遇到任何风险，自然没有表现的记录。当然了，武昌方面也没有出现任何问题。孙登保境安民，名声愈发响亮了。孙登经常外出打猎。为了避免践踏农家的庄稼地，他常常绕远路；如果百兽飞禽跑到农田中，他也不去追赶，以免耽误了农民的耕种。

孙登镇守武昌时，二弟孙虑病逝了。孙权中年丧子，非常悲痛，连饮食都荒废了。孙登得知此事后，昼夜兼程赶回来奔丧。他劝父皇孙权说："二弟孙虑英年早逝，这是天命。现在天下纷争，四海分离，上天拥戴父皇。现在父皇为了一己之心，废寝忘食，与礼不符，儿臣私下里很担忧。"孙权这才恢复了饮食，心理调适过来。十几天后，孙权走出了伤痛，计划让孙登回武昌驻防。孙登却不愿意回去，恳求说："儿子不能天天陪伴在父皇身边，是不孝的表现。武昌有陆逊防守，难道父亲还不放心吗？儿臣想陪伴在父皇身边。"孙权想了想，就把他留了下来。

孙登主动放弃镇守武昌的重任是一个具有先见之明的举措。接班人在等待接班的过程中，要忌讳揽权过多、声望过高，不然可能让皇帝产生猜忌。权力场中是不讲父子亲情的。即使是孙权，首先考虑的也是皇权的巩固，考虑是否存在挑战权威的潜在威胁。孙登在武昌掌握了东吴王朝一半的精兵强将，防卫着超过一半的国家领土，不利于身为太子的他自保。如果声望继续高涨，说不定孙权就会心生猜忌。到时候，孙登再怎么主动请辞，回来孝敬父皇，都是另外一种滋味了。

再对照之后武昌的事态发展，孙登的主动请辞怎么看都是英明睿智的。陆逊接替孙登主掌武昌后，治理得非常好，但很快就功高震主，被明升暗降，调回了建业。之后武昌这个“大军区”被分割成“西陵”（在三峡地区，负责防卫蜀汉）和“武昌”（依然在武昌，负责防卫曹魏）两个“小军区”。幸亏孙登没有蹚这趟浑水。

嘉禾三年（234年），孙权渡江征讨新城，留孙登防守后方。孙权让孙登“总知留事”，等于让太子代理了国事，说明他对太子孙登之前的表现是满意的。而孙登留守后方的表现也不错。当年收成不好，普遍的饥荒导致各地出现盗贼。孙登主持制定了剿匪的法律条例，布置敌方防御事项，处理得有理有节，各方面都注意到了。

四

孙登是东吴太子的最佳人选，更主要是因为他成功地处理了与父皇孙权的关系。

孙权是古代非常长寿的皇帝，整整活了七十一岁。人一老，头脑就不好使，也就容易产生这样那样的问题。老人的心理不像年轻人那样充满朝气，缺乏了奋斗精神，常常沉溺于回忆往昔的辉煌。他们会显得固执于往日经验，甚至自负，而且喜欢听奉承话。孙权就是一个成功的老人，也是一个拥有无限权力的老人。老人的心理问题他都有，而且还有一群奸佞小人时刻想着利用他的问题获取个人利益。和这个的老人处理好关系，真的是一件不容易的事情。

孙登是在儒家思想体系中熏陶出来的太子。他对孙权晚年许多好大喜功，横征暴敛的行为看不下去。孙权晚年为了控制权力，监视百官，公然进行“特务统治”。他任命吕壹等出身贫寒、官职低微的人执掌“校事”，监视并惩罚百官的言行。吕壹专挑功勋卓著的重臣和江东根基深厚的世族大家动手，得罪了许多人。最后吕壹因为本人行为不端，为大臣们抓住了把柄，穷追不舍。孙权关键时刻弃车保帅，杀掉了吕壹。但吕壹的行为多少帮孙权完成了抑制大臣权力的目的。孙登在“校事”问题上是站在群臣的立场上的。此外，孙权晚年劳师动众，从海上与辽东的公孙政权勾勾搭搭，企图获得公孙政权的称臣纳贡，结果竹篮打水一场空。孙登也反对父皇不切实际的行为，认为要爱惜民力，与民休息。但是，孙登不能将这些反对意见明白地表露出来，更不能引起父子间的直接冲突。这该是多难的事情啊。

事实上，历经风吹雨打的孙权多多少少看出了太子与自己在政治思想与实践上的差异。父子俩并不是同一条心的。但孙登的高明之处就在于没有将这些矛盾表面化，没有揭露出来。即使相互存在矛盾，接班人能够维持住和皇帝的良好关系，这本身就是一项高超的本领。

孙权没有当过太子，因为他是打江山打下来的开国君主。所以他不知道太子这个角色的艰难之处，不知道太子和皇帝之间、太子和其他皇子之间的微妙关系。除了步夫人，孙权最宠爱的就是王夫人了。王夫人不仅长得漂亮，而且还生下了孙权的第三子孙和。孙权对孙和也非常宠爱，常常将孙和带在身边。孙权赏赐给孙和的衣服礼秩雕玩珍异等东西，都是最好的，不仅在数量上和质量上都超过了诸位弟弟，而且比作为皇太子的孙登得到的赏赐还要好。朝野上下都看在眼里，孙登的心里就不好受了。可孙登的心理素质好，主动和弟弟孙和搞好关系，两人显得亲密无间。只有孙登知道自己的委屈，他像对待兄长一样对待弟弟孙和，才止住了外界的不恰当猜疑。《三国志》说孙登对孙和“常有欲让之心”。孙登是否有将太子之位让给孙和的考虑和举动，后人只不得而知。我们知道，孙权相信自己的两个儿子关系很好，觉得孙登这个太子很称职。

孙登当了二十一年太子，不幸在赤乌四年（241 年）病逝了，年仅三十三岁。孙权伤心欲绝，给孙登定谥号为“宣”。孙登也就被称为东吴宣太子。

孙登临死前上疏孙权：“皇子孙和仁孝聪哲，德行清茂，希望父皇早立孙和为太子，以系民望”，明确建议立竞争对手孙和为太子。

我们不知道这是孙登的真实想法，还是临死也要迎合父皇孙权的意思。总之，孙权对长子孙登的太子生涯非常满意，孙登也可以解脱了。

二子争位

一

因为皇次子孙虑已死，三子孙和是剩下的最长的皇子。加上孙权喜欢，孙登推荐，孙和在孙登死后的第二年（赤乌五年，242 年）正月被册立为新太子。

孙和也是个很出色的小伙子，《吴书》上说他喜好文学，善于骑射，承师涉学，精识聪敏，尊敬师傅，结交名士。孙权一直就很喜欢，也很重视这个儿子。孙和刚刚十四岁的时候，孙权就单独为他设置守卫，让中书令阚泽教他学习书艺。孙和好学肯问，学习成绩很好。成为太子时，孙和才十九岁。孙权给他配备了强大的辅佐班底：阚泽为太子太傅，薛综为太子少傅，蔡颖、张纯、封俌、严维等人为太子侍从，可见也寄予了厚望。

孙和虽然能力很强，但心思不像死去的哥哥孙登那样缜密，政治上不像孙登那样成熟。套用时髦的话来说，孙和的智商很高，但是情商并不高，综合素质不强。孙和的内在缺陷注定他不会成为像孙登那样的成功太子，甚至还为自己带来了不幸。

孙和是孙权宠爱的王夫人的儿子。王夫人和步夫人争宠。步夫人没有儿子，也不像王夫人那样有心计，处于争宠的下风。但是步夫人有两个非常厉害的女儿。长女孙鲁班，字大虎，先是嫁给了周瑜的儿子周循，周循死后改嫁全琮，因此被称为“全公主”或“全主”；小女儿孙鲁育，字小虎，先嫁给朱据，后改嫁刘纂，故称“朱主”。孙权特别宠爱信任这两个女儿，常常听取她们的意见，也让她们插手许多事情，因此两位公主地位特殊，影响甚至超过了诸位兄弟。两位公主之中，全公主工于心计，野心勃勃，非常热衷于宫廷斗争。她看到母亲步夫人争宠失败，自然心怀不满，对新太子孙和怀恨在心。全公主于是常常在孙权耳边诋毁孙和。遇到这样的对手，太子孙和最明智的做法是小事上不和她纠缠，大事上要有主见，有证据，站稳脚跟据理力争。但是孙和却采取针锋相对的对策，事事和全公主作对。两人你一招，我一招，打得不亦乐乎。

一次，孙权生病了，让太子孙和替自己去宗庙祭祀，保佑身体康健。孙和的太子妃张氏的叔叔、大臣张休就住在宗庙附近。张休见太子来祭祀，就邀请孙和来自己家——估计是两人商量谋划巩固地位、对付全公主的计策。孙和竟然抛下祭祀，去了张休家。那一边，全公主派来终日暗中监视太子的探子马上把消息告诉了全公主。全公主就告诉孙权说，太子不去庙中祭祀，而是专门去了妃子家进行密谋活动，对父皇的疾病一点都不上心。她接着造谣说，王夫人看到皇上卧病在床，面露喜色。孙权闻讯自然是很生气，愤怒地再也不宠信王夫人了。王夫人从此忧郁而死。对于太子孙和，孙权没有明确的表现，但心里埋下了深深的不满和偏见。

孙和被立为太子的同年八月，孙权封皇四子孙霸为鲁王。当时其他皇子都没有封王，孙霸的地位一下子突出出来。而且孙权对他宠爱赏赐和其他待遇，都和太子孙和没有差别。不知道孙权是刻意抬升孙霸来压制不满意的太子孙和，还是单纯的喜欢孙霸。孙登在世时孙权宠爱孙和，现在又宠爱了非太子的孙霸。宫中的下人一度很为难，因为按礼孙霸不能和太子孙和享受同等礼遇，现在他们不清楚具体怎么区别对待太子和鲁王。

孙权对孙和和孙霸的"无区别对待"导致了一场内讧。

二

孙霸即使原本对太子之位没有"非分之想"，现在也被孙权的刻意提拔给勾引出来了。

作为皇子，谁不想尝试一下端坐龙椅的滋味。孙权对孙和表露出来的不满和对自己的关心宠信，被孙霸理解为是一种政治暗示。鲁王孙霸觉得这是父皇有意废黜太子，改立自己为新太子。即使父皇现在没有这样的想法，自己离太子之位也很接近了，完全可以"奋斗"一下，争取"进步"。孙霸争夺嗣位的野心滋生了。孙和将这一切看在眼中，心中充满了不安。他头脑中那根保住太子之位的弦绷得更紧了。

东吴的满朝文武不能不对此有所反应。许多人出于"立嫡立长"的宗法思想考虑，或者认可孙和的能力和品行，拥护太子孙和；部分人看到孙权对孙和的不满和孙霸咄咄逼人的态势，非常现实地支持鲁王孙霸。于是，群臣根据拥护对象的不同，赫然分为了两派。丞相陆逊、大将军诸葛恪、太常顾谭、骠骑将军朱据、会稽太守滕胤、大都督朱绩、尚书丁密、新太子太傅吾粲等拥护孙和；骠骑将军步骘、镇南将军吕岱、大司马全琮、左将军吕据、中书令孙弘等人拥护孙霸。朝堂之上，太子之争俨然成为了东吴最主要的政务。

这场纷争史称"二宫构争"。

全公主陷害了王夫人后，要进一步废黜太子孙和。现在鲁王孙霸冒出头来，和全公主一拍即合。两人达成统一战线，共同对付孙和。

全公主更起劲地在孙权耳边说孙和的坏话，称赞孙霸的优点，还把全琮侄子全尚的女儿嫁给孙霸为妻。全公主还去拉拢妹妹孙鲁育，但是妹妹支持孙和，不听姐姐的拉拢。姐妹两人竟然因此产生了仇隙，形同陌路。当时江东的世族大家一般都支持太子孙和，但全琮是极少数支持孙霸的江东本土人物之一。因为他是全公主的驸马。全家的二公子全寄还依附孙霸，为孙霸争位出谋划策。作为江东世族大家代表人物的陆逊反对全琮父子依附孙霸，上门来劝告。全琮一点同乡和前辈的面子都不给，断然拒绝陆逊的劝说，与江东同乡们的关系都搞僵了。

两派在朝廷上为太子之位展开了激烈较量。鲁王孙霸觊觎之心日渐增长。陆逊、吾粲、顾谭等人多次向孙权表示“嫡庶之义，理不可夺”，全寄、杨竺等孙霸一边则鼓吹更换太子。最紧张的一次，孙权与杨竺暗地策划立鲁王孙霸为太子，孙和指使的密探就潜伏在孙权议事的床下（三国时，人们都坐在类似于床的榻上议事）。当日两派斗争的激烈程度可见一斑。孙和为了自保，也没闲着。陆胤要去武昌，去向孙和告辞。孙和表面上避免嫌疑，没有接见他，私下里更换服装来到陆胤的车上，与他密谈。孙和让陆胤去武昌设法让陆逊上表劝谏孙权不要更换太子，企图借重臣和京外实力派来影响孙权决策。太子太傅吾粲等人也多次传消息给陆逊。陆逊在前线连续不断地上表劝谏孙权不要更换太子。

内讧让孙权头痛。支持孙和的一派人多势众，叫得也最厉害。孙权为了压制内讧，首先拿孙和一派下手。陆逊上表上得多，得到孙权的训斥也最多；吾粲被抓起来杀了；顾谭大家族出身，不想杀死，就流放到比天涯海角还远的交州。最可怜的是张纯。张纯是吴郡吴县人，出身名门，担任过太子孙和的辅都尉，极力反对孙权以鲁王孙霸代替孙和。张纯劝谏的言辞最为激烈，态度最为坚定，被孙权当作杀给猴子看的那只鸡，公开斩首了。

孙权不明白，暴力手段从来都不是解决家族权力纷争的最好方法。

三

二宫构争的内讧持续了八九年时间，弄得孙权心力交瘁，最后采取了极端的做法。

孙权宣布废黜太子孙和！消息还没传出，骠骑将军朱据、尚书仆射屈晃率领许多官员把脸弄得灰灰的、自己绑着自己，跪在宫中求情。孙权理都不理。两个外地的将领无难督陈正和五营督陈象上书孙权，用春秋时期晋献公杀太子申生，立爱子奚齐导致晋国连年内乱的例子，反对废黜太子孙和。朱据、屈晃见了，劝谏得更厉害了。孙权勃然大怒，将陈正、陈象两人族诛，把朱据、屈晃抓到宫殿中来各打一百杖屁股。废太子孙和被流放故鄣。群臣又一次劝谏，因此被孙权诛杀或者流放的多达数十人。

鲁王孙霸则更悲惨，直接被赐死。依附孙霸的一方，不是处死就是流放。比如鼓吹更换太子的杨竺命运悲惨，被砍了脑袋后，尸体抛到江上，任其漂流。至此，太子孙和和鲁王孙霸两党以同归于尽的结果收场。大批参与“二宫构争”的文臣武将们也受到惩处。东吴的朝堂上一下子空了许多，当初辅助孙权打下江山的重臣大将们几乎全都被送上了断头台。

这样的结果是谁都不希望看到的。

无奈的选择

一

孙权为什么要采取如此极端的做法呢？因为他老了，也因为他对太子之位没有引起足够的重视。

两个儿子争位争得你死我活，孙权对情况是了解的。但是他不知道怎么处理。孙权可以裁减孙霸的待遇，公开支持太子孙和，或者干脆废黜孙和，改立孙霸为太子。这两种选择都是正常的，都可以避免灾难性的后果。但孙权采取了对两个儿子“各打五十大板”的做法，禁绝他们同外界来往，要他们好好待着，认真学习，争取天天向上。孙权的训诫等于是一纸空文。

有人将“二宫构争”的惨痛结果归咎于孙权晚年的糊涂。晚年的孙权既糊涂，又不糊涂。在政治上，孙权依然保持着清醒的头脑，做出精确的判断。就在“二宫构争”进入高潮的赤乌七年（244 年），蜀汉政权将军事重心由汉中南移至涪县，在此多作舟船，意欲顺汉水而下，袭取曹魏的上庸、西城等三郡。东吴的许多人则认为蜀汉的行动是针对东吴的，担心蜀汉背弃吴蜀联盟与曹魏联合。恰好当时蜀汉丞相蒋琬镇守汉中，当东吴面临曹魏军事压力时不出兵支援，反而多作舟船，缮治城郭。针对国内的猜忌情绪，年过花甲的孙权却认为消息有误，吴蜀长期同盟是既定方针，不能因为双方缺乏沟通而心生疑虑。孙权最后亲自向群臣担保蜀汉不会背盟。东吴朝野对蜀汉的怀疑之声戛然而止。蜀汉事实上也没有背盟与曹魏来往的“私情”。可就是政治上清醒果断的孙权在家族内部的权力争斗中却判若两人，做事拖泥带水，任由事态恶化，最后又武断地废黜一子、杀死一子，导致了家族悲剧。

可见，围绕太子宝座产生的权力漩涡，既是对各位皇子的一大考验，也是对皇帝本人的一大考验。孙权也意识到自己的失败之处，在二宫构争最激烈的时候对大臣感概说：“子弟不睦，臣下分部，将有袁氏之败[1]，为天下笑！”他知道骨肉对立，导致朝堂分裂，是非常丢

1 这里说的是东汉末年河北大军阀袁绍家内讧的事情。袁绍死后，儿子袁谭和袁尚争夺继承人之位，相互征伐，导致曹操坐收渔利。袁氏一家最终灰飞烟灭。孙权是旁观者，因此印象深刻。

脸的“家丑”，可就是不知道怎么处理。

二

孙霸被赐死后，孙权其他三个儿子都没有成年。孙权挑选了最喜欢的、年仅七岁的幼子孙亮为新的太子。

当时东吴政权处于非常危险的境地。最上面是年老的皇帝，下面的精英几乎被荡涤一空，而后面是一个尚未懂事的接班人。万一孙权死了，幼子空朝，如何抵御政治风浪。孙权在人生的最后岁月中，也意识到了孙亮幼弱，日后难以掌管大局，有意恢复废太子孙和的地位。他想从流放地召回孙和，托付后事。关键时刻，全公主和宗室孙峻、孙弘等人强烈反对。孙权见家人和朝臣反对，最后放弃了召回孙和的想法。太元二年（252 年）正月，孙和表面上的待遇有所提升，被封为南阳王。但是被押送到长沙去居住。

孙和被彻底边缘化暗示着东吴“后孙权时代”的权力结构调整已经开始。阴险的全公主在其中占据了核心地位。即使是在拥护孙霸争夺太子地位的时候，全公主也留了一手。一方面，她没有抛头露面，而是让全家子弟出面执行自己的意志；另一方面看到孙权喜欢幼子孙亮，又将全家的另一个后辈女子嫁给孙亮，接了一门娃娃亲，给自己留条后路。孙霸倒台了全公主安然无事。之后，全公主和算是远房亲戚的孙峻勾搭成奸，暗中插手东吴的权力格局。她反对孙和复位，就是看中了日后孙亮年幼可欺的特点。

对家庭内部争斗不甚明了的孙权自然也没有看到爱女的险恶用心。

三

太元二年（252 年）四月，孙权逝世。孙亮继位，诸葛恪秉政。

诸葛恪是个各方面都能接受的人物，却不是强权人物。东吴的真正掌权者是全公主。

诸葛恪是孙和的妃子张氏的舅舅。诸葛恪上台后，张妃希望能够改变自己和丈夫的处境，就派太监陈迁去建业上书，“顺便”问候诸葛恪。两人“嘀咕”后，诸葛恪对陈迁说：“替我告诉张妃，我一定让她过得比别人好。”这句话不小心泄露了出去，引起了全公主等人的反感和防范。加上诸葛恪有迁徙首都的意思，将首都从建业迁到武昌去。诸葛恪都开始修缮武昌的宫殿了，民间纷纷传说诸葛恪有迎接拥戴孙和为君的意思。全公主一帮人敏感的神经被触动了，决心推翻诸葛恪的主政。后来诸葛恪在政变中被杀。孙和的末日也来临了。孙峻夺走了孙和的南阳王玺绶，贬居他到新都去，又派遣使者“赐死”孙和。孙和自杀前与张妃辞别。张妃哭着说：“夫妻吉凶应当相随，我不会独自生活的。”她也自杀了。孙和夫妇的自杀引起了相当规模的哀悼。

孙亮时期的东吴政治是全公主的幕后政治，孙亮很快就被废为“会稽王”。孙峻和全公主等推出了孙权的第六个儿子孙休为皇帝。孙休在位七年死了，孙峻和全公主等人也在政治斗争中被“干掉”了，群臣推举了废太子孙和的儿子孙皓继承了皇位。孙和时来运转，儿子登基的头年就被追谥为文皇帝，改葬明陵。东吴朝廷在孙和陵墓设置了园邑二百家，任命了官吏常年奉守。

孙和算是得到了迟到了帝号。

王朝何堪家族泪

——西晋弱智太子司马衷

从东汉覆灭到隋唐建立的漫长乱世中，有过一次短暂的统一。西晋王朝平定三国乱世，维持了二十多年的天下一统。但是西晋到了第二代晋惠帝的时候，就迅速衰亡了。晋惠帝是个弱智。他的低智商对王朝的衰败有不可推脱的责任，而晋武帝的选择失误也负有责任。

开国君王家事愁

一

晋惠帝司马衷是中国古代最著名的弱智皇帝。

后人常常用两件事情来说明司马衷的弱智样子。

第一件事是说有一年夏天，司马衷带着随从到华林园游玩。走到一个池塘边，一行人听到池塘里传出咕咕的青蛙叫声。司马衷觉得很奇怪，于是便问随从："这些咕呱乱叫的东西，是为官呢还是为私？"随从们听到皇帝提出这样的问题，心里觉得好笑，可嘴上又不知道怎么回答才好。也许是其中一个随从对司马衷的弱智问题习惯了，急中生智说道："在官家里叫的，就是为官的；若在私家里叫的，就是为私的。”司马衷觉得很有道理，频频点头。

第二件事情说的是一年天下灾荒，饿殍遍野；百姓流离失所。很多人走着走着，就死在半道上了。在朝廷上，自然有大臣议论百姓饿死的事情。坐在龙椅上的司马衷突然发问：“为什么有人饿死啊？”大臣回答：“他们没有饭吃。”司马衷又问：“这些人没有饭吃，为什么不去吃肉粥呢？”大臣们哭笑不得，无言以对。但对于司马衷来说，米饭和肉都是他日常吃的，现在没有饭吃了，为什么不去吃肉呢？

晋惠帝司马衷是西晋开国皇帝、晋武帝司马炎与杨皇后的次子。司马衷的弱智是先天性的，并不是受后天刺激而造成的。司马衷在年少时就显露出不正常的样子，快十岁了仍口齿不清，豆米不辨，更谈不上读书写字了。因此，朝野上下、宫廷民间都知道司马衷是弱智。

问题是：这么一个明显弱智、缺乏政治能力的人怎么就成为太子，进而做了皇帝了呢？首先是因为司马衷的哥哥司马轨早夭。司马衷就成了事实上的嫡系最长子，很自然地成为了皇位的第一继承人。他被立为太子时，只有九岁。史书上没有任何有关司马衷立太子争议的记载。也许对于一个九岁的孩子来说，还没有接触朝廷大臣；而且太子年纪也小，反应迟钝一点也并不被视为大事情，所以群臣没有就司马衷被立为太子一事提出疑问。同时司马衷的生母是皇后，正得到司马炎的宠爱，大臣们也没有人公开反对。

但是随着司马衷开始长大，难以掩饰的智力缺陷暴露了出来。人们不禁在心中发问：太子将来能否胜任天子宝座？是不是应该及时更换太子？

二

咸宁初年（275 年），司马衷到了出居东宫的年纪，开始接触外廷大臣。随着太子独立建立东宫，朝野对其能否治理国家的疑问越来越多。

史载："惠帝之为太子也，朝臣咸谓钝质，不能亲政事。"

最先对司马衷的能力提出怀疑的是他的父亲晋武帝司马炎。司马炎认为自己的这个儿子胜任不了统治天下的重任，因此悄悄的和皇后透露了想更换太子的意思。但是杨皇后非常袒护司马衷，劝丈夫说："自古以来，立嫡长子，而不考虑其能力高低。这样的老规矩怎么能更改呢？"晋武帝的另一个宠妃赵氏受了杨皇后的好处，也为司马衷说好话："太子司马衷只不过是幼时贪玩，不长进。小时候就显露出超常能力的人毕竟是少数。太子将来必大器晚成，继承大统。"耳根子软的司马炎被枕边风一吹，也就打消了更换太子的念头。

咸宁二年（276年），晋武帝司马炎患病，病情还挺严重。朝野一度开始考虑最高权力转移的问题。多数人属意于司马炎的弟弟、齐王司马攸，希望以司马攸来取代弱智的司马炎。大臣贾充把长女嫁给了司马攸做王妃，又把另一个女儿嫁给司马衷做太子妃。河南尹夏侯和就对贾充说："你的两个女婿亲疏相等。但是'立人当立德'，希望你能够参与更立太子的行动。"贾充默默不答。后来晋武帝病愈了，听说这件事，将夏侯和调任为有名无实的光禄勋（原来的河南尹掌握首都及周边地区的政权），并夺去了贾充的兵权，待遇不变，显示自己对太子司马衷的支持。司马炎如此处理，一时间朝野上下不敢再提太子能力的问题。

就在大多数朝臣明哲保身，对太子一事默不作声的时候，少数几位重臣以自己的方式进行劝谏，试图让司马炎相信司马衷能力太差，实在不是做皇帝的料。有着灭蜀大功的卫瓘就是其中之一。卫瓘很想劝司马炎废掉太子，但每次想陈启的时候，都找不到合适的时机和话语。后来有一次司马炎在陵云台举办君臣宴会，卫瓘装着大醉的样子，就势跪在晋武帝的榻前说："臣有些话想启奏皇上。"晋武帝就说："你想说什么呢？"卫瓘三次都欲言而止，最后只是用手抚着晋武帝的座位说："此座可惜了啊！"晋武帝非常聪明，一下子就明白了。他将错就错地说："你真的是喝得大醉了。"卫瓘从此闭嘴，不再就太子废立一事说话。

担任侍中的和峤是另一位勇敢提出太子废立意见的大臣，只是他采取的形式非常直接。和峤见到太子就是一个弱智，就趁自己经常陪侍皇帝左右的时候说："皇太子有淳古之风，这是好事；但是现实是非常复杂的。恐怕将来不仅只是陛下的家事。"晋武帝默然不答。

大臣们的劝谏多少还是对晋武帝产生了影响。他对群臣的意见虽然可以视而不见，或者用间接的手段打压下去，但他本人是一个有作为的开国君主。晋武帝不可能在关系到子孙后代、帝王万世之业的事情上马虎从事。没有比他这个父亲兼皇帝更明白司马衷的实际情况。司马炎觉得再测试一下已经长大的太子的实际能力。

晋武帝测试方法就是派遣几位朝臣去考察太子，看太子能否承担统治大任。他选中的朝臣是和峤、荀顗、荀勖三位侍从近臣。晋武帝说："太子近日入朝，我看他有所长进，你们三人可以一起去拜访太子，谈论世事，看看太子的反应。"三个人就按照皇帝的吩咐去做了，回来的时候顗、勖两个人都称太子明识弘雅，诚如明诏，没有问题。和峤劝说："圣质如初耳！"（还是和以前一样弱智。）晋武帝很不高兴，离席而去。

晋武帝决定亲自试验一下太子。他心头对太子的能力始终抱有怀疑，加上朝臣和峤等人多次上奏，所以决定直接检验太子处理政务的能力。一次，晋武帝将东宫大小官属都召到身边来，为他们举办宴会。暗地里，晋武帝密封了几件疑难的政务，让人送去给太子处理。皇帝的想法是：我已经将太子身边所有的人都支走了，现在就只能由太子自己来处理这几件疑难问题了。如果处理得好，就证明了太子的能力没有问题。如果处理不好，就是太子无能了。

司马衷连一般的政务都不懂，哪能处理疑难政务，只能呆呆地看着父亲送来的文件。正在要将空白纸送还给父亲的时候，贾充的女儿、太子妃贾南风既着急又害怕，忙找了外人来帮太子作答。估计她请来的是迂腐的学者，在回答的时候旁征博引，义正词严，慷慨激昂。贾南风看了回答，非常满意。但是给使（宫中的侍从）张泓在旁边看了以后，提醒说："太子不学无术，这是皇上非常清楚的事情。现在的答诏广泛引用，文才飞扬，皇上肯定怀疑是否是太子亲自写的，并且追究作弊的人，根本过不了关。还不如直接用大白话把问题给说清楚呢。"贾南风大喜，忙对张泓说："来，你帮我好好回答，成功了与你共享富贵。"张泓平素就有些小才，现在用大白话把所有疑难都说清楚了，再让太子抄写一份。

晋武帝拿到太子抄的答案，觉得虽然用语简陋粗浅，但还是将所有问题都谈到，谈清楚了，很高兴。他先将太子"处理"的政务交给太子少傅卫瓘看。卫瓘先是非常吃惊，进而异常惶恐。大家都知道卫瓘先前有废立太子的意思，现在见此，忙称万岁。事后，贾充曾暗地里派人告诉女儿贾南风："卫瓘老奴，几破汝家。"从此，司马炎对司马衷基本感到满意。废立太子的风潮再也没有出现过。

三

司马衷太子的位置得以确立的另一个原因可能是他生了一个好儿子司马遹。

据说司马炎非常喜欢司马遹，这为司马衷巩固太子之位出力不少。

一切得从司马遹的生母谢玖说起。谢氏容貌清秀，美丽大方，很小就被选入晋武帝后庭作才人。司马衷九岁被立为太子的时候，朝廷就开始准备挑选太子妃的人选了。晋武帝司马炎很有意思，怕自己的弱智儿子不知道儿女之事，决定先派个人给司马衷进行性启蒙。司马炎挑选的就是自己身边的才人谢氏。谢才人陪伴司马衷一晚，就怀孕了。性情残忍嫉妒的贾南风成为太子妃后对东宫的嫔妃随意杀戮，独独对谢才子不敢胡来。谢才人也知道自己的处境，请求回到了司马炎身边，然后生下了司马遹。有传闻说谢玖肚子里的孩子是司马炎的，因此司马炎对谢玖和司马遹特别照顾留意。这种传闻"查无实据"，权当又一个历史疑案。

司马炎对司马遹非常宠爱。几年后，司马衷进宫朝见父皇，看到一个三四岁的小孩子和自己的几个弟弟一起玩耍，非常可爱，便走过去拉着那个小孩傻笑起来。晋武帝远远望见，走到司马衷跟前，对司马衷说："这是你的儿子啊。"司马衷和司马遹父子这才相认。

太子司马衷的儿子司马遹乖巧聪慧，深得司马炎的喜欢。司马炎一度想将皇位传给司马遹，因此易换太子的想法也就更加淡薄了。如果传闻是真的，司马遹的确是司马炎的私生子，那么司马炎特别喜欢司马遹也可以是为了掩饰自己的过错。为了传位给私生子，司马炎就必须先巩固弱智儿子司马衷的太子之位。

司马炎既然确定了弱智司马衷的继承人地位，就真心实意地扶持太子。他一改曹魏后期太子制度荒废，只有空头太子没有手下的薄弱情况，给司马衷配齐了官属，而且对太子属官精挑细选。司马炎挑选的既有荀顗、司马攸、杨珧、司马亮、山涛、卫瓘、贾充等元老重臣、宗室近支，也有王衍、乐广、傅祗、郑默、郭奕、卢浮、华峤、卫恒、夏侯湛、李重、魏混、华谭、阮浑等新锐志士。这一份东宫官署名单几乎囊括了西晋政权各个时期、各个领域的精兵强将[1]。司马炎对司马衷算是仁至义尽了。

传位不及兄弟

一

除了司马衷这个弱智外，难道司马家族就没有其他智商正常、能

1 刘驰：《晋惠帝弱智辨——兼析其能继位的原因》，载于《中国历史大辞典通讯》1984年第4期。

力出众的政治继承人了吗？有。那就是司马炎“明德至亲”的胞弟——齐王司马攸。司马攸为人“清和平允，亲贤好施，爱经籍，能属文，善尺牍”，名声良好，“才望出武帝（司马炎）之右”，不论血统还是能力都有继位的资格。司马炎的儿子不行了，为什么不能传位给弟弟呢？

齐王司马攸是晋武帝司马炎同父同母的弟弟。当年，司马昭见哥哥司马师没有儿子，就把自己的二儿子司马攸过继给了兄长做儿子。所以司马攸在名义上算是司马昭的侄子。后来，司马师逝世了，将权力转移给了弟弟司马昭。司马昭掌权成为了晋王，期间多次想把二儿子司马攸立为世子。当时司马昭每次见到司马攸，都拍着自己的座位亲昵地用小名招呼二儿子说：“桃符，这是你的座位啊。”史载司马攸“几为太子者数矣”。

司马昭老的时候，的确想把自己的权力重新转移给哥哥司马师一系，也就是传给司马攸。其实，传给司马攸也就是传位给自己的亲生儿子，司马昭非常希望能够见到这样的结果。但是左右亲信何曾、贾充等人死死劝谏司马昭说：“中抚军（指在魏国担任中抚军，新昌乡侯的司马炎）聪明神武，有超世之才。他发委地，手过膝，此非人臣之相也。”他们坚决反对将权力转移回司马师一边。司马昭见亲信反对，加上司马炎毕竟是嫡长子，能力也不错，最终打消了以司马攸为继承人的念头。但是在司马昭临死的时候，他还挣扎着向司马炎、司马攸兄弟讲解汉朝淮南王、魏朝陈思王与当皇帝的兄长之间不相容的故事，劝诫二人友爱相扶。司马昭更是拉着司马攸的手让司马炎好好对待弟弟。

司马炎的母亲王太后临死的时候，也流泪对司马炎说：“桃符性急，而你又不慈爱。我死后，恐怕你们兄弟不能相容。希望你这个当哥哥的能够友爱自己的弟弟，勿忘我言。”

司马炎成为晋武帝后，封齐王司马攸“总统军士，抚宁内外”。司马攸在政治实践中立了许多功劳，威望越来越高。司马攸对晋朝以及自己封地内的官吏、人民恩养有加，“时有水旱，百姓则加振贷，十减其二，国内赖之”。他做人“降身虚已，待物以信”，并不时劝谏晋武帝务农重本，去奢即俭。到了司马炎的晚年，各位皇子年弱无力，而太子司马衷又是明摆的弱智。朝臣内外，都属意于齐王司马攸继位。

二

司马炎的确像父母担心的那样，对人不够宽容，即使是对亲弟弟也一样。司马攸的功劳和威望的增长让司马炎觉得是对自己的威胁。他并不希望将皇位传给弟弟。当时晋武帝左右的一些反对司马攸的大臣则抓住皇帝的心思，进行迫害司马攸的活动。中书监荀勖、侍中冯紞等人害怕晋武帝死后司马攸继位，对自己不利，就老在晋武帝耳边说司马攸的坏话。他们说：“陛下万岁之后，太子不得立也。”晋武帝大惊，问：“为什么？”荀勖就乘机说：“朝内朝外官员都归心于齐王，太子又怎么能得立呢？陛下如果不信，可以假装下诏书让齐王回到封地去，肯定会出现举朝以为不可的局面。”冯紞也进一步说：“陛下让诸侯归国，这是国家制度。亲人理应遵守。皇上至亲莫如齐王，他应该首先响应命令离开京城回自己的封地。”晋武帝对弟弟的猜忌被这几个人挑逗起来，认为他们的话很有道理，于是下诏，先是把济南郡划入齐国封地，增加了弟弟的封地，再是封侄子、司马攸儿子司马蹇为北海王，又赠六榰之舞、黄绒朝车等仪物，最后才是命齐王司马攸回封地就藩。

诏书下达后，朝中王浑、王骏、羊琇、王济等一帮大臣纷纷切谏。大家认为齐王是皇上至亲，应该留京辅政。一些大臣还抬出司马昭、皇太后的遗命，举典论旧，劝晋武帝收回成命。武帝不听，认为“兄弟至亲，今出齐王，是朕家事。”王浑、王济等人还被贬放外任。

齐王司马攸当时正在生病。他知道哥哥猜忌自己，也知道荀勖、冯紞等人与自己不利，就上书乞求去为死去的生母王太后守陵。晋武帝不允许，还连下诏书催促。眼见催促就藩的诏书一道比一道急，司马攸急火攻心，病势加剧了。晋武帝却怀疑弟弟是在装病。为了查明弟弟是否真的生病了，晋武帝不停地派宫中御医到齐王府诊视。御医们久在皇帝身边，自然知道晋武帝的心思。他们为了自身的利益，回宫后都禀告说齐王身体安康，并没有生病。司马炎自然是更加怀疑弟弟，对齐王越来越不满了。

司马攸的病情一天比一天沉重；司马炎催促上路的诏书一天比一天多，一道比一道严厉，没有丝毫回旋的余地。司马昭夫妇生前担心的事情终于发生了。司马攸性情刚烈，见事情无法挽回，就挣扎着换上一身新朝服，梳洗冠带停当，入宫面辞晋武帝。他虽然病得连路都走不稳了，精神疲惫到极点，却还强装着仪表，举止如常。晋武帝见了，更加认定弟弟是在装病了。在宫中，兄弟二人例行公事，司马攸辞行回封地去了。

没几天，病入膏肓的司马攸在路上吐血身亡，年仅三十六岁。

晋武帝接到齐王的死讯，才知道司马攸不是装病，而且病得不轻，现在病死了。他不禁悲从中来，恸哭不已。毕竟齐王是自己的至亲。冯紞却开导司马炎说："齐王矫揉造作，聚拢天下人心。现在他暴病身亡，是社稷之福。陛下不必如此哀痛。"司马炎想想，被说中了心理，也就停止了哭泣——权力就是让人如此实际。

朝廷为齐王举办了隆重的葬礼。临丧之时，司马攸的儿子司马冏伏地嚎哭，控诉御医指证父亲无病，耽延了诊治。司马炎脸面无光，也就顺坡而下，处死了先后派去为齐王诊病的御医。一场皇位继承的较量就以司马攸的彻底失败告终了。

在这场较量中，司马炎是胜利者。但是没有出场的司马衷也是胜利者，而且是更大的胜利者。

三

回顾弱智司马衷太子之位的确立和巩固，我们会发现很多有趣的现象。

许多原因的相互作用造成了一个弱智皇太子的出现。比如杨皇后对晋武帝的劝告，贾充及其党羽对司马衷的支持，太子妃贾南风的精明，皇孙司马遹的聪慧等等。但是晋武帝作为决策者本身构成了最大的原因，要为弱智皇帝的出现承担主要的责任。晋武帝受主观意愿的影响，偏听偏信。一方面，他坚持嫡长子继承制度，即使看到了儿子的弱智，也下不了更换的决心（司马炎还有其他儿子）。在后宫妃子的鼓动下，他从心理上巩固了司马衷的太子地位。另一方面，即使面临着更优的选择（齐王司马攸），司马炎也出于阴暗心理，排斥他人，只相信自己一脉的继承者。

很奇怪的是，司马衷自己却毫无作为，轻易地成为太子并巩固了地位。

在中国古代依据血统世袭的制度下，皇位继承就是如此有趣。它看重的不是一个人的能力和威望，而完全是基于血缘的身份。如果先前的皇帝不愿意改变继承制度本身的话，没有人能够阻止像司马衷这样的弱智成为新的皇帝。

低智商贻害无穷

一

那么，司马衷这个弱智能做个正常的皇帝，正常地处理政务吗？

肯定不行。司马衷连米和肉的贵贱，什么是大豆之类的问题都搞不清楚，更谈不上君临天下，日理万机了。好在他娶了一个聪明、强干的老婆，司马衷就成为了老婆手中的傀儡，“煞有其事”地处理起政务来了。

晋惠帝的皇后叫贾南风，平阳人，是西晋开国功臣贾充的女儿。

刚开始的时候，晋武帝想为傻瓜太子娶另一个功臣卫瓘的女儿为妃子。但是杨皇后平时被贾氏及其党羽包围，收了很多好处，听了很多好话，想娶贾氏的女儿做妃子。晋武帝就说："卫公的女儿有五可，贾公的女儿有五不可。卫家种贤而多子，美而长白；贾家种妒而少子，丑而短黑。"只是杨皇后坚持自己的意见，荀顗、荀勖两人又在外面一起称贾充女儿的贤惠和美丽（事实证明完全是瞎扯），晋武帝这才定下婚来。本来司马衷要娶的是贾充的小女儿贾午。贾午当时十二岁，比司马衷小一岁。她实在是太小了，身材短小，甚至还穿不了大人的衣服。于是朝廷决定更换人选，娶贾午的姐姐贾南风。贾南风当时十五岁，比太子大两岁。

泰始八年（272年），贾南风被册拜为太子妃。两人结婚后，史载贾南风"妒忌多权诈，太子畏而惑之，嫔御罕有进幸者。"简单说就是贾南风爱吃醋又有手段，将司马衷弄得服服帖帖，其他宫妃都很难接触到司马衷，成为了东宫一霸。

泰始八年的这场婚事，表面上看是在杨皇后的极力支持下缔结的，实际上还有其他背景。那就是晋武帝时期的朝廷党争。太子婚前，得到武帝信任的是侍中任恺等人。任恺等人对贾充的为人很厌恶，一心要将其排挤出朝。恰好当时氐、羌各族起义造反。任恺就乘机推荐了贾充出镇关中。贾充不想做外镇，就联络党羽反抗。荀勖建议贾充借女儿与太子大婚的机会留在京师，并继续与任恺等人斗争。于是朝廷出现了庾纯、张华、温颙、向秀、和峤围绕在任恺周围的一派和杨珧、王恂，华廙等人围绕在贾充周围的一派，朋党争端出现。司马衷和贾南风的婚姻是很深的派系斗争的结果。司马衷日后太子地位的巩固也离不开岳父家一派的鼎力支持。

但是贾南风在东宫闹得太过分了。她不仅其貌不扬，而且生性残酷。当时东宫中有一些宫女已经怀了太子司马衷的孩子，贾南风就用戟投掷孕妇的腹部，怀孕的婴儿就随着刀刃堕地。据说贾南风还亲手杀掉左右侍女数人。晋武帝知道情况后，开始觉得贾南风不宜做太子妃。

当时的皇后是司马衷生母杨皇后的堂妹杨氏。杨皇后死前曾请晋武帝迎娶她的堂妹。晋武帝流着眼泪答应。于是出现了新的杨皇后。这位新的杨皇后继承了堂姐对晋武帝的掌控能力，也继承了堂姐与贾家的良好关系。晋武帝又是先将有意废除贾南风太子妃地位的想法告诉了杨皇后。新的杨皇后忙劝晋武帝："贾充有大功于社稷，是朝廷重臣，其家即使有罪也应再三宽赦，更别说他的亲生女儿了。太子妃现在还太年轻，正是嫉妒任性的时候，皇上不该以其小过掩其父大德。"晋武帝的毛病就是很容易被枕边风吹倒，这次又很容易地打消了废贾南风的主意。外戚杨珧在这件事情上也起到了巨大作用。他提醒晋武帝不要忘记贾家在帮助司马家篡夺曹魏政权上的功劳。最后废太子妃之事不了了之。

二

贾南风因为晋武帝的优柔寡断和父亲贾充在西晋政权中的显赫权势坐稳了太子妃的位子。于是司马衷继续害怕她，又受她的诱惑，离不开她。太熙元年（290 年）四月，晋武帝去世，太子司马衷即皇帝位，是为晋惠帝。贾南风顺理成章被册封为皇后。很自然的，晋惠帝依然黯弱无能，国家政事都由贾南风干预。

贾南风成为幕后的皇帝以后，人性的丑陋全都爆发出来，将新成立的西晋王朝搞得乌烟瘴气，一团糟。

洛南有个盗尉部小吏，容貌端庄漂亮，可惜只是衙门的厮役而已。突然有一天，这个小吏突然披金戴银，出手阔绰起来。这在官场中是很显眼和招人嫉妒的事情。于是很多人就怀疑这个人是盗窃了财物，主管的尉官也怀疑这个小吏是盗贼，将他捉拿起来侦办。刚好贾南风的疏亲家被盗了，听说抓了盗贼，就过来旁听审讯，希望能挽回损失。审讯的时候，小吏坦白说："之前我在路上遇到一个老妪。她说家里有人得了疾病，占卜师说要找一个城南的少年来驱病，所以她想暂时麻烦我去帮忙治病，还说必有重报。于是我就跟着去了，上车下帷，藏在簏箱中，大概走了十几里路，过了六七道门，簏箱才被打开。我忽然看到楼阙好屋，华丽壮观。我就问这是什么地方好，旁边有人说是天上，还用香汤给我洗浴，供应我好衣美食。我又见到一个年纪大约有三十五六岁的妇人，身材短小，皮肤青黑色，眉后有疵。她挽留了我好几个晚上，共寝欢宴。临走的时候，是这个妇人送我这些东西的。”审讯的官员和贾南风的亲戚听了这些坦白，都知道是贾后招这个少年去宫中偷欢了，惭笑而去。尉官也了解其中玄妙，将这个小吏释放了事。这个小吏还算是幸运的。当时贾南风在外面找了很多男人入宫，完事后就将这些奸夫杀死，只有这个小吏，因为贾南风很喜欢他，才活着放他出去。

除了个人品行肮脏下流外，贾南风还在政治上独断专行，大权独揽。《晋书》说她是“及居大位，政出群下，纲纪大坏，货赂公行，势位之家，以贵陵物，忠贤路绝，谗邪得志，更相荐举，天下谓之互市焉。”整个朝廷像菜市场一样，买官卖官，喧嚣吵闹，还陷害忠良，做事没有章法。贾南风为将朝廷完全置于自己控制之下，大肆委用亲信、党羽出任要职。贾南风的族兄贾模和从舅郭彰，分掌朝政，后母广城君养孙贾温干预国事。贾南风一直没有生育皇子。为了有男性继承人以便长期有效地控制朝政，贾南风诈称自己怀孕，在衣服里填充上东西伪装怀孕迹象。她深居内宫，不见外人，暗地里把妹夫韩寿的儿子韩慰祖收养起来，作为所谓的“皇子”。元康九年（299 年）贾南风阴谋废掉太子司马遹，并在次年杀了他，以养子为太子。

慢慢的，贾南风玩得越来越过火。外戚杨家是保住贾南风太子妃地位的关键力量。现在，成了皇后的贾南风觉得昔日的恩人权力太大，妨碍自己独断专行，决心杀了杨家人。贾南风在乱搞男女关系和政治阴谋上是高手，但不擅长杀人。她为了诛杀外戚杨氏，运用了外藩各王爷的力量。在这里插述一下西晋的藩王制度。西晋建立后，晋武帝司马炎认为曹魏灭亡的重要原因就是没有广树藩王。藩王力量不强，导致皇室没人捍卫。于是西晋大封宗室，并且给予这些宗室实权。受封的诸王并没有去藩镇，而是留在京师；有些藩王还掌握有相当的兵权。司马家的藩王们本来就对贾南风这个丑婆娘和恶婆娘不满，现在有了干政的机会，马上拉来兵马到洛阳开打。参加群殴的藩王主要是八位，所以这场内讧被称为“八王之乱”。八王之乱持续了十六年。这些藩王相继败亡，贾南风也被杀了，西晋统治集团的力量消耗殆尽。短暂统一后，西晋王朝出现了分裂的趋势。原来隐伏着的民族矛盾迅速爆发。最后是汉化归附的匈奴民族起兵灭亡了西晋。

贾南风的胡作非为，让中国历史揭开了五胡十六国的黑暗一页。

三

在整个八王之乱过程中，作为皇帝的司马衷反倒是一个旁观者。他成了造反谋逆者的争的目标和军中俘虏，几度易手，颠沛流离，受尽惊吓。

在成都王司马颖与东海王司马越混战的过程中，司马衷一直被裹胁在军中。他的处境极其危险。在一次大战中，司马衷脸上给砍了一刀，身中三箭，周围的侍从都跑光了，只有侍中嵇绍用自己的身躯护卫了司马衷。两个人被乱兵包围，士兵们上来就要杀嵇绍。晋惠帝这时候大喊：“侍中是忠臣，你们不许害他。”乱兵却说：“我等奉命只不伤害陛下一人。”结果嵇绍被乱刀砍死，鲜血溅到了晋惠帝的衣服上。司马衷后来安全了，依然穿着被鲜血染污的衣服。侍从们要他把衣服换下来清洗。晋惠帝却说：“这是嵇侍中的血，为什么要洗呢？”这话听起来傻乎乎的，其实包含着乱世难得的正义光芒，成了司马衷留在历史上的正面名言。南宋的文天祥在《正气歌》里还特地提出“为嵇侍中血”。

306年，藩王司马越的军队攻入长安，大肆抢劫，二万多人被杀。这年十一月，晋惠帝于长安显阳殿去世。司马衷极可能是被司马越毒死的，据说他在死前吃下了一块毒饼。晋惠帝死后葬太阳陵。

在中国古代政治中，皇帝的个人能力和王朝命运有着重要关系。皇帝掌握着最高权力，是天下的“大当家”。如果大当家是个弱智，那这个家肯定是当不好的。即便辅助皇帝的大臣再忠诚、再有才，也改变不了弱智当不好家的事实。晋惠帝司马衷就是最好的例子。

《晋书·惠帝纪》评论这位弱智皇帝说：“不才之子，则天称大，权非帝出，政迩宵人……物号忠良，于兹拔本，人称袄孽，自此疏源。长乐不祥，承华非命，生灵版荡，社稷丘墟。古者败国亡身，分镳共轸，不有乱常，则多庸暗。岂明神丧其精魄，武皇不知其子也！”司马衷的弱智给刚建立的西晋王朝带来了极大的危害。这责任在司马衷，更在他的父亲司马炎。

江山未动名已成

——南梁昭明太子萧统

南朝梁时的昭明太子萧统是一位近乎完美、令人无可挑剔的皇位接班人。他道德高尚、孝敬父母、名声在外，得到了朝野一致的称赞。更可贵的是，萧统完成了流芳万世的《昭明文选》。可惜，这位似乎将要毫无悬念地继位的太子却在三十一岁的时候辞别人世。昭明太子的死，与一桩墓地“蜡鹅事件”有关，更与和谐的表象下的父子性格与思路差异有关。

昭明太子萧统的故事不仅告诉后人权力接班的和谐表象背后的文章，也向我们展现了一位没有接手江山的太子如何成就了名震千古的美誉。

完美的接班人

一

萧统是南梁开国皇帝、梁武帝萧衍的长子，母亲是丁贵嫔。

南齐中兴元年（501 年）九月，萧统生于襄阳城。当时父亲萧衍是南齐的实权人物，正在率领军队镇压政敌，做争夺天下的最后努力。儿子降生的时候，萧衍正在京师建康城下鏖战，准备最后的总攻。不久，建康东府城守将徐元瑜就投降了，荆州的敌人萧颖胄暴病而亡。萧统的降生似乎给父亲萧衍带来了一连串的好消息。萧衍将萧统的出世和前两大胜利合称为“三庆”。

萧衍对萧统的诞生喜出望外，其深层原因是：萧统是三十八岁的萧衍的第一个儿子。

对于古人来说，三十八岁了还没有儿子是一件非常严重的事件。这可能意味着一个人面临着绝后的危险。萧衍之前就很担心，因此收养了自己同父异母的哥哥萧宏（日后的临川靖惠王）的三儿子萧正德作为儿子，并立为后嗣。萧正德过继给叔叔后，很不讨人喜欢，史书说他“少粗险，不拘礼节”。萧衍虽然不满意，但也没有替代人选。现在好了，萧统出生了，一切问题都可以迎刃而解了。而《梁书》说萧统则是“美姿貌，善举止……生而聪睿，读书数行并下，过目皆忆。”萧衍很自然地要改立萧统为嗣子了。

二

萧统不到一周岁，父亲就逼南齐的末代君主东昏侯把皇位“禅让”给了自己。萧衍当了皇帝后，有关部门就提出皇帝要立储的大事。萧衍假惺惺地以天下始定，事务纷繁为理由，开始并没有批准。群臣又走了一遍程序，坚决要求皇帝确定皇位的继承人。于是在天监元年（502年）十一月，襁褓中的萧统被立为皇太子。萧正德降封为西丰侯。

萧衍一开始就对太子非常珍视，努力培养。萧统因为年纪实在太小，作为太子的前五年都还和父母居住在一起，直到天监五年（506年）五月才出居东宫。闰十月，萧衍任命临川王萧宏为太子太傅，尚书令沈约为太子少傅。这样的搭配充分证明了萧衍对培养儿子的重视。这个沈约是经历了三个朝代的重要人物。南齐末年，他积极辅助萧衍代齐篡位，亲手起草了萧衍的即位诏书。梁朝建立后，沈约被任命为尚书令、领太子少傅，封建昌侯。沈约不仅耆年硕望，深于世故，政治地位很高，而且著作丰富，是《晋书》和《齐书》的作者，是当时公认的文坛领袖。萧宏属于皇族长辈，任太子太傅的时间很短，象征意义大于实际意义。而沈约则对萧统产生了重要的影响。萧统日后走上文学之路，可能与沈约这位太子少傅有密切的关系。

小小太子萧统出宫独处后，表现得也很不错。他日夜思念父母。萧衍知道后，称赞儿子有仁孝之心，让他每五日一朝。父子相见后，常常允许萧统留住内省，住个三五天再回去。除了孝顺的一面，萧统还表现出好学的一面。天监八年（509年）九月，他听讲《孝经》竟然就基本知道了经书的大义；听讲完毕还亲临国学进一步求知解惑。第二年，天监九年（510年），九岁的萧统正式入国子学就读。梁武帝很重视儿子的入学，把仪式搞得很大。皇帝车驾亲临国子学，萧衍走进课堂，赏赐国子祭酒以下的教职员工，并正式下诏："皇太子及王侯之子，年在从师者，可令入学。"天监十四年（515年）正月，萧衍亲自在太极殿给太子行冠礼，对儿子寄予了厚望。

在萧统的儿童和少年时期，他和父皇的关系无疑处在蜜月期中。

三

太子萧统这个时期的个人表现也无懈可击。

南朝的社会风气讲究奢华，一些世族大家竞相攀比。萧统在物质方面却以身作则，生活非常朴素，不穿华丽的服装，膳食也不吃肉。在思想道德上，萧统也堪称表率，非常孝顺。梁武帝晚年大兴佛教，亲自讲经说法。太子萧统也跟着崇信佛教，遍览佛经。他的信佛并不是投父亲所好的表面文章，而是实实在在的信佛学佛。萧统在宫中设立了慧义殿，作为做佛事的专门场所，还招揽东南名僧，谈论不绝。太子常常能挖掘出佛学中的新意。除了紧随父亲信佛外，萧统在朝廷上也不敢懈怠。他每天准时参加早朝。天还没到五鼓，萧统就守在宫外等待城门打开。有的时候，父皇要在晚上召见太子，萧统就穿戴整齐、正襟危坐，随时准备入见，甚至为此坐到天明。普通元年(520年)四月，慧义殿出现甘露祥瑞，群臣一致认为这是太子至德感动上天的结果。萧衍也肯定了这个解释。可见朝野上下对太子萧统都是满意的。

普通七年(526年)十一月，太子生母丁贵嫔病重。萧统赶往内省，朝夕服侍母亲，衣不解带。生母死后，萧统“步从丧还宫，至殡，水浆不入口，每哭辄恸绝。”他简直是痛不欲生，日渐消瘦。父皇萧衍看不下去了，派中书舍人顾协宣旨说：“毁不灭性，圣人之制。因为丧事毁了自己的身体就是不孝。我还在，你怎么能够这样自毁呢！你应该立即压制悲痛，恢复饮食。”萧统这才吃了点东西，从此直到母亲入葬，都是麦粥为食。萧衍又传话来说：“听说你吃得过少，身体非常虚弱。我本来并没有什么病，因为你这样折磨自己，胸中也圮塞成疾。因此你应该强加饘粥，不要让我为你再担心了。”这次，尽管父亲苦口婆心地劝逼，萧统还是每天只喝一碗粥，不尝菜果。萧统原本是个胖子，腰带有十围，等办完丁贵嫔的丧事，他的腰带就降到了五围。丧事完后，萧统入朝，群臣百姓看到他消瘦憔悴的样子，纷纷感动得掉下了眼泪。

父皇萧衍虽然觉得太子的孝心有点“过”了，但也不得不大加称赞。

四

自从萧统懂事开始，萧衍就允许他参与一些朝政。内外臣工和奏事的人也将太子参与决策看作是正常的事情。

天监十一年(512)年，十一岁的萧统在宫内看到一些狱官在忙碌，就问左右随从：“那些穿着皂衣的是什么人啊？”随从回答说：“他们是廷尉的官属。”

萧统就把这些官员叫过来问:“你们手中的这些案子，我能审判吗? ”

这些官员看太子还只是十一岁的孩子，半开玩笑地回答:“可以。”

结果萧统拿过案卷真的判了起来，而且把所有的罪犯的惩罚都改为了署杖五十。这些官员这下子进退两难了，不知所为，只好把情况汇报给萧衍。萧衍笑着追认了儿子的判决结果。

从此，司法部门常常把案卷递给萧统。父皇萧衍和司法系统凡是对某些案子或者罪犯想从轻处理，就都把案子交给太子审判。萧统的判决都非常仁慈。直到有一次，建康县有人诬告他人拐卖人口，真相大白后县令将犯诬告罪的犯人从轻发落，只判决了杖责四十。然后，县令将案卷交给萧统，希望萧统能够确认县里的轻判。想不到这一次萧统并没有从轻发落，反而判了犯人十年劳役。人们这才知道太子虽然仁慈，但也并非无原则的宽纵。

吴兴郡常常爆发水灾，严重影响农业收成。有关部门就奏请整修浙江，大兴水利，得到了萧衍的同意。中大通二年(530年)春，朝廷下诏派遣前交州刺史王弁假节，征发吴郡、吴兴、义兴三郡的民丁参加这个浩大的水利工程。萧统则上疏反对大兴水利:“王弁等人征发三郡民丁，开漕沟渠，导泄震泽，是可以使吴兴一地不再受水灾困扰，暂劳永逸，必获后利。但我听说吴兴常年失收，百姓流离失所，缺乏可以参加劳役的人口;东部各郡现在谷稼昂贵，劫盗屡起，而有关部门并没有如实上报。现在我们征戍百姓，因为强壮人口不多，征发不到足够的合格民工。这还是小事，我就怕官吏挨家挨户强行摊派，变利民为扰民。同时，征发的民工来自不同的地方，远近不一，等大家都集合到工地，已经妨碍了农事。去年的收成还算可以，公私尚且不能足食;现在农民失业，我怕今年的情况可能会恶化。最可怕的是，草寇反贼大多伺候民间虚实。如果良民都去服劳役了，民间治安就会恶化。到时候，吴兴未必会受益，而内地已经为此承担代价了。我建议还不如暂缓兴修水利，等基础具备的时候再动工。”《梁书》完整保存了萧统的这份奏折，让后人看到了一个脚踏实地、思维缜密、行事稳重的太子形象。萧衍接受了儿子的意见，暂停了吴兴的水利工程。

除了上述两件事情外，萧统处理的其他政事也得体有理，受到朝野赞誉。

尽管身居深宫，萧统对现实保持了难得的清醒，史载“太子明于庶事，纤毫必晓”。每当他发现奏折中有谬误或者巧词诡辩的地方，都一一指出，示其可否，让有关人员慢慢改正，但太子并没有因此弹纠任何一个人。普通年间，朝廷发动了对北魏的北讨。战争导致京师建康的谷价飞涨。萧统就下令东宫减膳，改常馔为小食，节约粮食。每当霖雨积雪天气，萧统就派遣心腹左右，周行闾巷，探视贫困家庭的生活，遇到有流落街头的人，就暗地里加以赈济。萧统还收集宫中多余的衣物在寒冬腊月施舍给穷人。如果遇到没钱收敛的尸体，太子就自己掏钱准备棺椁和丧事。每当萧统听到百姓赋役勤苦的情况，都非常严肃的倾听，他还常常告诫有关部门朝廷统计户口未实，因此惊扰百姓。凡此种种为萧统获得了巨大的声望，“天下皆称仁”。

萧统作为太子，能力出众、道德高尚、声望远播，实际上也参预了朝政，在朝野上下具备相当的基础。应该说，这个太子是近乎完美的，照此发展下去在继位的道路上不会有障碍。

文选留名

一

萧统最大的成就还不是一位好太子，而是一位成就斐然的文学家。

萧统从小就显露出了超常的学习能力和文学天赋。他三岁开始学习《孝经》、《论语》，五岁就遍读五经，并且能背诵下来，很有神童的风范。太子每次参加宫廷游宴，赋诗至十数韵；有时接到父皇的命题作文，太子都略一思考就能成文吟出，质量都还不错。在东宫，萧统引纳才学之士，给予学士们非常好的待遇，因此在身边聚拢了一批文人骚客。萧统经常与这些人讨论文章字句，或者商榷古今。如果有空闲，太子就写文章著述，习以为常。据说，东宫有藏书三万卷，而且文豪汇聚，被艳称为“文学之盛，晋、宋以来未之有也”。除了仁孝太子的美誉外，萧统还是个文人太子。

大凡文人，都有一些文人的特质。萧统就和多数文人一样，喜欢山水，追求一种淡雅恬静的境界。他下令在东宫中修建亭台楼榭，穿山筑湖，与朝士名人畅游其中。有一次，萧统与众人泛舟池上，番禺侯萧轨建议：“如此美景，应该增加女乐助兴。”太子也不回答，吟诵了左思的《招隐诗》：“何必丝与竹，山水有清音。”一句话就体现了精神境界的高低，说得萧轨惭愧得隐身而去。萧统独处东宫二十余年，都不畜声乐。之前，父皇萧衍曾赐给太子太乐女妓一部，但是萧统很少动用。正是有这样的太子，东宫才能成为南梁时的文学中心。

二

天监十七年（518 年），以文学评论见长的一代文豪刘勰来到了十七岁的萧统身边。

刘勰是以步兵校尉的本职兼任东宫通事舍人，很快就成为萧统最为亲近的文学侍从。宦海沉浮的刘勰当时已经年近六旬。刘勰作为官员来说，他的一生是坎坷的，是不得意的。然而在自己的晚年，因为文采引起了太子萧统的注意和厚待。萧统给晚年的刘勰提供了政治和生活上的庇护，与刘勰结下了良好的友谊。几年之后，刘勰完成了不朽的巨著《文心雕龙》，为后人所牢记。实际上，《文心雕龙》只是刘勰两大成就之一，他的另一个成就是培养了一位优秀的弟子——萧统。萧统在刘勰的影响下，对文学理论和作品批评产生了浓厚的兴趣，开始从创作和讨论转向了作品收集和评论。

萧统“好士爱文”的名声传开后，当时负有盛名的刘孝绰、殷芸、陆倕，王筠、到洽等人相继进入了东宫的幕宾行列，得到太子的礼遇。萧统经常与这些天下名士讨论文章诗词。

历朝历代通过结交文人和参与文坛活动来获取声望的太子不少，但真心实意融入文坛，将空闲时间和精力都倾注其中的太子却只有萧统一个。简单的说，萧统除了太子的身份外，还是当时南梁的一位文学名士。

三

萧统高洁的品行和爱文礼士的特性一经结合，产生了许多传颂至今的文坛佳话。

随着文学兴趣的转移，萧统在东宫新置学士，专门负责选文。所谓的选文，说白了就是将东宫变为一个类似现代编辑部的文学机构，遴选、编辑浩如烟海的作品，力图以一种文章总汇的形式刊印出版。这是一件对已有的文学作品的总结和编辑的大好事。萧统挑选了“编辑部主任”明山宾。

明山宾之前担任散骑常侍、领青冀二州大中正。因为要出任东宫新置的选文学士，明山宾以本官兼国子祭酒。别看他官当了很久，而且职位也不算低，却是个穷光蛋，在首都建康连个住处都没有。原来明山宾在北兖州做地方官的时候，辖下的平陆县发生饥荒，他就开启官仓赈济灾民。办事的时候非常不小心，把账簿给丢失了。事后审计，明山宾是有口说不清。追究起来，官府抄没了他的财产和住宅。几乎是赤贫的明山宾来到了物价水平不低的首都，生活的窘态就可想而知了。萧统听说明山宾连个住处都没有，自己掏钱给他置办了家产，还写了一首诗相送：“平仲古称奇，夷吾昔擅美。令则挺伊贤，东秦固多士。筑室非道傍，置宅归仁里。庚桑方有系，原生今易拟。必来三迳人，将招《五经》士。”明山宾可不是凡人，他“老儒硕学”，《颜氏家训》称之为“兼通文史，不徒讲说”的大才之人。萧统的知遇之恩和物质上的厚待，让明山宾为太子的选文事业尽心尽力。遗憾的是，明山宾在东宫只有五六年时间，于普通八年逝世。萧统以优厚的礼节办理了他的丧事，后来又与友人夸奖他的优点。可见，明山宾在东宫的工作卓有成就，和太子相处得也不错。

普通三年（522 年），萧统的个人文章已经非常丰富。这一年，太子仆刘孝绰收集了太子文章，编辑成文集并作了序。“太子文章繁富，群才咸欲撰录，太子独使孝绰集而序之。”文集编成后，湘东王萧绎写条子，希望能赠送给他一本。萧统谦虚地给湘东王写了一封回信，婉拒了索书要求。萧统评价自己的文集是“集乃不工，而并作多丽”。因为身份的关系，萧统的文章多数是交际唱和的作品，数量也不太多。与编辑领域的成就相比，萧统创作方面的成就要小得多。

不管怎么说，即使除去太子的光环，文学成就和文坛言行也足以让萧统流光史册了。

四

可叹的是，历史并没有让萧统沿着理想的轨道顺利地继位称帝，没有让萧统的光芒继续增强。因为我们不能忽视萧统的父亲、梁武帝萧衍对太子的期望和态度。

梁武帝萧衍是个非常复杂的人物，做了许多惊天动地的事情，也有许多匪夷所思的举动。如果仅仅从才能上来说，萧衍无愧是南朝诸帝中的翘楚。他多才多艺、学识广博、文武全才，史书称他：“六艺备闲，棋登逸品，阴阳纬候，卜筮占决，并悉称善。……草隶尺牍，骑射弓马，莫不奇妙。”即使是在繁忙的政治生涯中，萧衍依然能够“卷不辍手，燃烛侧光，常至午夜”。我们从中可以发现两点。第一，萧衍本人才智超常，绝非泛泛而谈的庸君；第二，萧统或多或少继承了父亲聪明勤奋的特点，有其父必有其子。

萧衍文才出众，但同时也是一个“狠角色”。我们不能忘了，他是王朝的开国皇帝。开国皇帝可不是多愁善感优柔寡断的文人骚客可以胜任的。萧衍就是靠赫赫战功和凶狠的政治手腕逐步坐上皇位的，对待政敌从不留情。

登基后，萧衍和多数皇帝一样，疑心很重。他害怕他人染指手中的权杖，时刻紧盯着身边重臣的言行举止。长期居于相位的沈约是谋划、辅佐萧衍登上了皇帝宝座的大功臣，同时又是太子少傅。但是萧衍并不完全信任沈约，始终架空沈约的权力。沈约的权力有名无实，处境既尴尬又危险，最后抑郁得病。天监十二年（513 年），病中的沈约不知道出于什么考虑（有人说是前朝南齐的皇帝变成厉鬼来找他报仇），让道士给上天写了一封“奏折”说自己推翻齐朝、参与禅代等事并不是出于本意——言下之意是说这一切都是萧衍干的，沈约自己只是个从犯。沈约想以此来缓解自己的病情，谁知他的所作所为早就被梁武帝萧衍安插的密探给泄露了。萧衍龙颜大怒，数次命人谴责沈约的所作所为。沈约重病加上害怕，没几天就死了。有关部门按照惯例给沈约上谥号为“文”，萧衍亲自改谥为“隐”。“隐”是个恶谥，是评价一个人道德低劣、言行不一的意思。打小就和沈约认识并且接受沈约督导的萧统对这一切都看在眼里。他猛然发现，自己和父亲有着重要的差别。那就是父亲坚决捍卫权力，不惜对任何潜在威胁采取强硬措施，其中包括血腥镇压。

萧统可能非常重视仁孝、清修，但对于父皇萧衍来说，这些东西是虚的，权力才是实的。

没有经历过权力争夺和铁血战争，一生下来就被立为太子的萧统很难明白这一点。

目睹了越多政治变故，萧统想不通的地方就越多。临川王萧宏曾经是萧统的太子太傅。这位王爷打仗是个外行，损兵折将，丧权辱国；

贪婪敛财却是行家，把家中的房间都装满了金银珠宝，而且吝啬到不让他人观看的地步。萧衍对兄弟的这些缺点都忍受了。但当听说萧宏牵涉到一起刺杀自己的案子时候，萧衍就翻脸不认人了。萧宏最后惊惧而亡。萧综是萧衍的次子，萧统的弟弟。萧综的母亲吴淑媛原来是南齐东昏侯的妃子，成为萧衍妃子七个月后就生下了萧综。尽管萧综极可能是东昏侯的遗腹子，萧衍依然封他为王，还授予军权。萧综长大后老觉得自己不是萧衍的儿子，不仅和萧衍感情疏远，而且还在前线领兵作战的时候，公开投奔了北魏。萧衍闻讯，剥夺了萧综的封号，还将吴淑媛废成庶人。后来出于招降萧综的需要，萧衍又恢复了他的封号。这些事情，在太子萧统的世界观中可能都是惊天动地、无法理解的。萧统能够做的，只是继续孝顺仁恕的老路。在宫中，他发现饭菜里有蝇虫也不指出，以免厨师受罚；对于赌博嬉戏的下人们，他也只是简单训诫而已（按照南梁律法应当流配）。

萧衍对太子的所作所为虽然找不到可以教训或者警告的地方，但从心底是不认同的。萧统和父亲心目中的帝王形象有相当的距离——尽管臣民们都称赞太子。太子料理生母丧事的时候，孝行太过。萧衍曾经委婉地给儿子点了一下，还要求儿子多看看自己的言行，可惜萧统没有读懂父皇的话。

儒家的道德要求也好，臣子们的认同与赞誉也好，这些虽然是影响太子能够顺利继位的重要因素，但并不是最重要的因素。最后的决定权还是在皇帝本人手中。从这个角度来说，做太子的人，符合儒家和舆论的要求固然重要，但最要紧的还是与皇帝保持高度一致。这种一致不仅是个人能力上的一致，更是性格秉性和执政思路的一致。萧统虽然表面上做得尽善尽美，盛名在外，但并没有与父亲萧衍保持真正的、深度的一致。萧衍并没有从内心深处认同太子。这就为父子之间可能的分歧和决裂埋下了伏笔。

蜡鹅事件

一

大通三年（529年），梁武帝萧衍和太子萧统之间的矛盾终于爆发了出来。

当年发生了一件让萧统“惭愤终身”的“蜡鹅事件”。事情的前因后果是这样的。

生母丁贵嫔死的时候，萧统派人给母亲找了一块好墓地，当时都已经开始除草和平整土地了。有一个卖地的人想把自己的土地卖给朝廷作为丁贵嫔的墓地，可以从中获利。因此他就去找了太监俞三副，说只要俞三副能把自己的土地“忽悠”给朝廷，就可以从地价中拿走三分之一的提成。卖地人的报价是三百万。俞三副心动了，秘密启奏萧衍说太子找到的土地并不如自己知道的一块土地风水好。他着重向皇帝介绍了那块地是如何的有利于皇家的运气。萧衍的疑心本来就重，俞三副的话很自然牵动了他头脑深处那根对太子不满意的神经，马上下令重新买地预备丁贵嫔的葬事。萧统没有办法，只好买了俞三副推荐的土地安葬母亲。俞三副也就轻易获得了一百万的好处。

葬事完毕后，有个真正懂风水的道士就对萧统说，丁贵嫔的墓地风水其实并不好。萧统忙问怎么个不好法。那个道士说这块地不利于长子，也就是不利于太子萧统的运道，如果用东西厌伏也许可以克制。萧统就按照道士的解释，备齐蜡鹅[1]等东西埋在墓侧的长子位上。

东宫有两个宫监鲍邈之、魏雅，都是萧统的亲信。慢慢的，魏雅在萧统跟前更加得宠，鲍邈之则被疏远了。鲍邈之心中愤恨，就向梁武帝诬告说魏雅勾结道士，以压魔术诅咒萧衍，盼着萧衍早点死了

1　蜡鹅可能是用蜜蜡制的鹅形物品，是殉葬的厌禳物。

好让太子萧统早登帝位。为了证明诬告的真实性，鲍邈之就说魏雅和太子在丁贵嫔的墓侧埋下蜡鹅等物诅咒皇帝。在墓地一事上，萧衍原本就对太子有所怀疑，接到举报后忙秘密派人挖开墓地查看，果然发现了蜡鹅等东西。萧衍瞬间就相信了鲍邈之的告发，之前儿子萧统建立起来的美好形象顷刻倒塌。南北朝是一个政治道德败坏的时代，父子兄弟相残的事情频频发生，难道这样的悲剧要发生在我萧衍身上了吗？即位前矫揉造作、沽名钓誉的太子很多，难道我的儿子萧统也是那样内外不一的人吗？萧衍震惊、愤怒，要深入追究这件事情。事情牵涉到太子，追究下去势必动摇萧统的政治地位。一些同情太子的大臣（徐勉等）慌忙坚决劝谏萧衍，反对将此事发展成血腥大案。萧衍不愧为开国君主，很快就平息了冲动，最后只杀掉那个风水道士。

事情虽然化解了，但是萧衍对萧统积累的不满第一次表现了出来，冲塌了父子信任的堤防。

萧统在这个时候表现出了幼稚的政治素质。对整件事情，他选择了沉默，没有辩白，也没有补救措施。萧统就好像此事没有发生过一样，继续过着先前仁孝文雅的生活，继续和文人学士们选文。在内心，他知道自己的太子地位开始动摇了，但是他不知道怎么办。忧郁的萧统对于“蜡鹅事件”终生“不能自明”。

就在萧统终日惶恐的时候，长期出镇外地的三弟晋安王萧纲突然被父皇征召入朝。这是一个危险的信号。一天，萧统对左右人说：“昨天我梦见与晋安王对弈扰道，我把班剑送给了他。晋安王近日来到京师，难道是来接替我的地位的嘛？”班剑并不是普通的佩剑，而是有着严格标准规定，证明个人身份的宝剑。萧统的梦境和担忧说明他也意识到了自己的地位岌岌可危。

梁武帝萧衍在对待父子亲情的问题上并不能像处理政治斗争一样快刀斩乱麻。他苦苦思索，如何重新处理与儿子萧统的关系。萧衍思考的结果是找不到结果，只好在当年九月，在同泰寺出家，要做和尚。群臣赶紧凑钱把这个“皇帝和尚”从寺庙中赎了回来。十月，萧衍改元“中大通”。

萧衍保留了萧统的太子地位，在十一月任命南平王萧伟为空缺很久的太子太傅。南平王萧伟是萧衍的弟弟，以本宫领太子太傅并加镇军大将军、开府仪同三司衔。《南史》说他是“朝廷得失，时有匡正。子侄邪僻，义方训诱”，是个很严厉的皇族。选他为太子太傅，萧衍的用心很明显了。他觉得太子需要加强管教了。

那么萧统在做什么呢？他还在忙自己的选文大事。选文是一件没有经验和标准可以遵循的大事。在“蜡鹅事件”发生前，萧统虽然挑选了许多章赋诗文，但不够精简，而且编辑工作也没有做好。做过编辑工作的人知道，编辑文集并不像想象得那么简单。阅读、核对、通稿和校对是既费时又费力的事情。之前，东宫的选文事业因为北伐和多位学士的逝世一度受挫，但萧统始终在坚持高标准的同时保证进度。蜡鹅事件发生后，萧统似乎不想因为自己地位的可能动摇而影响到正在进展中的文化盛事。他更担心自己的被废而断送选文大事，因此仓促选定文章，将文选杀青。一部被后人称为《昭明文选》的宏伟大作正式成书了。《昭明文选》三十卷，是我国最早的一部诗文总集。

萧统真可算是文学得意，政治失意。当然了，这要看他更加在意哪样。

二

第二年，（中大通二年，530 年），萧统的政治地位进一步下降。

这一年，吴兴郡因为水灾失收，所以诏发上东三郡民丁开渠泄水。萧统上疏认为此举弊多，请求暂停，得到了父皇的同意。这一事件表明，萧统失去了几年前已经具有了参与决策的地位。他只能像普通大臣一样，事后对父皇的决策进行劝谏，而不是参与政策的制定了。是谁剥夺了萧统参预政治的权力呢？只有萧衍一个人能够办到。

这一年，萧统越来越少地出现在政治场合。因为父亲的猜忌和父子之间的巨大差异让他抑郁成疾，身体状况恶化了。

大中通三年（531 年）的一个春日，久病的萧统乘舟采莲，愉悦身心。糟糕的是，由于侍从的疏忽，船只剧烈颠簸，将萧统晃入了水中。病中的萧统不仅溺水，而且伤到了髋骨。被人救起后，萧统的伤势日渐严重，最后发展到卧床不起的地步。三月，萧统病重。

太子果然仁孝。遇到萧衍来信询问什么事情，萧统为了怕父皇知道自己的真实病情而担心，都挣扎着亲手给父亲回信。东宫左右看到太子病情恶化，计划向萧衍报告实际情况，遭到萧统的坚决制止。萧统说："为什么要让父皇知道我的重病呢？"萧统的言行其中有孝顺的一面，同时难免夹杂着一丝无奈、幽怨。父皇已经不信任我了，我和父皇还是存在重大差别的。病榻上的萧统常常为此低声哭泣。

熬到四月，萧统在宫中逝世，时年三十周岁。得到太子死讯后，萧衍赶东东宫，放声痛哭。萧衍的哭声中既有白发人送黑发人的悲伤，更有为自己先前对儿子的猜忌的懊悔。萧衍诏令用皇帝礼节将萧统入殓，上谥号为"昭明"。萧统因此被尊称为"昭明太子"。

三

萧统死后，萧衍面临着挑选新继承人的问题。

前太子萧统是病死的，没有被废。因此按照封建宗法，第一顺位的继承人应该是萧统的儿子。也就是说，萧统的太子地位应该传给他的儿子，皇位应该继续保持在萧统这一支血脉当中。萧统八岁就结婚了，留下多位儿子。其中长子、出镇南徐州的华容公萧欢成为皇太孙，成为新的皇位继承人的呼声最高。萧衍在儿子死后，也马上就将萧欢召回建康，派人陪萧欢解发哭灵。萧欢作为嫡长孙，处在了嗣位的有利地位上。

萧衍在确立新继承人的问题上犹豫不决，拖延起来。他一度准备封萧欢为皇太孙，但蜡鹅往事始终徘徊在脑海中，让他难以释怀。四月，萧衍命令萧欢回归镇所。虽然萧欢的爵位被提升为了豫章王，但他已经在皇位继承人的名单上被排除了。

五月，萧衍选择三子萧纲为新太子。朝廷下诏说："晋安王纲，文义生知，孝敬自然，威惠外宣，德行内敏，群后归美，率土宅心。可立为皇太子。"可能为了消除朝野对于为什么舍萧欢而立萧纲的疑惑，萧衍专门解释说：如今天下未安，择嗣须重贤德能力，因此效仿周文王舍伯邑考而立武王的往事立萧纲为太子。周文王在太子死后，曾舍弃了第一顺位的伯邑考而立小儿子周武王为新太子。萧衍抬出这两个圣君给自己立论，实际上最主要的考虑还是前面四个字"天下未安"。身逢乱世，权力对人的要求是多方面的，最主要的就是政治能力，因此他挑选了年长并且政治经验丰富的萧纲。这从反面也透露出了萧衍对昭明太子萧统的委婉否定。

萧统先前的梦境现在终于应验了，新太子萧纲就是日后的简文帝。

四

如果不说政治结果，萧统的死在其他方面都引发了积极正面的结果。

萧统仁德的名声远播在外。他的死使朝野一片惊愕惋惜的声音。"京师男女，奔走宫门，号泣满路。四方氓庶，及疆徼之民，闻丧皆恸哭。"老百姓不知道深奥的政治运作和考虑，他们只怀念那位道德高尚、享有盛名的昭明太子。在充满血光的乱世中，这样的太子实在是太稀缺了。

就在萧纲被立为新太子的五月，萧统被葬在安宁陵。

从死亡的那一刻开始，萧统至今被人所怀念。东南各省，昭明遗迹，处处有之。昭明太子的安宁陵在建康东北三十五里地。一些地方却争夺萧统的陵墓所在地，比如上元县就说安宁陵在本县东北五十四里查硎山；池州西南秀山也有昭明衣冠冢。原来昭明太子曾在秀山一带旅游，死后池州请求朝廷葬萧统衣冠于当地。更多的地方则“考证”出诸多的昭明遗迹。笔者曾去著名的乌镇旅游，踏足过当地的“昭明书院”。据导游说，萧统曾随沈约来乌镇读书，并建有书馆一座。原来的书馆塌毁，只残存遗迹。后人修缮了遗迹，作为家乡一景。乌镇人茅盾就写过“唐代银杏宛在，昭明书室依稀”的佳句。这一切都表明了萧统在天下人心中的形象。能够获得如此的怀念，萧统无疑又是成功的。

五

宋朝徐钧专门写了一首《昭明太子》评价萧统的一生，代表了后世主流的意见：

有德无年亦可矜，腊鹅兴谤竟难明。
当时虽不为天子，文选犹传万世名。

从履历上来说，萧统的一生平淡无奇，本来可以顺利地继承皇位，但“蜡鹅事件”暴露出了萧统政治生命中存在的根本缺陷，那就是仁德有余，强硬不足。萧统缺乏刚硬的政治手腕和残酷的政治实践，并不符合父亲对帝王的要求。萧统可能是一位为治世而生的优秀太子，但并不一定是治理乱世的合格太子。如果真的由他扛起南梁的统治重任，我们有理由担心柔弱的太子在乱世中会将王朝带往何方。萧统死后，晚年的萧衍和梁朝遇到了接二连三的挑战，直到出现了几乎血洗萧氏皇族的侯景之乱。萧统如果尚在，能应付这样的挑战吗？

萧统过早成为了昭明太子，千百年来依然为人怀念，还留下了一部《文选》。对于他来说，这也许是最好的结果了。

大明宫中的过客

——唐中宗李显的起伏人生

唐中宗李显一生两次被立为太子、一次被废、两次登基当皇帝，最后被妻子和女儿用枕头闷死，命运跌宕起伏，散发着浓郁的悲剧色彩。凶狠强悍的母亲，懦弱无能的个性和错综复杂的局势，决定了李显只能是唐朝大明宫中的一个匆匆过客而已。

三个苦命的哥哥

一

决定李显一生命运的人是他的母亲——武则天。

武则天的命运比任何一个女人都复杂，都血腥，也更具有可看性。武则天第一次出现在大明宫中，还是唐太宗李世民的后宫女子。李世民赐给这个来自山西龙兴之地的漂亮女孩“武媚”的称号，所以当时人们都叫武则天“武媚娘”。武则天的外貌的确非常漂亮妩媚，其实武则天这个人一点都不温柔，也不妩媚。简单说吧，武则天从内心来看根本就不像个女人。她内心积聚着巨大的权力欲望，刚硬如铁，阴险毒辣。她进入皇宫，就是冲着那高高在上的皇位而去的——尽管她是女儿身。李世民毕竟是一代圣君，和武则天接触几次后，就很不喜欢这个女孩子。因此在李世民时期，武则天停留在才人的称号上，止步不前。

武则天开始“曲线救国”。征服李世民是没希望了，武则天就对准了唐太宗李世民的太子李治。李世民还在世的时候，武则天就用美貌征服了李治，和太子发生了“奸情”。

贞观二十二年（649 年），唐太宗李世民驾崩。李治继位成为了唐高宗。

武则天的表演开始了。她先是出家做了一段时间尼姑，没几年就回到了皇宫，成为了李治的嫔妃。武则天进宫之后，先后生下了四男二女。四个儿子分别是长子李弘、次子李贤、三子李显和四子李旦。在地位巩固后，武则天开始朝着金灿灿的皇位一步步迈进。

事实证明，武则天这样的人，缺乏的就是政治舞台。如果获得了表演的舞台，武则天能够把内心邪恶的一面表现得淋漓尽致，无人可挡。公元 654 年，武则天第二胎生下了一个女儿，小模样长得很讨人喜欢。宫中的女眷中都来看望小婴儿。王皇后也过来捏了几把小孩子粉嫩嫩的脸蛋。听说皇帝李治马上也要来看望孩子，王皇后就提前走开了。武则天趁王皇后刚走，连忙把亲生女儿掐死在摇篮里。等李治来看的时候，武则天假装高兴地掀开摇篮。所有人都看到了悲惨的一幕，小公主可爱的模样僵硬在摇篮里，刚死不久。武则天悲痛欲绝，哭得差点背过气去，李治龙颜大怒，严令追查凶手。结果嫌疑最大的王皇后成为了真凶。李治迅速作出了废黜王皇后、改立武则天为皇后的决定。武则天做了皇后以后，将原来的竞争对手王皇后、萧淑妃各责打了一百杖，再残忍地砍去双脚，泡在酒瓮里活活折磨死。她还下令将王皇后改姓为“蟒”，萧淑妃改姓为“枭”，颇有当年吕后的风范。

按照现代心理学的观点，母亲在孩子小时候的言谈举止将对孩子产生终身的影响，塑造孩子成年后的性格禀性。武则天在李显小时候的所作所为，无疑对李显产生了消极的影响。如此残忍的母亲让李显感到由衷的害怕，进而畏惧，最终形成了软弱、胆小、自闭的性格。

二

武则天虽然当了皇后，但离皇帝的位置还很远。

李治很早就立长子李忠为皇太子。武则天先缠着李治废黜了太子李忠，接着又指使党羽诬告与自己过不去的宰相上官仪和太子李忠图谋造反，将上官仪处死，赐死李忠。李忠年仅 22 岁。公元 656 年，武则天的长子李弘被立为皇太子。

李弘这个孩子忠厚老实，处事谦虚忍让，政治能力也不错，是做太子的好材料。父皇李治和群臣对李弘这个太子都很满意。李治得身体情况很差，当了皇帝后身体状况每况愈下，一度想把皇位禅让给李弘。

武则天着急了。将自己的儿子扶上太子位置并不是武则天的目的。武则天是希望一个听话的太子，一个听话的皇帝，方便自己幕后掌权，最后实现登基称帝的野心。但是李弘显然不是这样的人选。李弘对母亲武则天很尊重，但有自己的独立思想，对武则天并非言听计从。一次，李弘在掖庭牢室中看到两个异母姐姐义阳公主、室城公主被幽禁多年，无人过问，就奏请父皇放出这两个姐姐嫁人。这两个公主是武则天的政敌萧淑妃的女儿，关押她们是武则天的意思。武则天认为李弘私自放人是对自己权威的挑战，心中起了杀心。

上元二年（675 年）4 月，武则天毒死了年仅 24 岁的太子李弘。5 月，次子李贤被立为太子。

武则天立李贤为太子后，马上又后悔了。因为李贤和李弘一样，不仅能力出众，而且坚持主见，不附和武则天。更可怕的是，宫中一直流传李贤实际是武则天姐姐韩国夫人的儿子的说法，李贤听说以后对自己的身世产生了怀疑。武则天一不做二不休，干脆指使党羽诬告太子李贤贪恋女色，荒废政事。680 年 8 月，李贤被废掉太子身份，贬为庶人，迁到巴州软禁起来。

李贤被废掉的第二天，李显被立为太子。

武则天对李显这个太子很满意。因为李显懦弱、无能，事事退让，而且对母亲百依百顺，小心伺候，正是武则天需要的太子类型。

三

684 年，唐高宗李治驾崩了，太子李显继位，成为了唐中宗。

李显当了皇帝以后，错估了形势。还是太子的时候，李显为了能顺利接班，所以刻意小心谨慎，百般讨好父皇和母后。现在，李显自认为已经是皇帝了，大权在握，生杀予夺都有我做法，立即骄横强硬起来。他不仅对升为皇太后的武则天冷淡了起来，而且在皇后韦氏的怂恿下，坚持要擢升岳父韦玄贞做侍中（宰相）。唐高宗留下的顾命大臣、宰相裴炎坚决不同意。李显任性地大喊："我是皇帝，就是把天下都给他，又能怎样？"裴炎一听话都说到这个份上了，难以继续对话下去了，干脆把难题报告给了武则天。武则天小题大做，立刻召集群臣来到大殿，斥责李显要认清楚"天下到底是谁的天下"。李显突然明白：这天下是太后武则天的天下，武则天才在幕后掌握着实际权力。可惜，李显的认识太晚了。武则天当众废李显为庐陵王，幽禁在深宫之中。

李显只当了一个月的皇帝，就成为了阶下囚。

废黜唐中宗李显后，武则天把小儿子李旦推上了皇位。李旦就是唐睿宗。唐睿宗即位后，朝廷大小事务都听命于武则天。李旦完全成为了"橡皮图章"。武则天决心加快篡唐进程，杜绝所有权力隐患。李显被废后的第三天，她就派人赶到巴州将李贤杀死，杜绝后患。对于废帝李显，武则天也觉得不放心。没几天，李显一家人就从深宫中被拎了出来，迁往均州，不久又迁到房陵软禁。

李显从此开始了颠沛流离的流亡生活。迁徙途中，妻子韦氏在车子上生下了一个女孩。李显一家人处于最艰难的时刻，大人都缺衣少食的，小女儿的出生，让李显的困境雪上加霜。李显只好亲自动手，扯下自己的衣服把女婴裹起来。夫妻俩给这个女孩起名叫“裹儿”（日后的安乐公主）。李旦看着虚弱的女儿和痛苦不堪的妻子，苍凉和内疚之情不觉涌上心头。

就在李显颠沛流离的时候，武则天把登基没几个月的李旦也踢下了皇位，粉墨登场，做起了中国历史上空前绝后的女皇帝，定国号为“周”。唐朝覆亡了。登基后，武则天对唐朝的皇室成员展开了有组织、有计划的杀戮。唐高宗的儿子、萧淑妃所生的许王李素节一次看到有人出殡，旁人哭得死去活来，感叹说：“现在能够生病而死，是多难得的事情啊，有什么可以悲伤的呢？”几天后，李素节及其九个儿子就被武则天派人勒死了。史载：“自是宗室诸王相继诛死者，殆将尽矣。”李显与他们相比，命运还算比较好。他身上毕竟流淌着一半武则天的血液，武则天登基后没有马上把他“清洗”掉。

有三个哥哥的前车之鉴和叔伯兄弟们的惨痛教训，李显不能不终日生活在恐惧之中。

对比其他亲人，都是在流放地被赐死的。李显认为，如果没有意外，自己也会在流放地突然接到“死亡通知书”。可是使者倒是来了几批，但都没有赐死的命令。日日等死，死亡却又不马上到来。这样拖着的感觉，是人世间最可怕的感觉。李显多年来一直惶惶不安，常常在夜里被噩梦惊醒，睁着惊恐的眼睛看着星星落下，旭日升起。有时李显也想到了自杀。但他懦弱惯了，硬是找不到自杀的勇气。

到后期，李显一听到有长安的使者前来，就间歇性精神失常，惶恐地到处找刀子自杀。陪伴他的妻子韦氏横下一条心，总是劝丈夫说：“人生祸福无常，最后免不了一死。我们是皇室贵胄，何苦这样呢？”在韦氏的安慰下，李显才能回复正常人的思维。他感激韦氏，发誓说：“他日，我如果能够有幸重见天日，一定由着你的性子来，不干涉你的行为。”

当然了，李显和韦氏都相信自己是不会有他日的。

政变复位

一

世事难料，有关政治的事情更是难以预料。

武则天花费了毕生的心血，冲刺皇位。等实现高高在上，南向称君的时候，武则天已经垂垂老矣。随着武则天的病重，皇位继承人问题成为了朝野关注的焦点。

武则天是女性皇帝，但当时的社会还是男性社会。武则天必须要找一个男性继承人——大臣们不接受武则天传位给女儿太平公主的意图。武则天的侄子武三思等人倒是有心思成为皇太子，可惜武则天不愿意传位给侄子们。大臣们也对武三思等并州帮很反感。最后，新王朝的皇太子还是需要在武则天的儿子李显和李旦两个人中寻找。

流传甚广的《狄公案》中有武则天晚年的男宠、佞臣张易之向狄仁杰询问自保之策的内容。狄仁杰就建议张易之去劝武则天迎立庐陵王李显为继承人，以拥戴新皇帝的功劳来为自己免祸。丞相狄仁杰是坚定的李显支持者。当时武则天很有意思立武三思为太子，询问朝臣是否可行。大臣们面面相觑，不敢回答。狄仁杰却说："天下百姓依然思念唐朝。之前北方出现边警，陛下派遣梁王武三思去民间招募勇士，一个多月时间召集了不到一千人；又让庐陵王李显取招募士兵，没几天就招募到了五万人。如果要选择继承人，非庐陵王莫属。"武则天大怒，拂袖而去。后来武则天又向大臣提问："朕常常梦见双陆不胜，做何解释？"在场的狄仁杰和王方庆同时回答说："双陆不胜是无子的意思。这是天意在警告陛下！太子是天下的根本，根本动摇，天下就危险了。文皇帝身蹈锋镝，勤劳而有天下，传之子孙。先帝弥留之际，诏令陛下监国。陛下登基，君临四海已经有十多年了，现在想立武三思为太子。姑侄与母子关系，哪个更亲？陛下立庐陵王为太子，则千秋万岁之后常享宗庙；立武三思为太子，宗庙中就没有陛下这位姑母了。”武则天终于感悟了。

武则天终于在长安元年（701 年）九月派遣徐彦伯迎庐陵王回长安。李显到长安后，武则天将他藏匿在帐中，再召见狄仁杰，故意商量立太子的事情。狄仁杰敷请切至，涕泪俱下，请求迎立李显。武则天这才将李显召唤出来，说：“还给你太子！”狄仁杰下拜顿首，转悲为喜，又说：“太子虽然回来了，可大家还不知道，人言纷纷，怎么取信他人呢？”武则天就安排李显公开出现，安排大礼迎还。朝野大悦。之前有许多人多次奏请武则天迎还太子，都没有成功。只有狄仁杰通过母子天性劝说，使得武则天下定了决心。

《狄公案》的这个说法有很大文学加工的痕迹。但是基本史实是正确的：武则天在朝臣的劝说下，最终决定将废帝、儿子李显迎回长安，立为太子。

真实情况是圣历元年（698）秋天，使者快马赶赴房陵，招李显来接旨。

这一次，李显夫妻俩都觉得“末日审判”终于来临了。他们反而心情坦然，手拉着手，昂然出去迎接使者，等待解脱。谁知道使者打开诏书宣读说：“立庐陵王为太子，还于东都。”

二

李显还是解脱不了，只得重回政治大染缸挣扎博弈。

李显的第二次太子生涯所处的环境比第一次还要险恶，李显事事都加倍小心。

太平公主长得和武则天很像，而且和武则天一样心思缜密，喜欢玩弄权术。武则天很喜欢太平公主，认为这个闺女“类已”，一度想把江山留给太平公主。要不是社会接受不了，大臣们反对，说不定太平公主就成为“皇太女”了。可这丝毫没有妨碍武则天继续宠着太平公主，哄着太平公主，大事难事都找闺女商量。母女俩有的时候密谈起国事来，通宵达旦，给甚为太子的李显造成很大压力。

李显变得聪明了许多，循规蹈矩，装傻卖乖，还决心将自己“改造”成武家人，向武家靠拢。他将一个女儿（永泰郡主）嫁给了武则天的侄孙武延基，成了魏王武承嗣的儿媳；又将一个女儿（安乐郡主）嫁给了武则天的另一个侄孙武崇训，成了梁王武三思的儿媳。李显与武家联姻，亲上加亲，得到了武则天的赞许，通过子女联姻稳固自己的地位。

一次，李显的爱子李重润与妹妹永泰郡主、妹夫武延基三人饮酒闲聊。当时李重润 19 岁，妹妹妹夫的年纪也很小。三个年轻人聊着聊着，就不知道聊到什么地方去了，突然涉及到张易之兄弟出入武则天卧室的事情。武则天一直蓄养男宠，搞不正常男女关系，即便七老八十了也没有停止过。李重润三人年轻，对这个问题很感兴趣，却不知道隔墙有耳。武则天安插的耳目把谈话的内容上报给了三人的奶奶。武则天忌恨别人揭她的丑，很生气，把李显叫到跟前，劈头盖脸大骂了几个时辰。李显大为惶恐，回到东宫后，马上逼儿子、女儿自杀。当时永泰公主肚子里还怀着一个孩子，也不得不含泪自尽。

李显是太子，可连爱子、女儿都保护不了。他太子地位的不稳可见一斑。

三

但是政治人物的命运有的时候不是自己能够把握住的。政治风云变幻莫测，政治人物的命运也随之上下起伏。

武则天晚年，宠信张昌之、张易之兄弟，长期和他们俩呆在深宫中不出来。

凤阁侍郎张柬之、崔玄暐，中台右丞敬晖，司刑少卿桓彦范以及相王府司马袁恕己等五个人，心怀大唐，决心诛杀二张兄弟，推翻武则天的周朝回复唐朝。

如此大事，除非通过暴力政变，不然是实现不了的。但张柬之五个人都是文官，手中无兵无将，要想发动政变首先要争取实权将领的支持。造反集团的首领张柬之就把拉拢的目标瞄准了掌管京城禁卫军的右羽林卫大将军李多祚。

李多祚有一个很汉族的名字，却是出身靺鞨族酋长的少数民族将领。李多祚投奔唐朝，屡经军阵，骁勇善射，逐步升迁到右羽林军大将军的位置，长期执掌禁兵，受李唐王朝厚恩。

张柬之找到李多祚问："将军掌管进军多长时间了？"

李多祚回答："三十年了。"

"将军官职先要，贵重一世，难道不是李家的恩遇吗？"

李多祚一听到李家的恩情，眼泪就哗啦啦地流下来了。他说："死都不敢忘李唐厚恩！"

张柬之趁热打铁，说："将军感恩，就应该知道怎么报答。现在的东宫太子是李唐王朝之子，现在的朝廷是嬖竖擅朝，危逼社稷，国家的废兴大业就操控在将军手里。将军难道没有救危扶难的意思吗？舍今日尚待何日？"

一席话，张柬之把李多祚争取到了造反的阵营中来。通过李多祚，张柬之委任心腹杨元琰为右羽林将军，桓彦范、敬晖以及李湛等人都进入禁军担任首领，谋划起事。

李显对政变是知情的。事先，桓彦范、敬晖两人谒见皇太子李显，告知了政变计划——复辟唐朝的计划需要推出一个李唐的皇子，太子李显是最佳人选。一边是复兴父祖基业的大事，一边是失败后全家诛斩的噩运，李显经过短暂的犹豫，毅然经受了。

神龙元年（705 年）正月，张柬之、桓彦范、崔玄暐等人率领左右羽林兵五百多人急行至玄武门，攻入皇宫。同时，李多祚、李湛以及驸马都尉王同皎率人迎接皇太子李显出来给造反者“当头”。关键时刻，懦弱的性格在李显身上起作用了。他打起了退堂鼓，吓得不敢开门接见李多祚等人，只是隔着门板推辞说：“听说圣躬（武则天）近日身体不适，我怕此行惊动她老人家，不利休养。大家还是等等吧，待日后再说。”

李多祚等人一听就抓狂了。这是政变，不是请客吃饭，一旦发动就不是说想停止就能停止的！最后，王同皎急了，撂下狠话：“先帝把宗庙社稷都托付给了殿下，现在天下横遭蹂躏，人神共愤，已经23年了。如今，京城各处将士同心协力，发誓要诛杀凶竖，复辟李氏社稷。您犹豫不决，是想置我们于死地，是想置祖宗社稷于不顾吗？”

李显说不上话来了。

李湛高声喊：“诸将弃家族性命于不顾，与宰相等人同心协力，匡辅社稷，殿下为什么就不可怜我们的一片至诚之心，忍心置我们于死地。我们死不足惜，但也请殿下出来说明一下。”

李显羞愧得难以回答，半晌才打开宫门，随着李多祚等人赶往玄武门，“领导”政变。一行人走到玄武门时，官兵们看到太子出面，山呼万岁。张柬之，桓彦范等人就簇拥着李显冲向迎仙宫。在宫门口，守卫与“叛乱者”发生了小规模冲突。张柬之簇拥着李显轻易就斩关而入，将张易之兄弟当场杀死，并威逼武则天归还国政。病中的武则天无力与政变势力对抗，被迫将国政交给李显监国，并在不久之后禅位给了李显。

这场政变就是历史上的“神龙政变”。

李显重新做了皇帝，恢复了大唐帝国，大赦天下。自此，天下重归李氏，李显还是被称作唐中宗。

枕头下的悲剧

一

李显当了皇帝后，大权都落入皇后韦氏的手里

李显每天上朝，韦皇后都坐在他身后的帷幔中，随时对政事发表意见，搞得比垂帘听政还要过分。大臣桓彦范上书劝谏，李显不予采纳，反而对韦皇后言听计从，一点都不在意大权旁落。李显开始疯狂对韦氏家族报恩，宠爱安乐公主，追封韦氏的父亲韦玄贞为王。

如果韦氏是一个能干贤明的皇后，那么她垂帘干政的危害性会小很多。可问题是韦氏既不能干，又不贤明，整个就是一“野心家”加“享受狂”。随着丈夫李显流亡的日子让韦氏极度害怕物质匮乏，重见天日后，抓紧享受，恨不得把失去的好日子都补回来。她教唆唐中宗李显说：“十多年的苦难我们已经受够了，现在就要过自由自在的天子生活了。”李显也跟着韦氏到处玩，宫里宫外，各种花样，玩个遍。

夫妻两人都不知道怎么处理国政，也不愿意出力国政。唐中宗时期的政治黑暗可以想见。

李显的无能给了潜伏在朝廷中的武氏力量“翻盘”的机会。唐中宗虽然复位了，武则天不久也死了，但朝廷中武氏的势力还很大。武则天的侄儿武三思被封为德静郡王，官拜左散骑常侍，依然列位朝堂之上。武三思善于观风使舵，赶紧让自己的儿子武崇训娶了李显和韦后最宠爱的女儿安乐公主。同时，武则天提拔的公众女官上官婉儿继续被留用，负责掌管宫中文件，还被拜为昭容，参与诏书的草拟工作。

武则天时期，上官婉儿就和武三思勾搭成奸了。现在，武三思和上官婉儿两人为了共同的利益，联系得更紧密了。上官婉儿把武三思介绍给了韦皇后。武三思眉来眼去，很快就把韦氏勾引上床了。上官

婉儿则去勾引李显，两人关系暧昧。一时间，皇宫大内一片乌烟瘴气，不堪入目。

也许是压抑久了导致心理变态，也许是享受惯了导致缺心眼，李显心甘情愿地戴着武三思送给他的绿帽子，还认为武三思是“大大的功臣”，任命他为宰相。平日里，韦皇后与武三思喜欢玩双陆棋。玩的时候，两个人眉来眼去，打情骂俏。韦皇后撒痴撒娇，武三思动手动脚，而唐中宗李显则在一旁握着一把牙签儿替奸夫淫妇算着输赢的筹码，堪称是千古奇闻。

武三思在皇宫里连皇帝的床都随便坐，上有李显的信赖，下有韦皇后和上官婉儿的协助，自然是呼风唤雨，指鹿为马，无人敢说个“不”字。武三思“内行相事，反易国政”，当权用事，称为天下大患。

改朝换代了，前朝余孽武三思的势力反而比武则天时期更为显赫了。

二

武三思为什么会恶化成朝廷一患，不在神龙政变的时候把武氏残余一网打尽呢?

当初，敬晖和桓彦范等人诛杀张易之兄弟后，洛州长史薛季昶曾经对敬晖说：“二凶虽除，吕产、吕禄那样的人物依然存在。大人们应该借着兵势诛杀武三思等人，匡正王室，以安天下。”可敬晖多次提醒张柬之诛杀武三思等人，张柬之都不同意。敬晖也没坚持。张柬之幻想把武三思等人留着，给李显“练练手”。他天真的人为李显重登宝座，可以通过杀武三思等人来“扬名立威”。薛季昶知道后，傻眼了：“唉，我不知道日后会死在什么地方了。”

李显和武三思关系好得不能再好了，哪里会杀他；相反武三思一直把张柬之等人作为死敌，欲先除之而后快。武氏党羽一有机会就谮毁张柬之等人，最后抓住敬晖的一个把柄告发了张柬之等五人。

唐中宗李显偏听偏信，顺着武三思的意思下诏说："则天大圣皇后，往以忧劳不豫，凶竖弄权。晖等因兴甲兵，铲除妖孽，朕录其劳效，备极宠劳。自谓勋高一时，遂欲权倾四海，擅作威福，轻侮国章，悖道弃义，莫斯之甚。晖可崖州司马，柬之可新州司马，恕己可窦州司马，玄暐可白州司马，并员外置。"张柬之五人都被贬官外放。

张柬之这时才说出当初不乘胜追击，顺便将以武三思为代表的武家势力铲除干净的原因："这应该是皇上的事情。皇上还是皇子的时候，以勇烈闻名（不知道张柬之从哪里得出的错误印象）。我留下武家子弟，是希望皇上能够亲自锄奸立威。现在大势已去，再来说这些都没有意义了。"而敬晖在失掉权柄，受制于武三思后，每每推床嗟叹惋惜，直至弹指出血。但是，政治斗争往往是残酷的，没有后悔药可吃。

敬晖赴任崖州不久就被杀。张柬之在新州忧愤病死。崔玄暐在岭南病死，桓、袁二人则被李显派遣的使者杀害。

三

李显是糊涂蛋，韦皇后和安乐公主却精明得很。

婆婆武则天给韦皇后树立了一个极坏的榜样，同样野心勃勃的韦皇后也想效仿婆婆，做中国第二个女皇帝。武三思的儿媳安乐公主骄横，难伺候，而且权力欲极强，也异想天开地想做中国第三个女皇帝。为此，安乐公主要做"皇太女"，做母亲韦皇后的"皇太女"。她的胆子很大，竟然公开扬言说："则天大圣是卑微的侍妾出身，尚能做皇帝，我是公主出身，为什么不能当皇太女呢？"因此，韦皇后到处抓权，想复制武则天的道路；安乐公主则缠着老爸李显，要求立自己为"皇太女"。

可惜，韦皇后也好，安乐公主也好，谁都没有武则天那样的魄力和政治手腕。同时，李显虽然糊涂，但对武则天篡唐的事情印象深刻，断然不会再让“女主当国”的情况的出现。他攻破压力，坚持立儿子李重俊为皇太子。

李重俊是安乐公主庶出的哥哥。但是安乐公主对太子李重俊一直看不起。现在见这个混蛋哥哥竟然抢走了自己的接班人位置，安乐公主更是气不打一处来。她和丈夫武崇训经常辱骂太子，口口声声叫太子李重俊“奴才”。

李重俊这个孩子从小跟着父亲李显受了很多苦，因此不幸没有接受正常的教育。李重俊从小遛狗跑马，游戏流荡，成为了一个不学无术的纨绔子弟。他的性格冲动，遇事感情用事，不愿意多用脑子想想。安乐公主对接班人位置念念不忘，李重俊看在眼里，恨在心里。现在安乐公主夫妇对李重俊的奚落侮辱，让李重俊恨入骨髓。李显虽然让李重俊当了太子，但没有给李重俊配备优秀的辅助人才，没有人在重要时刻给李重俊出谋划策。

李重俊这个冲动无知的孩子，做出了发动政变，杀死政敌武三思、安乐公主等人的决定。

李重俊也是个手无兵权的孩子，需要拉实权将领一起干。他拉拢的对象，也是李多祚。

李多祚是神龙政变的核心人物，指挥着政变的主要军事力量。政变成功后，李多祚受封为辽阳郡王，食邑实封八百户；李多祚的儿子李承训也被提拔为卫尉少卿。李多祚是东北少数民族人，但唐中宗李显在祭祀太庙的时候竟然是李多祚和宗室亲王一起同车随驾，给与了莫大的荣耀。这一切李多祚都感恩在心。现在见皇太子李重俊过来诉说武氏余党把持朝政、韦后和安乐公主想做“武则天第二”，李多祚爱国忠君的热情被激发了出来，也冲动起来，对太子的政变计划不仅赞同，还主动联络禁军将领李思冲、李承况、独狐之等人参与政变。

神龙三年（707年）7月的某夜，太子李重俊和李多祚、李思冲等人假称奉圣旨，调拨羽林军诛杀武三思。很快，数百禁军精锐杀向武三思府而去。当时安乐公主在宫中，没有回家，武三思、武崇训父子则在家里和一帮党羽饮酒行乐。禁军破门而入，武三思父子猝不及防，束手就擒。众官兵将武三思等人绑到李重俊马前。李重俊痛骂武三思父子，一剑捅一个，亲手杀死了武三思和武崇训。武三思全家和在场的武氏党羽都被造反的官兵杀死。

初战告捷后，李重俊、李多祚等人将下一步矛头对准了宫中的安乐公主、韦皇后和上官婉儿等人。李重俊分兵守住各处宫门，同李多祚一起杀入皇宫，直奔唐中宗、韦皇后的寝殿而去。

右羽林将军刘景仁慌忙跑去报告李显，说太子谋反，已率军杀入皇宫。

李显一家三口人吓得目瞪口呆，呆若木鸡。

还是上官婉儿镇静，临危不惧，劝李显说："皇宫的玄武门坚固可守，请皇上皇后立即登上玄武门城楼，暂避凶嫌，同时紧急宣诏，征调兵马讨逆。"

李显慌忙命刘景仁召集宫中的禁军官兵护驾，掩护着一行人登上玄武门城楼。

李显门楼上花了好长时间，才从下面乱哄哄的景象中分清楚敌我。他冲着李多祚，斥责说："我平日待你不薄，你为什么助太子谋反？"

李多祚仰头回答："武三思淫乱后宫，把持朝政，臣等奉太子令，已将武三思父子正法。太子与臣等并未谋反，只是奏请陛下肃清宫闱。"李显被韦皇后、上官婉儿等人劫持，登上了玄武门，而且还公开向造反者喊话，大大出乎了李重俊、李多祚等人的预料。李重俊志大才疏，遇到如此突发情况，一时不敢进逼。李多祚则临时更改了政变目标，高呼："上官婉儿勾引武三思，祸乱后宫，罪不可恕，请陛下速速将她交出来！"

城楼上的上官婉儿急中生智，没等李显说话，马上跪在李显脚下，一把鼻涕一把泪地诉说："我看观太子的意思，是要先杀上官婉儿，然后再一一捕弑皇后和陛下。”

李显惊问：“那，我应该如何回答？”上官婉儿忙上前指点，李显鹦鹉学舌一般，向城下大喊：“御林军听着，你们都是朕的亲信宿卫，为何跟从李多祚谋反？若能及时反正，捕杀李多祚等人，朕不但不计前罪，还另加封赏，不吝惜荣华富贵！”

参与造反的羽林军官兵们，原本以为太子和李多祚是在传唐中宗李显的圣旨来调拨自己杀人，谁知道一不小心卷入了造反事件。他们的第一反应是吃惊，第二反应是无助。听到李显承诺只要捕杀了领头的李多祚等人，就有荣华富贵可以享受，心理都活动开了。要不要反戈一击呢？

有个职位很低的太监、宫闱令杨思勖趁造反者懵住了，主动出战，一举斩杀了李多祚的女婿、羽林中郎将野呼利。羽林军的士气更加低落，有官兵拥向李多祚，将他乱刀砍死，其他官兵见有人挑头，也纷纷乱刀砍死李思冲、李承况等人。[1]太子李重俊慌忙带着几十名侍从突围而出，逃向终南山。

韦皇后、安乐公主等人迅速控制了局面，发兵平息了叛乱。没多时，李重俊被侍从割下首级，献给了朝廷。[2]李显这个没心没肺的父皇，竟然将太子的脑袋放到太庙中，告祭被杀的武三思。

四

李重俊造反失败后，韦皇后和安乐公主两人去除了一大障碍，更

---

1 李多祚是唐朝前期的大功臣，对唐朝忠心耿耿。唐睿宗即位后，为李多祚全面平反，下诏称赞李多祚“以忠报国，典册所称；感义捐躯，名节斯在。故右羽林大将军、上柱国、辽阳郡王李多祚，三韩贵种，百战余雄。席宠禁营，乃心王室，仗兹诚信，翻陷诛夷。赖彼神明，重清奸慝，永言徽烈，深合褒崇。宜追殁后之荣，以复生前之命。可还旧官，仍宥其妻子”。

2 唐睿宗即位后，追赠李重俊为节愍太子。

加紧了篡位夺权的步伐。

景龙元年（707 年）2 月，韦氏自称衣箱中裙子上有五色祥云升起，命令画工画下图像，传阅文武百官。一批无耻官僚纷纷上前给韦皇后“捧臭脚”，溜须拍马，说韦皇后是天生贵人。情况已经很清楚了，野心勃勃的韦皇后是在给自己造舆论，希望如武则天那样临朝称制。

如果韦后想再进一步，活得好好的唐中宗李显是最大的障碍。

景龙四年（710 年）的一个秋夜，韦皇后、安乐公主母女一起来看李显。李显很高兴，吃下了韦皇后递上来的一块饼，顿觉腹中疼痛难忍。他痛苦地让妻子和女儿给自己拿水来，同时传御医。韦皇后和安乐公主交换了一下眼色，突然将李显按倒在床上，用一个枕头紧紧压住李显的头部。不多时，李显不知是毒发身亡，还是窒息而死，“龙驭归天”了，享年 55 岁。

害死丈夫后，韦皇后计划先扶持自己的儿子李重茂当几天傀儡皇帝，再像武则天对待唐睿宗李旦那样，把儿子踢下去老娘自己当回皇帝。结果韦皇后娘俩都小看了李家皇室的年轻一代：李旦的儿子李隆基。李隆基发动政变，先杀韦皇后、安乐公主，再杀上官婉儿和争权的姑姑太平公主，人家自己当了皇帝。

李隆基一定程度上还要感谢懦弱的伯伯李显和冲动的堂兄李重俊给自己出头的机会。

久乱必治，大唐帝国迎来了辉煌的鼎盛时期：开元盛世。

守得云开见月明

——血缘外的南宋太子们

南宋的皇位传承充满着疑问。其中一个重要的原因是南宋的皇帝们的生育能力普遍很弱。从宋高宗赵构之后的多个皇帝没有子嗣。这就为皇位传承提供了许多“可操作的空间”。如果皇帝没有继承人，朝廷都要从宗室中寻找血缘亲近、品德优良的子弟继承皇位。挑选的制度再完备，因为毕竟是人来做的，总是会出现一点奇怪的事情。

榜样赵构

一

宋高宗赵构的前半生和后半生命运因为靖康之变的发生，变得截然不同。

赵构是宋徽宗赵佶的第九个儿子，而且是庶出。宋徽宗确立了赵构的哥哥赵桓为皇太子，也就断了赵构进军皇位的道路。内心之中，赵构对命运的如此安排是接受的。自己不仅生得比赵桓晚，而且各方面能力也比不过赵桓，太子的位置的确轮不到自己。赵构安心地在首都汴梁过着安逸的皇子生活。

但是天有不测风云，1125年年底北方强大的女真军队南下，吓得宋徽宗赵佶让位给太子赵桓。赵桓就是宋钦宗。而赵桓又打不过女真大军，导致了1126年到1127年间的靖康之变。汴梁城被攻破，宋徽宗、宋钦宗父子和京城的所有皇室成员都被俘北上。赵构在事变发生的时候，受命前往北方议和，滞留途中，侥幸避免了被俘的命运。

尘埃渐渐散去，赵构惊喜地发现自己成为了幸存的唯一一位皇子。宋王朝群龙无首，正需要推举一位新皇帝。赵构是唯一的选择。1127年中，赵构毫无悬念地被推举为新皇帝，成了宋高宗。命运实在太惠顾自己了，赵构也没有办法。

南宋政权初建，面临着金军的严重军事威胁。赵构放弃中原，从南京应天府逃到扬州，贪图避难东南享乐。建炎三年（1129年）二月，金兵奔袭扬州，赵构狼狈渡江，经镇江府逃到杭州。也就在从扬州逃亡杭州的过程中，赵构得了所谓“痿腐”的疾病。这个“痿腐”就是现代人所说的阳痿。

赵构得阳痿的具体过程是这样的：二月间金兵长途奔袭扬州，迅速攻陷天长，前锋距离扬州城仅有数十里。赵构完全没有预料到金国进军如此迅速，疏于防范。金军进城的时候，宋高宗赵构正与宫中与女子在床上行云布雨。突然宫外大呼“金兵到了”，宋高宗大惊失色，慌忙从床上爬起来，带着少数几个随从乘马出城渡江而逃。赵构在床上时，异常兴奋，可在瞬间情绪从定点跌落到冰冷的谷底，经历了巨大的反差，进而对赵构的生理产生了影响。这次突如其来的惊吓，使得高宗患上了严重的阳痿，并从此失去了生育能力。

赵构得了此病后，彻底丧失了生育能力，没有办法再生下任何男嗣了。庆幸的是，赵构之前已经有了一位皇子——赵旉。赵构将赵旉就带在身边。只要有赵旉在，宋王朝的皇统就能传递下去。

上天的不测风云还真多。赵构一路跑到杭州以后，也没有消停下来。因为内部矛盾，禁卫军将领苗傅、刘正彦等人趁南宋小朝廷立足不稳发动兵变。赵构被逼退位，被软禁在显忠寺。苗刘二人以孟太后的名义称他为“睿圣仁孝皇帝”，只留十五个内侍供差遣。才三岁的赵旉被推上帝位，由孟太后垂帘听政。

赵构千辛万苦地通过依靠在外的韩世忠、刘光世、张俊等将领起兵讨伐，好不容易才平定了兵变，重新做了皇帝。可是，更大的打击来了。赵构唯一的儿子赵旉在兵变中死了，宋朝直系皇室从此绝后了。

赵旉这个小娃娃也真是可怜，出生在颠沛流离的乱世，基本上没有过过一天安稳日子。苗刘二人拥他做皇帝的时候，赵旉只是一个道具而已。政变中环境乱哄哄的，三岁的赵旉缺乏照料，得了重病。赵构复位后，赵旉已经到了弥留之际。一天晚上，有宫女不小心把宫内一个大铜炉碰撞倒地。“咣当”的一声响，竟然使赵旉惊悸而死。赵构盛怒之下，下令处死当值宫女、太监和保姆，但一切都无济于事。

赵构本人已经失去了性能力，近支皇室之前被金国连锅端了，现在唯一的皇子又死了，宋王朝的血脉传承面临着巨大的挑战。

二

从此，赵构特别忌讳别人提接班人的话题。

除了没有儿子这桩伤痛外，赵构内心深处还有一块心病。

赵构的皇位是侥幸得来的，是天下臣民没有其他选择，在混乱中临时推举他坐在了龙椅上。从法律角度来说，被女真人俘虏的父皇宋徽宗赵佶还是太上皇；同样是俘虏的哥哥、宋钦宗赵桓还好好活在东北冰天雪地里。只要赵桓没有宣布退位，他就依然是皇帝。赵佶、赵桓的政治权威都在赵构的上面，而且从法理上仔细探究的话，赵构只能算是个“代理皇帝”。

赵构特别害怕父亲和哥哥突然从北方回来。一旦父兄出现，赵构的地位就动摇了。相应的，赵构也特别害怕听到别人议论自己的皇位传承问题。

南宋稳定后，宋金展开和谈。赵构顶住重重压力，就是不向女真人要求放回父亲和哥哥两个皇帝，狠心地让他们俩继续在冰雪地里挨冻。三十多年后，宋徽宗和宋钦宗的灵柩才被运回南方。赵构都这么绝情了，群臣只好三缄其口，不敢在皇位继承问题上多嘴。

有一个叫做岳飞的将领，出于为国家早立储君的公心（当时是战争状态，早确定接班人对国家来说是好事），拐弯抹角地向赵构称赞某个寄养在赵构身边的孩子聪明好学，暗示可以立为太子。结果岳飞遭到赵构的当面训斥。从此，赵构对岳飞这个人有了成见。这也间接推动了日后岳飞冤案的发生。

暗地里，赵构特别在意接班人问题。面对断子绝孙的严重问题，赵构比任何人都紧张。他得阳痿的时候,20 岁出头。之后很长时间里，赵构都寄希望于自己的病情能够缓解。为此，赵构日常生活的很大内容就是寻医问药，试图治好不育症。他不断访医问药，求神拜佛。古时迷信，求子须礼敬高禖。临安知府曾上奏说："高禖去年二月，于筑坛去处尝有红、黄瑞气，光彻上下，每至日出方收，前后非一。又修坛兴工日，有六鹤自东而来，盘旋坛上，移时而去。实应今日亲祠之祥，以兆万世无穷之庆。"原来他报告了一个求子坛的祥瑞。坛倒是修了，但是儿子还是没求来。后来又有洋州上奏："真符县百姓宋仲昌妻一产三男，缘本人姓同国号，其妻产子之日，适值天申节（宋高宗生日），实足昭皇帝绍隆景命，子孙众多之祥。"这回汇报的是一个赵姓女子在宋高宗的生日生下了男子。宋高宗都郑重其事地下诏将这些事情都记载入史书。愿望是美好的，办法也想了不少，赵构的病始终没有好。

随着岁月推移，皇帝无后的问题日益成为帝国政界不敢接触又不得不触及的大问题

三

赵构当了将近四十年皇帝。在位的后半期，他一直在苦苦思考继

承人的问题。

如果无后，皇室通常的做法是从皇室旁支中寻找血缘最近的人选。现在，宋朝的近支皇室成员都被金军一锅端了。赵构如果要找，只能从皇室疏宗家族中寻找合适的人选。

问题是赵构自己不说破，不动手，大臣们都不敢动。

随着赵构的年纪越来越大，生儿子的可能性微乎其微了。大臣们就开始旁敲侧击了。同知枢密院事李回上书说："自古为君的人，只有尧、舜二帝将天下让给贤人，而太祖皇帝（指赵匡胤）也不以大位传其子，圣明独断，实在是发于至诚。陛下远虑，上合太祖遗风，实可昭格天命。"李回的旁敲侧击非常艺术，表面上是说宋朝的往事，实际上直指核心。

这里所谓的宋朝往事，值的是宋朝开国时皇位从宋太祖赵匡胤手中，传给弟弟、宋太宗赵匡义的事情。赵构就是弟弟赵匡义的后裔。赵匡义这一系的子孙除了赵构，都成为女真人的俘虏，但是宋太祖赵匡胤的子孙后代还在南宋辖境内生活得好好的。赵构无子，皇位不能在赵匡义一脉中流传下去了，可以转回到赵匡胤一脉中。李回表面上称赞赵构有赵匡胤的遗风，不就给赵构指出了一条路子嘛？这是明褒暗促。况且传说当初赵匡胤和赵光义之间有过"兄终弟及"的"金匮之盟"。开国的两兄弟皇帝既然约定皇位可以兄终弟及，现在后代执行起来，也算是了了祖先的心愿。

另一个大臣张守说得更直接："太祖的子孙都没有失德的言行，太祖舍子而传位给太宗，高风亮节，胜过尧、舜数倍。"

但真正把窗户纸给挑破了的，是一个叫娄寅亮的小官。赵构在绍兴的时候，上虞县的县丞娄寅亮上书，先说了一通皇统相传的往事，然后指出："从徽宗皇帝崇宁年间以来，太祖皇帝的后裔都不被朝廷认为是近属宗室了。臣以为他们都是同姓宗室。但是因为奸臣的迫害，太祖的后代如今寂寞无闻，竟与庶民一般无二，于情于理均不相合。太祖皇帝的在天之灵不免顾歆惆怅。臣愚昧，不避忌讳，乞求陛下遴选太祖诸孙中有贤德的人，作为亲王，作为皇嗣的候选人。这样可以上慰在天之灵，下系人心之望。”

娄寅亮上书后，惶惶不可终日。尽管奏折措辞委婉，但毕竟指出的青年赵构的生理疾病。生理上的变态，赵构自己说是可以的，但是大臣多嘴，弄不好不是撤职查办，就是申斥。更大胆的是，娄寅亮竟然提出了将皇位传回太祖皇帝一系的主张！谁都知道，当初太祖和太宗皇帝“兄终弟及”的时候，大臣们就议论纷纷，朝廷上下血雨腥风，没少掉脑袋。此后一百多年来，娄寅亮还是第一个公开要求皇统循环的人。

赵构看到这道奏章之后，不但没有生气，反而是感慨万千。他连说了好几个“忠臣”，下令将娄寅亮擢升为监察御使，并立即派人把“敕牒”（委任状）送往上虞县。娄家突然听说圣旨到，娄寅亮以为必是大难临头，不禁与家人抱头痛哭，一一惜别后，再去接圣旨。结果来人取出的是升官的诏书，娄寅亮才破涕为笑。

绍兴元年（1131年），娄寅亮被召觐见皇帝，和赵构一起就此问题进行专题研讨。娄寅亮更直白地指出：“臣去年曾经狂妄地上奏，请陛下内选太祖子孙中有贤德者，以备他日之选，误蒙采听，赦而不诛。臣现在依然希望陛下能够向大臣宣告此事，挑选‘伯’字辈的宗室入住后宫。如果将来陛下有皇子诞生，可以将事先选定的这位皇子请出后宫，退处他处，授予清暇职位。这样对朝廷来说不过是增加一个节度使而已，但是陛下以太祖之心，行章圣之虑，自然能感动上天，使两宫回跸，泽流万世。”

这件事情就这么定下来了。于是朝廷正式下令由管理皇室事务的宗正官赵令畤为赵构选嗣。

皇帝选儿子

一

皇帝选儿子，之前还从来没出现过。赵构算是赶上了第一遭。

挑选的标准其实就是两条：一是辈分要恰当，总不能挑一个辈分和赵构一样，甚至和赵构相差很多的吧。不然谈起继承关系来还不乱了套了；二是年龄要合适，不能和赵构的年纪相差悬殊。最后决定挑选建炎元年（1127年）出生的、“伯”字辈的宗室子孙。

符合标准的赵匡胤一支的人选很多。赵令畤将初选选中的孩子都集中起来由赵构自己决定。第一次挑选上来的四五个小孩子送到赵构跟前的时候，赵构一个都看不上，觉得全都资质平庸，命令打发回家。绍兴二年（1132年）夏天，赵令畤又挑选了一批孩子，送给赵构亲自决定。

第二批孩子的名单中，列在第一的是一个叫做赵伯琮的孩子。

赵伯琮来自于秀州（今浙江嘉兴），建炎元年十月生，血缘出自赵匡胤次子秦王赵德芳一脉，是赵德芳的第六世孙。赵构第一眼看到赵伯琮的时候，并不太喜欢这个孩子。赵伯琮长得很瘦小，相貌普通，没有一点富贵相。其他候选人的相貌都比赵伯琮光鲜。赵构正想把赵伯琮剔除出去的时候，突然从宫中窜出一只猫来。赵伯琮旁边一个胖胖的孩子凶狠地踢了猫一脚；赵伯琮却充满爱心地抱起小猫，安抚起来。这一举动使赵伯琮获得了在场官员的称赞。赵构对他的印象也有所改观，决定将赵伯琮也留下抚养，收为养子，当作皇位候选人之一。第二年二月，进宫的赵伯琮被封为和州防御使，皇帝赐名赵瑗。

人虽然入宫了，但并不等于说只要赵构不生儿子，赵瑗就铁定是皇位继承人了。赵瑗只是走入了皇家，开始面向皇位的长途跋涉。

二

孩子是选好了，可马上又面临着由哪位娘娘来抚养赵瑗的问题。

谁来抚养皇位候选人，谁就能在后宫权力结构中处于有利地位。大臣们事先就问赵构：“若选皇子养在宫中，可将皇子付托给谁养育呢？”赵构早就想好了人选。赵瑗被收进宫后，由正得宠的张婕妤负责养育。赵构后宫的情况也非常复杂，对于张婕妤得宠就有很多人妒忌。因为宫中有龃龉，所以无奈的赵构只好再收养一个孩子，平息后宫的纷争。就在张婕妤负责养育赵瑗之后不久，得宠的吴才人就力争说她也要养育一个，以备将来皇上再加挑选。于是，另一个名叫赵伯玖的孩子也成为了赵构的养子，收入宫中，由吴才人抚养，赐名赵璩。这样一来，赵瑗和赵璩便就皇太子的地位展开了竞争。

赵瑗的优势是他比赵璩大两岁。绍兴五年（1135年）夏赵瑗因为年龄优势先被封为建国公，送到当时宫中新建的书院——资善堂学习。赵瑗深知仅有年龄优势是不能得到皇太子地位的，所以勤奋学习，言行精神。三年后，进宫觐见赵构的大将岳飞曾经去资善堂拜见过赵瑗。岳飞出宫后，高兴地对人说：“社稷得人啊，中兴基业难道不就这个孩子身上吗？”尽管后来岳飞向赵构请求早立赵瑗为皇太子，受到了赵构的申斥。但这并没有导致赵构对赵瑗的恶感。实际上，岳飞对赵瑗的极高评价代表了当时许多外臣的共同态度。

此后将近20年里，赵瑗被养在宫中却一直没有确定名分。其间，生父秀王逝世，赵瑗外出守制了三年。赵构迟迟没选定赵瑗为继承人的原因很多。首先赵构还幻想自己能够再生育，万一生出皇子来总比立一个血缘疏远的侄子作接班人好。其次，赵构的生母韦太后和权相秦桧与赵瑗关系都不好，反对立赵瑗为太子。赵瑗在外给秀王守制期间，秦桧还计划废黜赵瑗；韦太后则更喜欢另一个养育在宫中的候选人赵璩。

期间，张贤妃病逝，赵瑗也改由已经晋封为皇后的吴氏一并抚养。赵构分别封赵瑗、赵璩为普安郡王、恩平郡王。吴皇后虽然先抚养的是赵璩，但也认为赵瑗恭俭勤敏，聪慧好学，可当大任，劝赵构早立赵瑗为皇太子。

韦太后死后，赵构决定在赵瑗和赵琢之间做一个决断。赵构给他们两人分别送去了美女10名，过了一阵又把她们召回。经过检查，送到赵琢处的10个美女都不是处女，而给赵瑗的那10个都还是处女。赵构确信赵瑗的品行高尚，最终决定立赵瑗为皇太子。

刚好北方的完颜亮大规模入侵南宋，为了稳定人心，赵构将赵瑗改名为赵昚，封为建王，不久正式册立为太子。

三

完颜亮南侵最终被南宋军民打败了。对政事厌烦了的赵构决定趁机退位赋闲。

绍兴三十二年（1162年）宋高宗赵构颁布禅让诏书，直白地解释退位的原因是“思欲释去重负以介寿臧”，宣布由太子赵昚继位。6月11日，禅让典礼一结束，赵构随即起驾前往德寿宫，做起了太上皇。

赵昚虽然不是赵构的亲生儿子，而只是赵构血缘关系极疏松的远方亲戚而已，但当了皇帝后像对待亲生父亲一样善待赵构。

从这一点上来，赵构还真有先见之明，挑选了一位品德高尚的接班人，对自己的退休生活很有帮助。赵构的晚年，就是居住在德寿宫，悠闲地整天看宫中的水车慢慢地旋转。

太上皇一有什么要求，赵昚就尽量满足。每个月，赵昚都起码过来探望请安四次以上。每逢节日或出游，赵昚都要恭请宋高宗出席或同行。赵昚对待赵构就像亲生儿子对待父亲一样。没有儿子的赵构在德寿宫安享了天伦之乐。1167年3月的一天，赵昚带着皇后、太子一起到德寿宫拜见赵构并赏花。当日德寿宫小西湖畔鲜花怒放，内侍杂役来回奔忙。赵构子孙三代人先看抛彩球、荡秋千，再看百戏表演，然后登上御舟绕堤而行。赵昚安排数十条小舟，满载酒食、水果和艺人跟随在御舟后面，以备太上皇随时召唤。湖上尽兴后，一行人上岸继续饮酒，欣赏歌舞，直到子孙三代都大醉为止。这样的情景在德寿宫经常出现。

晚年赵构最关心的事情就是在德寿宫中酿酒品酒。德寿宫配置了专门的酿酒师，用当时上好的惠山大米配合上等三白泉水酿酒。酒水装在酒桶里，泥封后印上“上品”的印记封存在宫中。年老的赵构几乎一日都离不开德寿宫自酿的酒。赵昚经常陪太上皇赵构一起品尝自制的雪浸白酒。赵构年纪大了，酒量也不小。赵昚经常劝赵构：“此物不宜多吃！”

一位是退了位赋闲的太上皇，一边是并非亲生收养长大的新皇帝，两人的关系能够如此融洽，真的是让人欣慰。

赵昚正是因为种种孝行，死后定庙号为宋孝宗。

宋理宗来历不明

一

如果说赵昚的来历还有据可查，多多少少和原来的皇室有着血缘关系，那么南宋中期的宋理宗赵贵诚就是一个“来历不明”的皇帝。

宋理宗的出现与权臣史弥远有着直接的关系。史弥远，南宋明州（今浙江宁波人），是南宋的第三位权相，把持宋宁宗时期朝政。大凡是权臣，总会早早地为自己的权势寻找退路。史弥远就用心经营与宋宁宗太子赵询的感情，两人关系密切。当年暗杀韩侂胄，史弥远就是与赵询合谋的。史弥远盘算着，等宋宁宗“百年”之后，扶赵询即位，自己依然能保住荣华富贵。谁料到，太子赵询年纪轻轻就夭折了。宋宁宗赵扩也真是继承了家族的“优良传统”，将不育症“发扬光大”，干脆就生不出儿子来。死去的太子原本就是赵扩收养的宗室子弟，预备为继承人的。现在没办法了，皇室只好又“恢复传统”，从旁系宗室中挑选子嗣，以养子身份继承皇位。

史弥远就开始担心了，万一挑选出来的皇子与自己过不去，等他登基后自己的权相地位就会受到威胁，甚至可能发生翻天覆地的变化。当务之急，他要和新太子搞好关系，把太子也拉入自己的阵营。

挑选候选人毕竟要皇帝本人点头才行。权相的权力再大，史弥远也心有余而力不足。赵扩早已经有了中意的人选。他的弟弟沂王也没有子嗣，赵扩非常喜欢弟弟，就替他挑选了宋太祖赵匡胤一系、燕王赵德昭的九世孙赵均作为子嗣，赐名赵贵和，认作了侄子，成为新的沂王。现在太子死了，沂王赵贵和作为赵扩的“侄子”，现在顺序入嗣赵扩，名正言顺。赵扩就把赵贵和收养入宫，改名赵竑，封为济国公。

赵贵和成为了内定的太子人选，朝野都心知肚明。

这个赵贵和，是个很有正义感的年轻人，恰恰对史弥远极看不惯。同时，赵贵和又是个血气方刚的年轻人，丝毫不懂韬晦之术，把心中的想法和政治主张丝毫不剩地都展现了出来。

杨皇后为了日后地位着想，也想拉拢赵贵和，主持为他迎娶了前太皇太后吴氏的侄孙女为妻。赵贵和不喜欢这个女孩子，冷落她，顺便也冷落了杨皇后。杨皇后自然对赵贵和有意见了。史弥远之前对赵贵和没有什么了解，如今赶紧“恶补”。一次，他听说赵贵和喜好古琴，赶紧从民间搜罗了一把好琴和一个擅长弹琴的美女，献给赵贵和，拉拉关系。暗地里，他又将那位美女的全家好好供养着，扣为人质，命令她定期赵贵和的一举一动。这位琴女很快就获得了赵贵和的宠爱，对他毫无防备。史弥远常给赵贵和送一些奇计淫巧的珍宝，赵贵和都把这些玩物抛掷在地。平日里，赵贵和在桌儿上将史弥远擅权祸国的种种行为都记录下来，说：“史弥远当流配八千里。”书房的墙壁上有地图，赵竑一次指着海南岛对琴女说：“我当皇帝以后，就要把史弥远流放到海角天涯。”史弥远得到琴女的密报，为了自卫，他要扳倒赵贵和。

赵贵和的老师真德秀对学生的言行看在眼里，急在心里。他多次劝赵贵和多读书，埋头学问，不要过问朝堂上的事。赵贵和没有照做。真德秀就把话挑明了：“殿下须要孝顺慈母，敬礼大臣，天命自然来归，不然就恐有危险之事了。”赵贵和依然我行我素。

史弥远计划采取的方法是既然皇帝挑选出来的太子和自己过不去，那我就让和我过得去的人顶替赵贵和担任太子。他很快就逮着了机会。赵贵和进宫后，沂王的后嗣又出现了空缺，需要再挑选继承人。赵扩下令再挑选宋太祖十世孙、年过十五岁的宗室养育宫内。史弥远乘机给赵贵和竖立了对立面。史弥远的门客余天锡（余天锡的祖父就是史弥远父亲史浩的门客，他打小在史府长大）刚好外放绍兴主持秋试，来史府辞行。史弥远就暗中嘱咐他找一个可靠的孩子来。

让余天锡一个人去找所谓的宗室子，说明史弥远根本就没想要找一个真正的宗室子弟。你想，余天锡一个人的能量再大，也不可能一个人完成为朝廷选择继承人的重任。

考试完后，余天锡空着手回来了，但是带回来一个消息。他说绍兴西门外有一个姓赵的保长，有两个孙子。这两个孙子的面相都是大贵之人。史弥远也不问赵保长家的来历，就说，那就带来看看吧。绍兴的那个赵保长听说临安的大官们要自己的两个孙子，高兴得了不得。他也实在不懂事，将这件事情大吹大擂，还变卖家产，请亲戚朋友们吃饭祝贺。冥冥中，赵保长认为孙子们大富大贵的面相马上就要变成现实了。当他倾家荡产将两个孙子打扮得漂漂亮亮送到临安的时候，史弥远显然对这样的高调行为非常不满，只见了一面，就挥挥手把他们都给打发回去了。赵保长是败兴而归，颜面全失。

但是一段时间后，史弥远秘密派人来到绍兴，将赵保长两个孙子中年长的那个、17 岁的赵与莒秘密接到临安。史弥远也不鉴定，就将他改名赵贵诚，公开宣布为宗室子弟，送入宫中。

赵扩认可了这个“侄子”，赐名赵昀，袭爵空缺出来的沂王爵位。

二

不久，史弥远在净慈寺为老父亲史浩做佛事。

史家有个世代姻亲，叫做郑清之。郑清之把女儿嫁入了史家，儿子也娶了史家的女儿。他刚从峡州调回临安任国子学录，听说史家做佛事，不请自来。史弥远看到郑清之，决定与他共商大事。为了控制赵贵诚，也为了他具备较高的素质，史弥远正在为赵贵诚挑选老师。这个老师必须是自己的亲信、亲戚，同时官位又不能太高，而且又得有真才实学。郑清之是史弥远认为最合适的人选。

史弥远把郑清之叫到暗处，让郑清之为赵贵诚讲授儒学，同时在宫中伺机拥立赵贵诚为新皇帝。他郑重相告：“事成，史弥远现在的地位就是你的。但这话出于我的口，入于你的耳。如果有一语泄露，你我都是要被族诛的。”郑清之应允入宫，为赵贵诚教授程朱理学。

嘉定十七年（1224 年）闰八月，宋宁宗赵扩病危。史弥远谎称皇上有密旨，立宗室之子赵贵诚为皇子。赵扩驾崩的当晚，史弥远与杨皇后商议废黜赵贵和，召赵贵诚入宫。杨皇后虽然对赵贵和不满，但对于私行废立这样大逆不道的事，还是不敢做。杨次山的两个儿子杨谷、杨石受史弥远的嘱托，一夜之间七次去劝姑姑与史弥远合作。杨皇后还是摇头，反对假传圣旨，立来历不明的赵贵诚为新皇帝。两个侄子最后把跪下了，一把鼻涕一把泪地劝道：

“姑姑，事已至此，如果不立沂王，恐怕日后杨氏满门都威胁了啊！”

杨皇后这才点头同意，配合史弥远的政变。史弥远连忙假传圣旨，让宫人去传沂王赵贵诚进宫。临行前，史弥远反复叮嘱出宫宣旨的人：“记住，你所宣者是沂王，而不是太子。如果叫错了人，小心你全家人的脑袋！”

沂王入宫后，史弥远、郑清之公布赵扩驾崩的消息，并以“遗诏”的名义强行拥立赵贵诚为新皇帝。原本可以冲击一下皇帝宝座的赵贵和是个老实人，在决定命运的当晚尽管看到许多黑影在宫廷内外来回穿梭，他也没有想到和他们一样搞些小动作。赵贵和本以为轮到自己继位了，谁知道迎来的是被废为济王，出居湖州的诏书。他茫然若失，被禁军将领强迫接旨。

于是赵贵诚端坐到了龙椅之上，成为了宋理宗。

三

历代嚣张的权臣不少，但像史弥远这样生生“造”出一个皇帝的人还真是绝无仅有。史弥远的政变阴谋，激起了朝野上下的愤慨。一些大臣上书说济王赵贵和冤枉，都被罢官出朝。

临安的太学生潘壬和弟弟潘丙，都是湖州人。他们知道宫廷换皇帝的内幕，反对史弥远，赶回湖州，聚集部分力量，图谋拥立赵贵和登基为帝。为了增加胜利的把握，潘壬约长江北岸掌握军队的将领李全进兵接应，建立大功。约定的日子到了以后，潘壬和潘丙兄弟俩带领由渔民、巡尉兵卒数十人组成的队伍，连夜闯入王府，要用力赵贵和为帝。从赵贵和的心理来说，他眼睁睁看着皇位飞走，不能不有所眷恋与不满。深夜，他看到有人群涌进来拥戴自己为皇帝，虽然知道这个叛乱，但也没有表示反对，配合潘壬等人的行动，等于是默认了。第二天，天亮的时候，潘壬等人在湖州街头到处张榜揭露史弥远罪恶，宣告政变。一行人拥着济王赵贵和到州衙，就要黄袍加身。当时，江北的李全到期不至，没有带军队前来响应。赵贵和在光天化日之下，看清了原来支持自己的人不过几十个人。这不是瞎胡闹吗？赵贵和对政变的前景失去了信心，慌忙派人向临安告变，同时征调湖州的官兵对潘壬等人举起了屠刀。史弥远听说湖州叛乱，赶紧派出军队镇压。在军队到来之前，湖州的叛乱就被赵贵和给浇灭了。潘壬隐姓埋名逃往楚州，被官府抓获斩首。

经过叛乱后，赵贵诚和史弥远都意识到，只要赵贵和活着，就是对两人权力的威胁。

史弥远干脆秘密派人到湖州逼济王赵贵和上吊自杀，对外称病死。

赵贵诚即位后，朝政听由史弥远把持。

1233 年，史弥远终于病死了，宋理宗赵贵诚开始亲政。赵贵诚是一个“先天不足”的皇帝。这个不足说的不仅是他来历不明的身份，也指他的政治能力和个人素养。史弥远把持朝政的时候，宋理宗藏在幕后，掩盖着个人素质的缺陷。但等他走到前台亲政的时候，他能力不济，导致了南宋王朝的衰败。宋理宗时期是南宋由盛转衰的时期。

养在深宫人未知

——明孝宗朱祐樘的黑户生涯

明宪宗太子、日后的明孝宗朱祐樘身世离奇，六岁之前一直生活在冷宫的某个暗室中，过着暗无天日的生活。他的意外现身出乎父亲明宪宗和那些野心家们的意料，随即引发了太子之位和江山争夺。朱祐樘的太子故事包含了阴谋、冒险、谋杀和报恩等一系列热门元素。

藏在深宫

一

明宪宗朱见深有着强烈的恋母情结。

一般人有恋母情结是心理问题，没有什么大不了。但是朱见深的恋母情结发展成了一种病态，影响了明朝的政治。后宫佳丽三千，年轻貌美，各种类型都有，其中不乏倾国倾城的美女。但是朱见深偏偏宠爱、深信一个比自己大十七岁的女人万氏。十七岁，整整是他和他母亲的年龄差距。朱见深第一次见到还是普通宫女的万氏的时候，就深深地爱上了她。当时朱见深还是一个活蹦乱跳的少年，万氏已经是年过三旬的老宫女了。两人很快就纠缠到床上去了。等到朱见深登基继位时，刚好十八岁，立即纳已经三十五岁的万氏为妃。因为万氏出身卑微，更因为万氏的年龄实在太大了，所以不能被封为皇后，只能“屈尊”作了皇贵妃。但这丝毫不能影响朱见深天天都和万贵妃粘在一起。

难道万氏是绝色美女，有着勾人魂魄的魅力吗？不是。万氏不仅年纪很大，而且身材矮小、体型肥胖，浑身上下和“美”字根本就搭不上边。

那么朱见深为什么死心塌地地迷恋万氏呢？

这得从朱见深多灾多难的童年经历开始说起。现代心理学证明，儿童时期的精神创伤常常使人在成年后产生异常的精神问题。朱见深很小的时候，父皇明英宗朱祁镇在“土木堡之变”[1]中被蒙古人给俘虏走了！留守北京的朝臣为了社稷国家，将朱见深的叔叔、郕王朱祁钰推上皇位。反对势力为了维系宗法血统，将朱见深“突击”立为皇太子。明代宗（景帝）朱祁钰坐稳帝位，看侄子朱见深很不顺眼，一心要让自己的儿子取代他的太子地位。朱见深的境况不仅尴尬，而且危险，几年后即遭废黜，被叔叔牢牢幽禁在高墙中。可怜的朱见深从小就没有父爱和母爱的呵护，在深宫过着担惊受怕的凄凉生活。这也使他对温暖充满了强烈的心理依赖感。

世事难料。几年后，父皇明英宗朱祁镇又在“南宫复辟”[2]中成功夺回了皇位，朱见深又成了皇太子。朱见深从此告别了多灾多难，一路顺利，接了班，也有了万贵妃。

朱见深对万贵妃的迷恋为后者擅权专政提供了便利条件。万贵妃不仅人不漂亮，个人品格也不足称道。她城府很深，权力欲强，且心

---

1 明正统十四年（1449 年），蒙古各部分四路大举骚扰明朝。明英宗朱祁镇在大太监王振的煽惑与挟持下，执意亲征。明军大败，于 8 月 13 日在土木堡被围歼。朱祁镇被俘。五十万明军伤亡殆尽。这次大败是明朝由盛而衰的转折点。

2 景泰八年（1457 年），将领石亨、太监曹吉祥等人发动政变，扶持被囚禁在南宫的明英宗朱祁镇复位。英宗复位后，废景帝为郕王，开始了大规模的反攻倒算。

狠手辣。为了将朱见深牢牢地掌握在手中，方便自己揽权干政，万贵妃横行后宫，不许其他嫔妃佳丽接近皇帝。朱见深几乎每夜都在万贵妃宫中留宿。但是皇帝可以随时随地“宠幸”后妃宫女，其他人不能完全杜绝他和女人的接触。一旦朱见深和某个女子有染后，万贵妃就给那个女子送去堕胎药。她不允许其他女子生下子嗣，一心要让自己的孩子接班做皇帝。对于堕胎药失败，依然怀上身孕的女子，万贵妃则逼她们流产。谁不愿意流产，就会有生命危险。后宫女子为了活命，都屈服于万氏的淫威。巩固权力之后，万贵妃不断向朱见深进谗言，迫使皇帝废掉了皇后吴氏。

万贵妃不仅独霸后宫，还把手伸到了朝堂。侍郎李孜省、万贵妃随身太监梁芳、万贵妃弟弟万喜等人替她充当爪牙，党同伐异。朱见深当政后期，内阁首辅万安竟然自称是万氏的“子侄”，公然投靠万贵妃，使万氏一党的气焰到达顶峰。朝堂中有谁敢逆着万贵妃的意思办事，马上就被罢官贬职，遭到打击报复。

朱见深登基的第二年（成化二年 1466 年），三十六岁的万贵妃生下了皇长子。当时举朝庆祝，尤其是朱见深更是笑得合不拢嘴。也许是因为高龄生产的缘故，这个孩子存在生理缺陷，生下来几个月后就夭折了，连名字都来不及取。皇长子的死给朱见深巨大的打击，也成了万贵妃心中的痛。此后，万贵妃宠冠后宫，夜夜与朱见深同床共枕，可由于年龄的关系再也没有生育。万氏丧失了生育能力。

让万贵妃恨得咬牙切齿的是，成化五年（1469 年）柏贤妃生下了一位皇子。这可能是万贵妃一党防范不严的后果。等柏贤妃的肚子很大的时候，朝野上下都关注着她的肚子，万贵妃一党找不到堕胎的机会了。这位皇次子被取名为朱祐极，在成化七年（1471 年）被正式立为皇太子。

万贵妃焦躁不安，暴跳如雷，一心要把这个皇太子给搞掉。

二

其实朱见深还有另外一个儿子，只是朝廷上下和万贵妃都不知道而已。

早年，广西贺县的纪姓土司发动叛乱，被朝廷大军平息。当地有个姓纪的小女孩被当作罪犯，送入皇宫为奴。这位纪氏女子长大后，出落得端庄秀丽，被后宫挑中送到内书堂学习。在掌握了基本知识后，纪氏被派入内廷书室看护图书。这是一个类似于图书管理员的角色，与纪氏的气质很相配。

一天，明宪宗朱见深到书室翻阅藏书，发现纪氏长得很漂亮，很有气质，就在图书馆里“宠幸”了她。这就一次“宠幸”让纪氏怀了身孕。

朱见深早忘了这件事情，但万贵妃却很上心。皇次子的出生已经让她很闹心了，她可不愿意再出现一位皇子。同时，万贵妃认为纪氏的年轻和气质好都是自己的大敌。她很快就给纪氏送去了堕胎药。此时出现了一个改变历史的小人物。万贵妃派去逼纪氏堕胎的宫女理应站在万贵妃的阵营才对，可她对万贵妃的所作所为非常不满，也同情纪氏的遭遇，和纪氏商量好后，回来谎报说纪氏并没有怀孕，而是得了痞病。纪氏的大肚子里不是孩子，而是胀气。万贵妃半信半疑地命令按照宫中制度，将纪氏送往安乐堂。安乐堂是后宫安置两类人的冷宫：一类是犯了错受罚的宫女，一类是得了重病将亡的宫女。

成化六年（1470 年），一个小男婴几个月后出生在安乐堂中。

男婴的出生给安乐堂带来了极大的震动。消息很快就传到了万贵妃的耳中。万贵妃在震惊之余，决定痛下杀手。

与上次派遣一位无名宫女去逼纪氏堕胎不同，万贵妃这回找了一个有名字有身份的人去把男婴溺死。这个人是太监张敏，职位是安乐宫的门监。张敏接到万贵妃的指令后，终究良心未泯，一边告诫安乐堂中的女人们不要大惊小怪，注意隐藏保护孩子，一边回报万贵妃说男婴已经被溺死了。万贵妃相信了张敏的话，没有继续追查纪氏生的孩子，也对纪氏网开一面。实际上，男婴在安乐堂被秘密抚养长大。

三

成化七年（1471 年）十一月，皇次子朱祐极被立为皇太子，但在两个月后（成化八年一月）就神秘暴亡。二十五岁的明宪宗朱见深悲痛之余，给儿子定谥号为“恭悼”。

这个结果是万贵妃梦寐以求的，也极有可能是她一手造成的。朝野暗中传说是万贵妃指使人在太子的饮食中下了毒。

恭悼太子死后，安乐堂中的男婴就成了明宪宗唯一的儿子了。但是安乐堂以外的人都不知道男婴的存在。

安乐堂中的女人都是一些可怜人。她们在进来之前，也许心中怀有奋发进取、博取权力地位的心思，失败沦落到安乐堂后内心渐渐变得恬淡平静起来。纪氏生下的孩子让她们重新看到了外面的阳光，看到了正常的人生。这些可怜的女子们在震惊之余，内心的母爱本能和真善美的性情被激发出来，很快就接受了新来的小生命。她们尽其所有，抚育男婴。

物质条件的匮乏还是其次的困难，最大的问题是如何保密，不让外界知道纪氏生下的男孩在渐渐长大。纪氏和宫女们轮流爱抚、逗乐孩子，免得孩子哭闹；没有衣服，大家就把旧衣物改为小衣服给他穿；为了不让蛛丝马迹外露，小孩子都五六岁了，纪氏都不敢给他剪胎发。结果，帝国的皇子长得面黄肌瘦、蓬头垢面、胎发拖地，对安乐堂之外的事情一无所知。

当时，被废掉的吴皇后幽居在冷宫中，邻近安乐堂。也许是身处逆境，心灵相通的缘故，吴皇后知道了孩子的秘密存在。她常常暗中到安乐堂探望、哺养小男孩，尽自己的一份绵薄之力。

这个小男孩是个见不得阳光的孩子，注定只能生活在封闭、阴暗的冷宫中。按说，在如此糟糕环境中成长的孩子很难具备常人的心智。奇怪的是，这个孩子虽然缺少正常孩童的快乐，但成长为了一个“正常的人”。几乎所有的皇帝和皇家的孩子们，虽然智力超群、能力出众、精力充沛，但在精神上总和绝大多数的人不同。他们想的和其他人不一样，对事物的欣赏评价也和其他人不一样。“天意难测”，难就难在不能用正常人的思维去推测皇帝的思想。成长于安乐宫的这个孩子虽然在智力和能力上比不过那些伟大的帝王，但在个人精神和思维上是个正常人。这要感谢纪氏和宫女们从来就没有把孩子看作是皇子，而是按照一个正常的晚辈来培养。母亲纪氏搜索儿时的记忆，结合接受的教育，把自己知道的都传授给了儿子。其他的宫女也纷纷把民间百相、人情冷暖、宫闱斗争乃至儿女私情告诉孩子。这样的教育才是世俗的、正常的教育。

很难说，安乐堂对一个孩子的成长是有害还是有利。

四

成化十一年（1475 年）的一天，二十九岁的朱见深早起梳头，看到头上出现了若干白发。他对镜长叹道：“我就要老了，可还没有儿子啊。”

张敏已经从安乐堂的门监调到了朱见深的身边，伺候皇帝梳头。他听到朱见深的感叹，连忙伏地禀报：“请皇上恕臣死罪，万岁您有儿子。”

朱见深愣住了，问：“我的儿子在什么地方啊？”

张敏豁了出去，说：“臣说了出来就有生命危险，但请万岁为皇子做主。”

当时，万贵妃对后宫的控制比原来更紧了，朱见深身边密布她的耳目。张敏揭露实情的确是冒着生命危险的。且不说朱见深不一定相信张敏的话，万贵妃的众多耳目眼线也不一定能给张敏详细说明冒出来的太子情况的机会。就在那些亲信耳目有的赶紧去向万贵妃报信，有的要上前阻挠张敏的时候，大太监怀恩发挥了不可忽视的作用。

怀恩是司礼监大太监，处事稳重，和万贵妃的关系也过得去。但怀恩并不认同万贵妃的所作所为。万贵妃重用的是奸诈太监梁芳、钱能等。看到梁芳、钱能等人在后宫上蹿下跳，怀恩表面上无动于衷，实际上是没有找到合适的时机出手而已。暗地里，怀恩聚拢力量，掌控着皇宫的一切情况。日久天长，安乐堂中的皇子也没有逃过怀恩的眼睛。怀恩暗中保护皇子。现在，他也觉得是揭露真相的良机。

怀恩凭借身份，喝止那些万贵妃的耳目，也跪在张敏身边，叩首禀报："张敏说的都是实话。皇子现在就养在安乐堂中，现在已经六岁了，一直隐匿不敢让皇上知道。"

有了怀恩的肯定，朱见深信以为真。他几乎是欣喜若狂，匆匆穿戴整理，马上摆驾去安乐堂。朱见深见子心切，嫌车驾太慢，就派人先去迎接皇子。

皇宫中顿时乱成一团。安乐堂闻讯后，更是欢呼声响成一片。小孩子终于可以见到光明了。使者恭恭敬敬地来见皇子，纪氏却抱着孩子号啕大哭："儿子，你去见你父皇吧。我活不长了。"万贵妃在后宫操着生杀予夺大权，对一般的人想杀就杀。即使现在纪氏能够因为儿子封为后妃，也逃不过万贵妃的魔爪。吴皇后和恭悼太子就是活生生的例子。

突然，纪氏想起一个很严重的问题。儿子头脑中没有"父亲"的概念，也没有"男人"的样子。因为儿子从出生以来见到的都是宫女，连太监都极少见到。万一等皇上和儿子父子相见，儿子默然没有反应，该是多么尴尬的事情啊。那样的话，对儿子的发展不利，甚至可能给人否认儿子是朱见深亲生的借口。纪氏想了很多，灵机一动，想到一个教儿子认识父皇的方法：

"儿啊，你的父亲穿着黄袍，嘴巴上长着头发。待会儿，你千万别认错人了啊。"

纪氏的话很生动。后宫中只有皇帝朱见深一个人"嘴巴上长着头发"。小孩子一下子就记住了父亲的特征。

使者和宫女们一齐动手，给小皇子穿上小绯袍，扶上小舆车，簇拥到安乐堂外的台阶下，等待朱见深的到来。孩子浑身长着茸茸的胎毛，长发披到地上，第一次完完整整地享受到耀眼的阳光。

朱见深的大队人马很快就到了。小孩子表现得非常出色。他一看到一个穿着肥大黄袍，嘴巴上面有头发的人刚从车驾上下来，就跑了上去，扑到他的怀里。朱见深眼泪哗啦啦地就下来了，一把将儿子深深搂在怀中。父子相认的场面非常感人。好一会儿，朱见深才坐下，把儿子放在膝盖上，一边爱抚，一边凝视起来。看到儿子尚未适应强光的双眼和苍白的皮肤，悲从中来，又哗啦啦地流泪。他边哭边说："这是我的儿子，像我。"朱见深多年的心病算是了了。

怀恩受命赶赴内阁，向朝臣详细解释了皇子的出现情况。朝廷随即颁告天下：皇上唯一的儿子已经六岁了！

太子丧母

一

朝野上下都上书祝贺朱见深有了一个儿子。有没有皇子，关系到整个王朝的命运。朱见深即位十多年了都没有皇子，大臣们心里都很着急。看后宫万贵妃的样子，即使朱见深生下儿子来也保存不住。现在好了，天上跳下一个活蹦乱跳的皇子，长到六岁了，活得好好的，也不是万贵妃能够轻易陷害的了的。大臣们高兴极了。

朱见深和群臣给皇子取名朱祐樘，册立为皇太子。纪氏也从安乐堂移居永寿宫，数次被朱见深召见。母子俩看来是苦尽甘来，熬出头了。

万贵妃知道后，咬牙切齿，痛哭流涕，日夜琢磨着怎么报复纪氏母子。她不是乱砸东西，就是抱怨小人陷害自己。朱祐樘已经是皇太子了，目标太大，一时难以陷害。万贵妃只好先从纪氏入手。几个月后，太子生母纪氏暴卒。纪氏死得很奇怪，人们都怀疑是万贵妃下的毒手。因为万贵妃权势熏天，又得到皇帝朱见深的偏袒，人们敢怒不敢言。后来朱祐樘当了皇帝后，大家才敢把纪氏的暴亡拿出来说事。朱祐樘登基不久，御史曹璘就奏请削去万贵妃的谥号（万贵妃当时已经死了）；鱼台县丞徐顼则奏请逮捕当时给纪氏看病的所有御医，逮捕万氏的家属，刑讯追究纪氏死亡的详情。一时间，大臣们大有神形颠倒，非查清真相不可的劲头。朱祐樘是个厚道人，不愿意因为母亲的死引起朝政动荡，人心不宁。于是他以“重违先帝意”的名义，宣布案子在先帝时就已经了结了，现在不需要再追究了。

纪氏死后没几天，太监张敏也吞金自杀了。这又坐实了人们对纪氏死因的怀疑。张敏多少知道纪氏暴亡的真相，不禁为自己的命运担忧。他很可能是因为怕遭到万贵妃一党的虐待而自杀的，或者干脆就是被万贵妃一党逼死的。

好心的人们为朱祐樘的命运担心了。照此下去，恐怕小太子朱祐樘也难逃万贵妃的魔掌。周太后适时插手进来，将朱祐樘接到自己住的仁寿宫居住。周太后主动承担起了抚养小孙子的重任。周太后德高望重，对小孙子看得很紧，万贵妃一党难以找到下毒手的机会。朱祐樘能否健康成长，俨然成了朝野上下观察政治清明的指向标。万贵妃更加投鼠忌器了。

万贵妃心里那个急啊，急得整天在想怎么陷害太子。这反而让她放松了对后宫的控制。此后，皇宫中喜讯不断，邵宸妃、张德妃、姚安妃、杨恭妃、潘端妃和王敬妃陆续生出了皇子。朱见深的皇子越来越多，万贵妃逐渐失去了杀害朱祐樘的意义。

二

杀害朱祐樘不成，万贵妃动了“更立太子”的念头。

万贵妃的党羽、太监梁芳、钱能等人每次看到朱祐樘，心中就不寒而栗。他们老想着之前对朱祐樘母子的陷害，想到纪氏的暴亡和张敏的自杀。这些事情都和他们有关。等到朱祐樘继位当了皇帝，梁芳、钱能等人还会有“好果子”吃吗？说不定还会有性命之忧。于是这些党羽亲信就怂恿万贵妃千万不能让朱祐樘顺利继位。万贵妃一想也对，决定说动朱见深换一个太子，从新生的皇子中挑选一位新的太子。

朱见深对万贵妃言听计从，唯独这一次没有受枕边风影响。因为朱见深本来从小就深受“更立太子”之风的影响。他小时候，叔叔明代宗和部分大臣老想着废掉朱见深的太子地位，换上叔叔的亲生儿子。朱见深被幽禁在高墙内，苦不堪言。万贵妃对更立太子的事鼓吹得越起劲，朝野上下为朱祐樘的太子地位争得越不可开交，朱见深就越回忆起童年的惨痛经历，对朱祐樘的境遇感同身受，不愿意改换太子。上天也保佑朱祐樘。泰山地区发生大地震。在传统政治观念中，东岳泰山是皇太子的象征。泰山地震被看作是上天对朱祐樘的支持。大臣们纷纷上奏：“上天示警，如果改立太子必将引起动乱。”朱见深本来就笃信佛教，又同情朱祐樘，现在更是明确表示太子表现出色，自己无意废弃。

朱祐樘的地位彻底稳定下来。

万贵妃一党更立太子失败后，开始积极和朱祐樘“套近乎”。大灰狼换上了一幅善良的嘴脸，在多数人眼中就变成了狼外婆。人们不会认为恶狼真的成为了善羊。也许万贵妃真的想改善与太子的关系，为日后着想。但其他人都认为她是换了一种方式去迫害朱祐樘而已。

万贵妃多次招呼朱祐樘去贵妃宫中玩耍。万贵妃的邀请非常频繁，态度很殷勤，但是周太后不放心，坚持不让孙子去见万贵妃。一天，万贵妃再次热情地邀请太子朱祐樘来玩耍。周太后实在推托不了，只好允许朱祐樘去万贵妃宫中。临行前，周太后叮嘱孙儿说："孙儿到万贵妃宫中，记住不要吃任何东西。"朱祐樘见到万贵妃后，果然不吃任何美食。万贵妃给他东西，他就说："我已经饱了。"后来万贵妃拿出美味的汤羹给他吃。朱祐樘毕竟是小孩子，受不了美味的诱惑，很想品尝一下。但他牢记祖母的警告，只好实话实说："我怕汤中有毒。"万贵妃闻言，仿佛利刃在胸，感慨道："小小年纪就这样警惕，等长大了，我还会有好结果吗？"

万贵妃从此心情大变，变得焦虑而多疑，老念叨着自己的将来。不久就忧愤成疾了。生病后，万贵妃不好好治，变得孤僻暴躁，动不动就拿身边的人撒气。她身体很胖，又常常发怒，发怒了就要打人，弄得气喘吁吁，糟蹋自己的身体。一次，万贵妃用拂子毒打宫人，一口痰涌上来，堵住气管，闭气而死。一代悍妇就这么死了。

明宪宗朱见深闻讯既震惊又伤心，下令辍朝七日，给万氏定谥号为"恭肃端慎荣靖皇贵妃"。他对万贵妃的感情非常深，接受不了丧妻的打击，病倒了，半年后死去。

太子朱祐樘继位，改元弘治。朱祐樘就是明孝宗。

弘治中兴

一

朱祐樘之所以被后世定庙号为"孝宗"，是因为孝心常在，孝行可嘉。

明孝宗继位后，没有追究万贵妃在后宫的所作所为，但是对生母纪氏念念不忘。

生母已死，虽然被追封为太后，风光大葬，但是这样也寄托不了朱祐樘的哀思。明孝宗想厚待母亲一家，但根本不知道生母的真实姓名和籍贯。在安乐堂中，朱祐樘记得母亲隐约说过自己是贺县人，姓纪。但纪氏年幼就成为明军的俘虏，离开了老家，对家乡和族人基本上没有什么记忆了。她能告诉朱祐樘的信息也很有限。因此，明孝宗对生母家族的人无从查起。

宫中有个太监叫陆恺，是广西人。他知道了朱祐樘急于查找生母家人。明朝的广西话中，“纪”字和“李”字同音。陆恺就大胆地宣传自己是纪太后的表兄。明孝宗喜出望外，轻信了陆恺的谎话，派人去广西查找陆恺的族人，接到北京来。陆恺的亲家韦父成就跳出来，冒称自己姓李。有关部门也信以为真，按照外戚的礼节将韦父成迎接到北京，安顿在豪门大院里。

当地人纪父贵、纪祖旺见此，心里活动开了：“韦父成假冒李氏都能得到富贵，更何况我们本来就姓纪。”他们也到有关部门谎称自己是纪太后的族人。有关部门难以分辨，一级级向上报告，朝廷就特地派太监蔡用去查证。蔡用最后将纪父贵、纪祖旺兄弟的情况报告了明孝宗。

明孝宗以为找到了两个舅舅，高兴坏了，立即下诏改纪父贵的名字为纪贵，授锦衣卫指挥同知的官职；改纪祖旺的名字为纪旺，授锦衣卫指挥佥事的官职，并赐予宅第、金帛、庄田、奴婢，不可胜计。不仅如此，明孝宗还追赠纪太后父亲（就是因为造反被明军镇压掉的那个）为中军都督府左都督，母亲为夫人；纪太后的曾祖父、祖父也都依次追封。纪父贵和纪祖旺两人在贺县的家族墓地也被当作纪太后先人祖墓，修缮一新，设置了守坟的百姓。纪家真算得上是“光宗耀祖”了。

韦父成看到纪父贵两个人麻雀变凤凰，立即显贵起来，心理不平衡了。他冲到皇宫告御状，要求分辨真伪。韦父成这个人也实在有趣。他明明知道自己不是真的纪太后的族人，竟然主动提出了验明真正身的要求。明孝宗也觉得很有必要查清真相，就派郭镛查验。郭镛很快就查清韦父成是个冒牌货，而认为纪父贵、纪祖旺两人是真的。明孝宗心肠好，不追究韦父成，把他押送回地方管教而已。

官府在贺县大张旗鼓地修缮“太后先茔”，让许多人看到了鲤鱼跳龙门的机会。贺县许多姓纪或者姓李的人都说自己是纪太后的族人，向朝廷使者或者官府要求“解决待遇问题”。纪太后哪来那么多的亲戚啊？朝廷使者查清真相，向明孝宗奏报贺县乱哄哄的情况，指出纪父贵、纪祖旺两人其实也是“冒牌货”。明孝宗震惊之余派遣给事中孙珪、御史滕祐前往广西贺县一带微服私访。孙滕二人很认真负责，深入瑶、僮各族村寨，做了一个详细的调查。他们认为现在这些自称是皇帝亲戚的人都是假的，真正的纪太后的族人极有可能被明军剿灭了。明孝宗恍然大悟，处罚了郭镛等人，将纪父贵、纪祖旺两人流放边远地区。五花八门的冒称外戚事件就此结束。

此后，明孝宗多次寻找纪太后的家人，都没有成功。最后无奈，他只好依照明太祖朱元璋马皇后的例子[1]，遥尊太后父亲为光禄大夫柱国、庆元伯，谥号“端僖”，太后母亲为庆元伯夫人。桂林府建立庆元伯庙，官府年年岁岁祭祀。这多多少少了却了明孝宗的心愿。大学士尹直曾撰写了悼念庆元伯的哀册。其中有一句：“睹汉家尧母之门，增宋室仁宗之恸。”明孝宗每次读到此句，都会悲伤落泪。

二

前面已经说过，见不得天日的悲惨童年虽然给明孝宗造成了创伤，但却将他培养成了一个正常的人。这对明朝的天下来说，是一大幸事。

---

1 马皇后是朱元璋的结发妻子，在濠州农民起义军阵中嫁给了朱元璋。明朝建立后，朱元璋大规模寻找马皇后的族人。但马皇后考虑元末天下大乱，家族四散难找，怕惊动地方，不让朱元璋追寻自家家人。最后朝廷笼统尊奉马氏先人了事。

明朝天下传世十六位皇帝，除了开国的明太祖和明成祖之外，《明史》认为明孝宗是其次可以称道的一位明君。“孝宗独能恭俭有制，勤政爱民，兢兢于保泰持盈之道，用使朝序清宁，民物康阜。”早在明孝宗祖父明英宗时期，明朝就走上了下坡路，但因为明孝宗的勤勉图治，明朝后期出现了一段“弘治中兴”的盛况。

首先，明孝宗时期政治比较清明。明孝宗刚刚即位的时候，内阁首辅大学士是万安。万安是一个靠着明哲保身、溜须拍马逐步提升的老官僚，还主动投靠万贵妃，自认为是万贵妃的“子侄”。他对上唯唯诺诺，对下毫无作为，就晓得贪污受贿。但他有一项本事，就是召集一些人替皇帝研究“房中术”，常常向明宪宗朱见深奏报一些男女行房的新闻和新招式，很得朱见深的肯定。朱见深死后，明孝宗继位。万安觉得明孝宗年纪轻轻，正是需要“房中术”指导的时候，于是和门客们赶制了一本介绍男女行房内容的百科全书，夹在奏折中递了上去。明孝宗和正常人一样，极其厌恶万安的行为，公然驳回了万安递上来的书。万安于是遭到了朝野的弹劾抨击。万安人称“万棉花”，不管有多少人弹劾，他都毫不知耻，若无其事，赖在首辅的位置上不辞职。明孝宗也有办法，让大太监怀恩在内阁当众将弹劾万安的奏折一封封念给万安听。万安的脸皮实在是厚，听完一封奏折就叩头认一次罪，但就是不辞职。最后怀恩念完了奏折，夺下万安的牙牌，将他驱逐出内阁。万安这才上表请求退休。这里还要说说怀恩。怀恩本姓“戴”，官宦家庭出身，忠良之后。后来家族遭到奸臣迫害，怀恩被阉入宫做了宦官，还取了一个屈辱的名字“怀恩”。怀恩卧薪尝胆，始终怀有伸张正义、报效国家的志向。怀恩在明朝历史上可比初期的郑和，要远远好于刘瑾与魏忠贤。明孝宗的用人，大致就是去万安而用怀恩的情况。

其次，明孝宗在个人生活方面也很值得称道。明孝宗可能是中国古代唯一一个实行一夫一妻制的皇帝。明孝宗皇后张氏端庄严肃，举止合礼，朱祐樘很喜欢张氏，终其一生都没有册立其他嫔妃。绝大多数的皇帝都把很大一部分精力花在挖掘美女和消受美女上面，明孝宗却和张氏恩恩爱爱，没有动过花花心思。张氏不是万贵妃那样凶悍残暴的人，朱祐樘不册立嫔妃一事看来完全是出自他的本心。也许，朱祐樘从小听惯了安乐堂中女人们的悲惨遭遇，只立皇后，解决了许多麻烦。另外，在明朝后期，朝廷每年一半以上的开支都花在了供养藩王和皇室成员身上。明朝实行的是藩王世袭制度，皇帝之子一般封王。皇帝多娶嫔妃就意味着多出一堆王爷来。明孝宗的清心寡欲倒是对国家大大有利。但贵族和大臣们都极力劝谏明孝宗要多亲近女色。为什么呢？因为明孝宗和张皇后只生下了一个皇子，从王朝延续的角度来看，朝廷只有一位皇子是危险的。因此有大臣劝谏明孝宗仿照古制，设立后宫十二妃，多降皇子，让皇室绵延繁盛。朱祐樘没有接受这样的意见。

明孝宗的独子叫朱厚照，就是日后的正德。正德皇帝荒淫无耻，年轻时就夭折了，没有子嗣。皇室果然面临了后继无人的困境，只好挑选宗室兴王朱厚熜入主大统。朱厚熜就是嘉靖皇帝，挑起了一场血统问题的“大礼仪之争”，对王朝命运产生了消极影响。归根结底，明孝宗个人生活的清心寡欲反显得不足称道了。

1505 年，明孝宗朱祐樘病死。他在位十八年，终年三十六岁，葬于泰陵。

半生等待半生愁

——疑团重重的朱常洛

朱常洛就是明光宗。很少有人知道他的年号“泰昌”，因为朱常洛仅在位三十天。更很少有人知道朱常洛为了那三十天的皇帝生涯苦熬了三十九年之久。因为不讨父亲万历皇帝喜欢，朱常洛的太子地位岌岌可危，经历了一桩又一桩的谜案，牵动了整个明王朝的神经。

国本之争

一

万历九年（1581 年）的一天，明神宗万历皇帝朱翊钧去慈宁宫探望生母李太后。

在慈宁宫逗留的时候，万历皇帝让太后身边的宫女去给自己打水洗手。一位姓王的宫女给皇帝打了水，侍奉皇帝洗手。万历偶然发现王氏年轻貌美，就把王氏拉住“宠幸”了一次。“宠幸”完毕后，万历整整衣冠，走了，临别前给王氏留下一副首饰作为纪念。

王氏依然在李太后身边做宫女。两三个月后，王氏的肚子慢慢大了起来。她怀上了身孕！这可让盼孙心切的李太后欣喜异常。当时万历皇帝的年纪已经不小了，虽然早早娶了皇后和嫔妃，但就是一直没有生育。王氏的怀孕让李太后看到了希望，高高兴兴地把儿子万历皇帝叫过来，询问他怎么处理王氏。李太后的意思很明白，就是要儿子赶紧给王氏一个名分，护养着肚中胎儿。如果能生下皇子，那将是普天同庆的大喜事。

谁想，万历皇帝听到消息后，冷漠地说自己不曾“宠幸”过王氏。

李太后没想到儿子如此不上心，只好强压着心中不快，令人取出《起居注》和万历当面验对。所谓的《起居注》就是历朝历代记载皇帝日常言行的宫廷档案。万历皇帝以为自己当日和王氏的男欢女爱神不知鬼不觉，没料到被一清二楚地记录在档案中。而且《起居注》还清楚记录了万历赏赐王氏首饰的细节。有首饰为证，万历一时面红耳赤，无法抵赖。

万历皇帝极不情愿地认下了这笔“风流账”，并照李太后旨意封王氏为才人。数月后，王氏又被晋封为恭妃。

万历十年（1582 年）八月，王恭妃顺利生下了皇长子，取名为朱常洛。

朱常洛的出生是明王朝政坛的一件大事。万历皇帝很早就有了王皇后。王皇后相貌端正、温良贤惠，是朝野上下公认的“母仪天下”的好皇后。这样的皇后人选，非常符合儒家的政治标准，但不是万历温存宠爱的理想对象。万历皇帝还有一位刘昭妃。可两位后妃都没有生下一儿半女。朱常洛的诞生解决了皇位后继无人的潜在危险。文武百官闻讯，欢欣雀跃，纷纷上表祝贺皇长子的诞生。万历皇帝也不得不上殿接受祝贺，并告祭宗庙社稷，下诏书告诉全天下朱常洛诞生的消息。

二

万历皇帝做足了表面工夫，可心底里一点都不喜欢朱常洛。

因为朱常洛是万历皇帝偶然临幸宫女而生下的。这是万历的一块心病。

其实，万历皇帝朱翊钧的身世和儿子朱常洛一样。当年，他的父皇、隆庆皇帝朱载垕在后宫偶然看中了宫女李氏，“宠幸”了一次。李氏幸运地怀孕，并生下了朱翊钧。朱载垕虽然也觉得在外面乱搞宫女，还生下皇子是一件不光彩的事情，但他对朱翊钧和李氏采取了负责的态度，不仅给了李氏名分，还立朱翊钧为太子。现在，朱翊钧成了万历皇帝，却在心中将和自己身世相同的朱常洛视为耻辱，将整件事情都看作是一幢丑事。他始终在心中绕不过弯来。

皇长子诞生后，李太后抱着小孙子，喜滋滋地问万历皇帝，什么时候立朱常洛为皇太子。

万历皇帝突然意识到，这个讨人厌的“风流情种”竟然是皇位的第一继承人。这太可怕了。他打心眼里就不愿意立朱常洛为皇太子，很自然地流露自己的真实想法：“他是都人的儿子，如何立为太子。”

“都人”是明朝对宫女的称呼。王恭妃是在怀孕后才由宫女“突击”进封的，本质上还是宫女。万历皇帝的名分观念和虚荣心让他始终鄙视王恭妃母子。但他忘记了，自己的生母李太后也是宫女出身，也是被隆庆皇帝偶尔“宠幸”后才怀上他的。事过境迁，李太后听了儿子的话，顿时勃然大怒，训斥万历说：“别忘了，你也是都人的儿子！”

这一训斥让万历皇帝心惊胆战，不得不跪地请罪，唯唯诺诺拜别出宫。但皇帝的心病丝毫没有去除。万历皇帝坚定地拒绝立皇长子朱常洛为太子。王恭妃再也没有被万历拿正眼看过，更谈不上宠爱了。她只好孤独地带着朱常洛僻居别宫，生活清苦。

文武百官当中也不乏有要求立朱常洛为太子的声音。万历皇帝就找了一个理由，说皇后还年轻，日后会生下嫡皇子来的，等皇后生下了嫡子，再立嫡子为太子。封建宗法规定“立嫡不立庶，立长不立幼”。血缘嫡庶之分高于长幼之别。朱常洛虽然是皇长子，但却是庶出（妃子生的）；日后如果王皇后生下皇子，那就是嫡子，比朱常洛更有资格做太子。万历的理由也还站得住脚，得以压制住一片拥立朱常洛的呼声。

没几年，群臣就发现万历的理由只是哄骗大家的小把戏而已。

万历十四年正月，淑嫔郑氏生下了皇三子（皇次子出生后夭折了）朱常洵，使事情复杂化了。这个郑氏有着闭月羞花的美貌，而且知书达理、聪明机警，是万历最宠爱的嫔妃。郑氏和万历的关系不是小妾依附于夫君的关系，而是有着浓厚的平等色彩。她不仅倾听万历皇帝的诉苦，还毫不留情地批评万历的缺点。郑氏生子后，万历很快就封郑氏为贵妃。这是一次不符合礼制的擢升。皇长子的生母还只是妃子，皇三子的生母却被擢升为更高一级的贵妃。这里面是否包含着某种信号呢？同时，万历皇帝宠爱郑贵妃，爱屋及乌，将三子朱常洵视若掌上明珠，表露出要立三子为皇太子的意思。宫中还传说，郑贵妃经常给万历皇帝吹枕边风，要求立自己的儿子为太子。万历皇帝在郑贵妃处呆的时间越来越长，传言也就越来越多。

朝廷百官知道万历皇帝废长立幼的意图后，感觉被皇帝欺骗了。

三

淑嫔被封为贵妃后，文官集团决定在万历立太子一事上发威了。

明朝的文官集团是帝国政治结构中的重要力量。中国儒家政治发展到明朝中后期，已经成熟到了近似故步自封的程度。各种思想观念深入人心，政治制度按部就班地进行。嘉靖皇帝几十年没有处理朝政，明朝官府上下照样运转正常。明朝政治的稳固性可见一斑。政治的稳定离不开一群奉行儒家道德观念的文官。他们按照儒家的理论和“前朝惯例”，把自身当作庞大政治机器上的螺丝钉，一丝不苟地处理着朝政。

在文官集团看来，政治清明和稳定的关键是奉行儒家的理论。而其中最重要的就是“伦理纲常”。为王朝挑选合适的皇帝人选是最大的“伦理纲常”。王皇后迟迟没有生育，皇长子朱常洛成为太子是顺理成章的事情。万历想“废长立幼”在文官集团看来就是政治黑暗的表现，是必须纠正的。为了纠正皇帝的错误，让政治早日重返清明，文官集团做好了战斗的准备。多少读书人出身的文官们期待着与黑暗作斗争以便名垂青史，永垂不朽。即便阵亡，他们同时也成就了刚正无私的名声，实现了人生的价值。

简单的说，伦理纲常和个人名节是文官们最看重的。

文官集团决定在万历立嗣问题上大动干戈的另一大原因是他们吸收了嘉靖朝“大礼仪之争”血的教训。那是正德十六年（1521年），明武宗朱厚照死后无嗣，堂弟兴王朱厚熜继承皇位。朱厚熜就是嘉靖皇帝。但他在北京的城门口为整个朝廷提出的难题：他要求以兄终弟及的名义继承皇位，而不是子承父业的名义。文官集团认为朱厚熜是作为儿子过继给明孝宗，来继承皇帝的，因此要称孝宗皇帝为“皇考”，而称生父兴献王为“皇叔”。朱厚熜却要给生父追加帝号，而称明孝宗为“伯考”。“大礼仪之争”由此产生。大礼仪之争在嘉靖三年（1524年）的夏天达到了高潮。当天，反对朱厚熜做法的“护礼派”两百多名大臣组成长长的队伍，跪在左顺门外，大呼孝宗弘治年号，哭谏不可为兴献王上帝号。一干人喊声震天。朱厚熜派人劝说大臣们退去，没有效果，更加固执起来，下令将为首的八位大臣押入监狱。门外的大臣们更加情绪激愤，骚动起来，声震阙廷。被激怒的朱厚熜派出锦衣卫大肆搜捕，逮捕了134名官员，其余官员录名待罪。他下令将四品以上官员夺俸，五品以下杖罚。受杖的180多人中17人受刑死亡。

“大礼仪之争”以文官集团惨败结束，导致了嘉靖皇帝与群臣之间长达数十年的隔阂。嘉靖朝被文官集团看作是政治黑暗的典型，看作是要极力避免重新出现的一段“惨痛记忆”。现在又一次面临皇位更替问题的纲常伦理之争，文官集团岂能善罢甘休？

内阁首辅大学士申时行就是在群情激励之际，请求立即册立朱常洛为东宫太子。万历皇帝尽管知道这是整个文官集团的意见，还是以“朱常洛年纪尚小”的理由搪塞了过去。二月，户科给事中姜应麟上了一份言辞激烈的奏折，反对郑氏越级晋升为贵妃，主张“册立元嗣为东宫，以定天下之本”。所谓的“元嗣”就是朱常洛，姜应麟认为朱常洛是理所当然的太子人选。万历皇帝阅后，大笔一挥，将姜应麟贬为广昌典史。姜应麟因为率先拥立朱常洛，把这件事情挑明了，现在虽然贬官外任，却高高兴兴地上任去了。

此后，年年月月都有朝臣奏请册立皇长子朱常洛为太子。万历皇帝不断用沽名钓誉、卖乖贩直、干扰圣意等名义加以训斥上书的人，打板子的打板子，贬官的贬官，可就是抵挡不住要求早立太子的呼声。慢慢的，万历皇帝要起了“坑蒙拐骗”、“矢口抵赖”等下流手段来。朱常洛的年纪一天天地长大，再说他太小的理由说不下去了。万历皇帝就说等皇长子十五岁时再议太子之位。朱常洛快十五岁了，万历皇帝又说群臣不断上奏，干扰了自己的决策，册立太子的事情要延后，拖到万历二十年春天再说。万历皇帝和群臣闹起了意气，你们不是坚持要立朱常洛为太子吗，我偏偏就不封朱常洛为太子，而且还以你们“奏扰”作为不立储的理由。大臣们也有自己反抗的方法。你不立长子为太子，有违儒家伦理，是政治黑暗的表现，我身为大臣，应该为此负责。许多大臣纷纷自己弹劾自己。弹劾奏折交上去后，不管你皇帝批不批，我都“待罪”在家，撂担子不办公了。有的大臣不是消极怠工，而是直接罢工。万历二十年（1592 年），大学士王家屏等人将御批的奏疏原封不动地退还，要求万历皇帝采纳诸臣立储之请，早日立朱常洛为太子，不然就不执行皇帝的御批。结果，王家屏等人全部被免职。

万历皇帝后来学起了嘉靖皇帝，干脆终年躲在深宫中，不出宫门，也不上朝会见朝臣，落得个“眼不见、耳不闻、心不烦”。

立嗣之争俨然已经严重干扰了明朝的政治运行。

四

万历二十一年正月，万历皇帝琢磨出了一个“妙招”来。

万历很客气地把内阁首辅大学士王锡爵叫来，给了他一个手诏，计划把皇长子朱常洛、皇三子朱常洵和皇五子朱常浩一并封王，日后再选择其中最优秀的人为太子。

王锡爵立即发现了“三王并封”计划的蹊跷之处。表面上，万历皇帝退了一步，将三个儿子都封为王，实际上是“以退为进”，提升了朱常洛地位的同时将皇长子和其他二子相提并论了。更要命的是，万历说日后的太子要从三个儿子中挑选，间接否决了群臣要求立朱常洛为太子的呼声。王锡爵是反对“废长立幼”的，但胆子又小，不敢当面驳回万历的诏书（之前的两位内阁首辅都因此被免职了），为难起来。如果在皇帝的诏书上附议，颁布出去，王锡爵肯定要成为朝野攻击的焦点。久经官场的王锡爵也不是省油的灯。他马上表态拥护万历的诏书，同时又跪下去请万历将朱常洛交给王皇后抚养。因为一旦朱常洛交给王皇后抚养，成了王皇后的养子，那么他在皇长子的身份之外又多了一层嫡子的意思，将成为毫无争议的最佳太子人选。万历皇帝没料到王锡爵急中生智“生”出这么一个主意来，想了想，也同意了。王锡爵随即又增拟了一道将朱常洛交由皇后抚养的诏书，这才叩头出宫。

等王锡爵一走，狡猾的万历皇帝扣住了第二封诏书，只向朝廷下发了“三王并封”的第一封诏书。

诏书一出，朝臣大哗，纷纷指斥王锡爵软弱无力，贪图荣华富贵。

王锡爵忙解释说还有第二封诏书的存在，表白自己也是反对“废长立幼”的。但是他没有确切的证据，百口难辩。王锡爵的学生和亲信于是纷纷劝他说：您老人家中了皇上的诡计了，这种事情没有第三者在场，您是无法“自明”的；现在诏书颁布了，天下都认为这也是您的意思。更可怕的是，如果日后朱常洛成为了皇帝，他知道王锡爵当初反对拥立自己，那可能会给王家带来“灭门之祸”。王锡爵听出了一身冷汗，慌忙接连上了三个奏折，自己弹劾自己，弃官辞职，跑回老家以求自保去了。

王锡爵退场后，甩无赖手段的万历皇帝不得不直接面对所有压力了。朝野上下、百官士人前仆后继，言辞激烈，反对三王并封，而且坚决要求册立朱常洛为太子。万历迫于众议，不得不收回诏书。群臣进一步要求确定太子人选，万历也坚守底线，拒不答应。最后被逼急了，万历皇帝搬出了自己和王皇后“关系密切”的理由来，说王皇后之前身体略有小病，现在病好了，朕经常与皇后在一起。意思是说，王皇后还年轻，帝后晚上常常“在一起”，大家要耐心等待“嫡子”的诞生，不要整天嚷着早立太子。这个理由成了万历皇帝对抗群臣进言的大盾牌。

尽管如此，立嗣之争依然延续。李太后对儿子越来越不满，也加入了敦促万历立朱常洛为太子的行列。王皇后一年年地老去，几乎断绝了生育的希望，也支持立朱常洛为太子。到万历二十九年，朱常洛已经虚岁二十了。承受不住压力的万历皇帝不得不在当年的十月册立朱常洛为皇太子。同时，三子朱常洵被封为福王，五子朱常浩被封为瑞王，六子朱常瀛被封为桂王。

朱常洛终于得到了迟到的皇太子宝座。文官集团终于取得了对皇帝斗争的胜利。

梃击谜案

一

朱常洛虽然坐上了皇太子的宝座，能否坐稳却还是个未知数。

父皇万历一如既往地不喜欢这个儿子，郑贵妃和周边的一小撮人虎视眈眈，蓄谋夺取太子的位置。太子在深宫中的地位不仅没有改善，相反还恶化了。好在朱常洛从小在压抑、残酷的环境中长大，养成了中规中矩的性格，各方面表现都让万历皇帝无话可说。政敌们也难以找到他的把柄。朱常洛最大的支持群体是宫外的文官集团。他们依然将宫中的任何风吹草动与王朝政治的纲常伦理联系起来，时刻敏感地关注着朱常洛和射向他的明枪暗箭。

万历三十一年，各派政治势力围绕着太子宝座掀起了一个“妖书案”。案子的起因是有人写了一本《闺范图说》的小书，讲的都是历代后妃们温良贤惠的事迹。郑贵妃拿到这本书后，进行编辑加工，然后资助出版了。也许她是想以此举表明自己是文化的慷慨赞助者，也是温良贤惠的后妃。但是该书被一些人敏感地认为是“只谈后妃，不谈立嗣”，是郑贵妃树个人形象，抬高自己的把戏。随着图书的传播，有好事者托名“郑福成”（“郑”贵妃 +“福”王 +“成”功）用对话体加了一个“跋”。全书都说万历皇帝想要更换太子，指斥郑贵妃一党急着让福王朱常洵“抢班夺位”。恰好当时有一个叫“朱赓”的大臣被突然提拔进入内阁，也被这个“郑福成”说成是万历皇帝要更立太子的思想表露。万历皇帝看到这篇文章后，龙颜大怒，将这篇“反动文章”定性为“妖言惑众”事件，下令锦衣卫和东厂大开搜捕之网缉拿元凶。结果锦衣卫和东厂四处捕逮，广开冤狱，株连了无数的人，也查不到元凶。相反，案子成了朝野不同派系党同伐异的工具，闹得人心惶惶。最后，朝廷抓到了一个叫做“皦生光”的江湖骗子。也活该这个皦生光倒霉。他拿着类似的文章去敲诈勒索郑贵妃的亲属，被扭送官府，于是成了整个“妖书案”的替罪羊。皦生光被凌迟，此案草草结束。

“妖书案”牵强附会的地方很多，表面看来郑贵妃及其亲属是受害者。但是无风不起浪，苍蝇不叮无缝的蛋。郑贵妃和哥哥郑国泰等人实实在在地暗中争夺太子地位。太子朱常洛没有过错，骤然找不到更换的理由。他们就计划在“嫡子”和“庶子”问题上搞花招。朱常洛是庶出，太子地位依然受到嫡子的危险。如果郑贵妃成为了皇后，那么福王朱常洵就是嫡子，可以名正言顺地向朱常洛发动冲击。按照万历的心思，他也会同意以朱常洵代替朱常洛。因此，没有生育的王皇后就成了郑家的眼中钉肉中刺，必先除之而后快。郑贵妃利用在后宫的影响，处处为难王皇后。王皇后身边的下人、宫中的供应都被削减到近乎“赤贫”的程度。因为有李太后的庇护，郑贵妃一时不敢进一步迫害王皇后。而王皇后在清苦的日子中坚强地活了下来。数年后，李太后病逝了，王皇后的境况继续恶化，但仍然奇迹般地和万历皇帝同年而逝。郑贵妃等人“以嫡易庶”的计谋没有成功。

还有一个具有标志性的事件是福王朱常洵逗留京师，拒不“就藩”。明朝制度要求皇子受封藩王后，要前往封地居住，没有召唤不得轻易回京。这个制度就是“就藩”，是中央对藩王的防范措施。福王朱常洵的封地是洛阳，本应前往洛阳就藩，却在受封后的十三年内以各种理由逗留在北京。即使年轻的朱常洵没有觊觎太子宝座的心思，人们也会认为他是某个政治阴谋的工具。因此，十三年来，朝野大臣不断敦促福王去洛阳就藩。朱常洵就是不走，结果流言越来越多。万历四十一年六月，有个叫王曰干的人向朝廷告发孔学等人利用巫蛊图谋不利于太子朱常洛。王曰干直接指出巫蛊案是郑贵妃、福王指使的。尽管最后给王曰干扣上了“奸人”的帽子，案子不了了之，但还是给逗留在北京的朱常洵造成了巨大的压力。之后请他就藩的声音越来越响亮。礼部右侍郎孙慎行、大学士叶向高等人更是多次向朱常洵强谏。福王朱常洵不得不在万历四十二年南下洛阳“就藩”。

朱常洵就藩洛阳后的日子过得相当潇洒。父皇万历给了他庄田二万顷，朱常洵还能从盐引上获得巨大收益。因此，朱常洵可谓是真正的“福”王，虽然离开了政治核心，但沉湎酒色，生活无忧。崇祯十四年（1641 年）李自成攻克洛阳，福王朱常洵太胖了，逃不动，被农民军抓住处死。这些都是后话了。

不管怎么说，朱常洛以静制动，又取得了权力场的胜利。

二

万历四十三年（1615年）五月初的一个傍晚，肃穆凝重的紫禁城进入了一天中最慵懒的时刻。

有一个魁梧的壮汉手持梃木（一种很大的枣木棍），沿着宫墙低头向太子居住的慈庆宫走去。当时慈庆宫的侍卫很少，门口只有内侍李鉴一人把守。李鉴懒洋洋地靠门站着。主子们这时候都在宫中休息，不会进出宫门，李鉴乐得偷懒打个盹。突然，他发现有人靠近，刚想分辨来人，就被来人一棍击倒。那壮汉潜入慈庆宫，迅速向太子居住的前殿奔去。在他就要进入前殿的时候，地上的李鉴从迷迷糊糊中苏醒过来，大喊“有刺客”。慈庆宫的内侍、杂役纷纷奔跑过来，那个持棍的壮汉大惊失色。双方扭打起来。最后内侍韩本在众人的协助下将刺客按住，七手八脚将他捆绑起来押送给驻守东华门的守卫。尚在宫中的太子朱常洛惊魂稍定，下令守卫严查行刺案。

太子遇刺！消息立即传遍深宫内外。官府自然不敢怠慢，随即对刺客“重刑伺候”，很快就查明刺客是蓟州人，叫张差。至于最核心的行刺目的和幕后主使，张差不管忍受多大的折磨，始终三缄其口。负责审讯的官员也知道其中的深浅，不敢贸然深入。最后，巡视皇城的御史刘廷元为了交差，“抛出”了案情的第一个版本：嫌犯张差，家住蓟州井儿峪，行为癫狂，但相貌言谈颇为狡猾。这是典型的官场文风，说嫌犯是个“疯子”，就可以将行刺目的和幕后主使等问题都归咎为嫌犯本身的精神问题，又可以为自己开脱。同时为了掩盖审案官员的无能和中庸，又说嫌犯比较狡猾，可能另有内情。最后的处理意见是“严加讯问”。

这样的审理等于什么都没说。万历皇帝拿到案卷后，非常不满，把案子发往刑部复审。倒霉的刑部郎中胡士相被指定复审此案。他思来想去，延续了第一个版本的观点，认为张差确实是个疯子，但不是什么狡猾之人，增加了“张差在老家被人烧了柴草，就来京告状，有人教唆他直接去宫里告状，拿一根枣棍当申冤棒”的情节。最后，胡士相给张差判了斩刑。

与审讯同步，此案成为北京官场的重磅新闻。百官士民议论纷纷，莫衷一是。人们都隐隐把案子和朱常洛的太子之位和郑贵妃等人的觊觎之心联系起来。

敏感时期，朱常洛这个敏感人物身上发生了一件敏感事件。

三

刑部有一个主事王之寀，在地方上当过知县，有丰富的刑讯经验，又深知朝廷政治的微妙复杂。王之寀认定在谜案的背后隐藏着天大的阴谋。他决心暗中搞个一清二楚。

王之寀先在部里活动，自愿去刑部大牢负责派发牢饭。到大牢任职后，他细心观察起在押的张差来，只见张差年轻力壮，言行正常，并非疯癫的狂徒。王之寀又查看了案卷，发现张差在第一次审讯的时候曾说“我是来京告状的，碰巧撞进了慈庆宫”，在第二次审讯的时候张差又说“打死我罢了，我什么都不知道”。案卷中有用的信息很少，怎么才能让张差开口说出实话呢？王之寀冥思苦想，最后想出了一条暗中逼供的方法来。

五月十一日，王之寀在狱中散发牢饭，故意不给张差吃的。

张差身材粗大，吃的也多，牢饭本来就不够他吃的，现在连牢饭都不发了哪还受得了。他于是敲起饭碗，质问王之寀：“为什么不给我吃的。”

王之寀笑眯眯地盯着张差，任凭张差叫骂就是不给他吃的。等张差饿得没力气再叫了，王之寀拿出一碗饭菜来，摆在张差牢门口，说：“你如实招供，我就给你饭吃；如果不招，我就饿死你。”

张差看到饭菜反而低头退后，默默不语。过了一会子，他抬头对王之寀说："我不敢说。"

王之寀见有成功的苗头，忙挥手让周围的差役、书吏都走开，只留下两个役夫，再对张差保证只要他如实招供，就给他一条活路。

张差这才招称："我叫张差，小名张五儿。父亲张义，已经病故。老家有马三舅、李外父两个人。他们叫我跟着一个不知道姓名的老公[1]来京城办件事，说事成之后给我几亩地。那个老公骑着马，小的就跟着走，本月初三到达燕角铺歇脚，初四到的京城。"

王之寀追问："京城里何人收留你？"

张差回答："我也不知道被带到了什么街道，只看到进了一座大宅子。一个老公给我饭吃，让我去宫中。他说：'你先冲一遭，撞着一个，打杀一个。其中有个穿黄袍子的小爷，要打杀了他。万一你被抓住了，我们救得了你。'说完，他就给了我大枣棍，领着我从厚载门进入皇宫。到宫门上，守门的人想阻我，我把他打倒在地上。老公们越来越多，我就被绑住了。"末了，张差还加了一句："那个小爷真是福大！"话匣子一打开，张差这个京郊的农民详细地回忆起袭击慈庆宫的情景来。显然他也对当日的大胆行为感到后怕，向王之寀反复诉说慈庆宫中"有柏木棍、琉璃棍、棍多人众"等情形。

王之寀如获至宝，连夜书写奏章上奏万历皇帝。他在奏折中写道："臣看此犯不癫不狂，有心有胆，惧之以刑罚不招，要之以神明不招，啜之以饮食始欲默欲语，中多疑似。"整个事件很明显是有预谋、策划精密的政治暗杀事件。王之寀奏请万历皇帝将凶犯张差绑到文华殿前公开朝审，或者命令九卿科道三法司进行会审，肯定能审问出幕后元凶来。

这道奏疏一出炉，迅速在京城传播开来。深宫太监参与了暗杀太子的阴谋，幕后的主使越来越指向郑贵妃一党了。人们猜疑不止。万历皇帝拿着烫手的奏折，准奏不行，批驳也不行，干脆就"留中不

1 "老公"是明代百姓对太监的尊称。

发”，扣住奏折不给回话。

四

万历皇帝忘记了，即使他不给出任何意见，成熟的官僚体制会按照惯性将案子查下去。

御史们得到王之寀的审讯结果后，发文给蓟州地方官，命他们查明张差的真实情况。蓟州知州戚延龄很快就返回来一个公函，说张差在老家已经得了疯癫病，就是一个疯子。这等于是推翻了王之寀获得的进展，引起京官们一片哗然，纷纷质疑戚延龄是否是郑贵妃的一党。又有说法说张差在老家被人夺走了土地，这次是进京来告状的。这等于回应了张差第一次的供认情况。人们莫衷一是，议论纷纷。就在这时，刑部十三司对张差进行的会审取得了关键性的进展。在严厉的会审中，张差供出了在北京接待他的两个太临的名字：庞保、刘成。庞保、刘成都是郑贵妃身边的执事太监，是郑贵妃的亲信。两人曾对张差说：“打死小爷（指朱常洛），保你有吃有穿。”案情正式牵连郑贵妃！

朝野上下早就怀疑郑贵妃一党是谋刺太子一案的幕后元凶。案情一经泄露，朝野愤然。多年来，郑贵妃没有掩饰对太子之位的觊觎之心，国舅郑国泰等人则恃强凌弱，早就积累了众怒。如今人们纷纷批评郑家，更有人直接认定整个案子就是郑贵妃和郑国泰为了要让福王朱常洵登上太子位而谋杀朱常洛。一时朝议沸腾。

郑贵妃被推到了风口浪尖。谋害太子是抄家灭族的重罪，她不能不自救。郑贵妃哭哭啼啼地去找万历皇帝，百般辩解自己与整个案子毫无关系，请皇上开恩保全自己和家族。

万历心中偏袒郑贵妃，但嫌犯的招供和朝野舆论对郑贵妃一党极端不利，万历在这个关口也不方便出来“硬保”郑贵妃。如果皇帝强硬庇护郑贵妃，反而让攻击的人更有抨击的借口，说不定还要引火烧身。可爱妃不救又不行。万历皇帝思来想去，对郑贵妃说“解铃还须系铃人”，郑贵妃只有向太子寻求帮助。如果朱常洛出面证明郑贵妃的清白，那么外人也不好多说了。

郑贵妃明白，她一旦向朱常洛低头求助，不但承认了朱常洛的太子地位，臣服于他，而且之前的争位努力都白费了。但是如果没有太子朱常洛伸出援手，郑家就可能被舆论的怒潮所吞噬，身败名裂，乃至满门抄斩。她咬咬牙，不得不按照万历的建议去做。

那一天，太子朱常洛正在慈庆宫中突然听说郑贵妃驾到，连忙整理衣冠出迎。

郑贵妃蓬头垢面，跌跌撞撞地来到朱常洛面前，“扑通”一声就跪了下来：“太子救命，太子救命啊！”

朱常洛吓坏了，也赶紧“扑通”一声跪了下去，连忙说：“贵妃请起，贵妃请起！”

郑贵妃就是不起，还叩首哀求起来。她极力辩白，解释郑家与本月发生在慈庆宫中的谋杀案无关。朱常洛是个厚道人，见郑贵妃泪流满面，跪地哀求，心里早就软了下来。听到郑贵妃反复解释，忙说：“前后情形，我都知道了。此事与贵妃无关。”

郑贵妃还是不起来，哭得更悲伤了：“外面的大小臣工，都只当是奴家和国舅等人指使张差谋刺太子。不论奴家怎么解释，他们都不听，一心要将郑家人生吞活剥了。太子，您一定要救救奴家全族性命啊！”

“贵妃是无辜的，我一定禀告父皇，平息朝议。”

郑贵妃对着朱常洛又是一个大礼，这才把真实来意全盘托出：“奴家恳求太子出面告诫臣工，保全郑家。”朱常洛满口应承下来。郑贵妃依然跪在地上，涕泪交加，不肯起身。朱常洛隐约想起了什么，当场命伴读的内侍王安代他起草令旨。郑贵妃这才起身，呈上礼物，千恩万谢。朱常洛从小长在宫中，还是第一次受到如此礼遇，赚足了面子，客客气气地接待了郑贵妃，并礼送出宫。

郑贵妃走了，朱常洛仔细琢磨，这样的结局对自己是最有利的。他让王安先写了一份旨令，发给朝臣们，要求诸臣不要在刺杀案上纠缠不休；又写了一份奏折呈给父皇万历，奏请父皇令相关部门尽快结案，切勿株连他人。

万历皇帝接到太子奏折后，松了一口气。他下令要与太子一起召见群臣，彻底了解此事。

五

五月二十八日，明神宗万历皇帝驾幸慈宁宫，太子朱常洛和百官早已候驾。

说来也是一个奇闻，慈宁宫中绝大多数官员都是第一次见到皇帝和太子。此前，万历皇帝与大臣们心存隔阂，已经二十五年没有上朝会见群臣了。除了极少数被万历召见的高官外，许多京官当了一辈子官，连皇帝长什么样子都说不上来。而见过太子朱常洛的人就更少了，一方面朱常洛地位不稳，极少公开露面，二来万历皇帝闭门不出，也不愿太子抛头露面。京城一度流传太子朱常洛可能有生理缺陷。现在群臣终于看到了皇帝和太子，觉得和普通人也差不多，好奇心得到极大满足。

大家不仅瞻仰了“龙颜”，而且还听到了“御音”。万历皇帝亲密地拉着朱常洛的手，向群臣夸奖太子一直非常孝顺，他非常喜欢太子。接着，万历皇帝语气一转，说之前一些奸人和乱臣贼子说皇帝欲行废立之事，完全是造谣生事。万历还说福王远在千里之外的洛阳，如果没有宣召，他是不能来京的，刺杀太子一事与福王无关。

太子接着发言，说皇室关系和睦融洽，绝无外人所说的乌七八糟的事情。他用严厉的口吻训斥群臣不得挑拨他们的父子关系。

群臣听后，都口称不敢，俯首听命。既然万历皇帝和太子朱常洛都不追究刺杀案，案子也就可以了结了。结果，张差这个“疯癫奸徒”

误入宫闱，打倒内侍，罪不可赦，处立决；牵线搭桥的马三道、李守才二人大逆扇惑，判处流放。张差随即被拎出来处斩了。接着，刑部、都察院、大理寺三法司对庞保、刘成两个太监进行会审。由于张差已死，庞刘二人有恃无恐，在前后五次会审中都矢口否认涉案。朝廷也拿他们没有办法。但在六月一日，万历皇帝密令将庞保、刘成拉到深宫的暗室中乱棍打死。

这场史称“梃击案”的谜案就此结案。[1]

朱常洛无疑是此案的最大受益者。他经历了有惊无险的刺杀案，纷纷扰扰中朝臣主动站到了他的阵营这边，父皇万历和政敌郑贵妃也被迫承认了他的太子地位。朱常洛的地位得到极大巩固。原本战战兢兢生活的虚位太子，顷刻间把压抑的欲望全都释放了出来。结案后，朱常洛恣意放纵，耽于享乐，甚至有时一夜临幸几个女子，真正可以用“醉生梦死”来形容。

夺命的红丸

一

万历四十八年（1620年）阴历七月二十一日，万历皇帝驾崩了。太子朱常洛平稳地接过权杖，成了新皇帝——明光宗，大赦天下，以明年为泰昌元年。

朱常洛一即位，颇有改革弊政，大展拳脚的迹象。他以万历“遗诏”的名义发帑金两百万犒边，虽然杯水车薪，但对于一毛不拔不关

1 有人认为整个案子是朱常洛策划的“苦肉计”。他买通了相关人等，打击了郑贵妃一党，间接巩固了自己的地位。此案谜团重重，虽然嘎然而止，但成为了当时直到南明时期各派朝臣争斗的题目，贻害无穷。

注关防的万历朝来说，马上让边关和军方欢呼雀跃。同时，朱常洛又下令罢免天下矿税。矿税是万历朝剥削地方和百姓的大弊政，弄得天下怨声载道。朱常洛罢税，立即赢得了天下人心。

父皇万历虽然给朱常洛留下了一个烂摊子，但因为基础太差，也给朱常洛改革弊政赢得民心提供了有利条件。万历皇帝长期不上朝，也不任命官员，造成朝廷官员缺员严重。朱常洛继位的时候，内阁只剩叶向高一个人在办公。朱常洛在还没有正式登基的时候就大量起用因为谏言获罪的大臣，提拔新人，补足了缺额。他在短时间内提拔了吏部侍郎史继偕，南京礼部侍郎沈潅，礼部侍郎何宗彦、刘一燝、韩爌为，南京礼部尚书朱国祚进入内阁，恢复了国家机器的正常运转。朱常洛还蠲直省被灾租赋，遣使恤刑，很自然被朝野上下认为是“明主再世”。

文官集团为朱常洛的册立和平稳登基付出了巨大的努力，朱常洛登基后也没有辜负文官集团的希望，事事符合儒家风范，令人欣慰。

美中不足的是，朱常洛之前纵欲过度，身体极差。在登基大典上，朱常洛脸色苍白，浑身微颤，需要扶住椅子才能完成典礼。也许是为了修补与新皇帝的关系，郑贵妃在朱常洛即位后主动进献绝色美女八名。朱常洛觉得很受用。登基之后，朱常洛每天要处理繁忙的政务，加上年近四旬，身体本就不好，颇有力不从心的感觉。但是朱常洛的心情从来没有这么好过，再也不用为地位和前途担忧了，他继续乐观地透支着身体。每天回到后宫，朱常洛都要纵欲享乐。

二

八月初十，朱常洛散朝后依然命人在内廷大摆筵席，饮酒作乐。饮酒至深夜，他又连续“宠幸”了数名女子，自我感觉威猛无比。谁想刚享受完美色，朱常洛就瘫倒在床上，动不了了。后宫忙碌了一宿，也没让朱常洛重新站起来。

第二天是朱常洛三十九岁的生日，宫中只好传出话来，说皇上身体不适，罢免庆祝活动。

太医院的御医紧急会诊。御医原本是技术性工作，可在中国的大环境下，御医们也沾染了浓厚的官场习气，做人明哲保身，做事保守求稳。他们给朱常洛开出的药方都是面面俱到、四平八稳的补药，就像官场的八股文一样，缺乏针对性和实效。朱常洛连服了四个方子，病情非但没有扭转，反而加重了。

朱常洛对自己的病情比较乐观，在病中依然每晚要数名美女“侍寝”。他也知道太医院的习气，对御医们的诊断不抱希望。八月十四日，朱常洛斥退太医院众御医，召掌管御药房的内侍太监崔文升给自己看病。崔文升的医术如何，外人不知道。大家只知道他给皇上开了一个药方。朱常洛吃了按照崔文升的方子配的药，当天晚上连续腹泻三四十次。他的身体彻底垮掉了，病情恶化到躺在床上奄奄一息的地步。皇宫内外一看皇帝有“驾鹤西去”的迹象，乱成了一锅粥。当时万历皇帝死了还没几天，尸体还停留在皇宫中。这边，明光宗泰昌皇帝又有“追随”父皇而去的迹象。这在法理和实践两个层面都给明朝政治提出了严峻的考验。

此时此刻，朱常洛方才明白疾病可能会夺去自己来之不易的地位，追悔莫及。为了预备后事，他在乾清宫病床上召见了英国公张惟贤、内阁首辅大学士方从哲等十三人，让皇长子朱由校出来见各位贵戚重臣。君臣颇有临别托孤的味道，场面悲凉。

三

八月二十九日，朱常洛可能是从宫中下人们的窃窃私语中知道鸿胪寺丞李可灼有仙丹，可以让人去死回生，要呈献给皇上。

朱常洛病急乱投医，忙把内阁首辅方从哲叫过来，询问可有李可灼呈献仙丹的事情。

李可灼是不知名的中层小官，平日里迷信神仙方术，宣称自己炼出了神丹妙药。他的同僚和上级们都不相信他的话。现在皇帝问起这个人，方从哲不敢隐瞒，说确有此事。朱常洛仿佛从中看到了一线曙光，立即下令召唤李可灼进宫献药。众位大臣合议后，一致认为此人和他的仙丹都不靠谱。方从哲如实禀告，劝朱常洛不要相信旁门左道。朱常洛却坚持要李可灼进药。

方从哲只好让李可灼带着他的仙丹进宫。在他见皇帝之前，守候在殿外的大臣们又紧急商议了一回。他们看到所谓的仙丹，从外表看就是散发着些许香气的红丸。这东西能让病危的患者起死回生吗？大臣们心里都没底，就决定先用活人试验一下所谓的仙丹，看看结果。他们随意找了两个人试服仙丹，结果一个人吃了以后红光满面，感觉良好，另一个人吃了以后很难受，有强烈的药物排斥反应。这下子，方从哲等人更把握不准要不要让朱常洛服用仙丹了。可病榻上的朱常洛一而再、再而三地派人来催要仙丹。大臣们越拖延，皇帝越要服用。

最后，方从哲等人又一次拧不过皇帝，只好让李可灼带着仙丹去见朱常洛。朱常洛执意服下了第一粒仙丹。说来也奇怪，朱常洛服下那红丸仙丹后，不多时就感觉身体好转。他感觉到肚子饿了，还传令备膳，对着美味佳肴大吃了起来。之前几天，朱常洛整天连喝汤喝药都要别人喂，而且喝一口就气喘吁吁，现在竟然喝起汤吃起饭来了，还狼吞虎咽，边吃边称赞李可灼是忠臣，大大的忠臣。等候在殿外的大臣们都惴惴不安地等待皇帝服药的结果。后来，有太监出来传话说："皇上服用红丸后，暖润舒畅，正在用膳。"殿外顿时响起一片庆幸的叹息声。神经紧张多日的大臣们纷纷拱手相互告别，离宫而去。他们似乎都觉得朱常洛这下子度过危险期了。

当晚，乾清宫只留下李可灼和几名御医观察着朱常洛的病情。

难道李可灼进献的仙丹真的能让人起死回生吗？其实他的仙丹是取少女首次月经的经血，再加上乌梅、乳香、松脂、蜂蜜等主要成分，收集夜里的露水，煮炼而成的。因为最后炼出来得药丸是红色的，所以被史官们记录为“红丸”。这红丸因为选料讲究，是不错的大补猛药，初服的确能让人经脉舒畅，体力充沛。

大凡进补的猛药，作用都是暂时的，治标不能治本。朱常洛服用红丸多个时辰之后，身体又感觉空虚难受起来，于是命令李可灼再给他一粒红丸。旁边的御医们纷纷反对，认为皇上龙体虚弱，不宜过度进补，正所谓欲速则不达。朱常洛才不管这些，又坚持要再服一粒。这一回，他那已经被掏空的身体实在难以承受再一次的剧烈进补。朱常洛服用后感觉极差，发生了强烈的药物排斥。熬到五更时分，内侍太监赶紧出去把刚回到家中不久的众位大臣都叫回宫来，见朱常洛最后一面。大家齐聚宫中，惊慌失措，满腹疑惑。第二天清晨，明光宗朱常洛在乾清宫驾崩，享年三十九岁。

朱常洛的死又是一个疑团重重的谜案，史称“红丸案”。

朱常洛的人生为我们认识压抑的太子形象提供了绝妙的标本。他终身都是在等待和忧愁中度过的。漫长的等待压抑着朱常洛正常的欲望。等到压制消失，正式成为皇帝以后，朱常洛通过疯狂地享受来弥补先前的不快。谁想，正常人的身体承受不了过度的享受，让他过早地走上了黄泉路。

朱常洛的死，留给了明朝历史一个又一个的谜案[1]，一直影响到王朝结束之时。

1 与朱常洛有关的宫廷谜案一共有三个：“争国本”、“梃击案”、“红丸案”。

亡国太子必须死
——明亡国太子朱慈烺

皇太子总是和耀眼的皇权联系在一起。那么，离开皇权的皇太子会是什么样子呢？中国历史上有许多亡国太子。他们的生活和境遇又会如何呢？我们可以从明朝亡国太子的悲惨命运中看到：皇太子和一个王朝紧密联系在一起。一旦王朝灭亡了，不管太子愿意还是不愿意，他只能"以死殉国"。

紫禁城的冤魂

一

崇祯十七年（1644年）正月初一，沙尘暴在北京城的大街小巷呼啸肆虐，遮蔽了太阳。

京城里的许多官员都精通天象，很清楚如此猖獗的沙尘暴是不祥之兆。有官员占卜一卦，卦文上说：这场沙尘暴预示着一场"暴兵破城之灾"。几天后，明朝的凤阳祖陵发生了地震。人们的心里感觉更加不祥了。

正月初九，明朝兵部收到"大顺皇帝"李自成送来的文书。李自成宣称如果崇祯皇帝不同意裂土而治，和他平起并坐，农民军就要对北京城发动总攻。崇祯皇帝断然拒绝了李自成的最后通牒。农民军随即完成对北京城的合围，京城岌岌可危。

明朝的末代皇帝、崇祯皇帝朱由检是位志在有所作为的皇帝，可惜生不逢时，再加上个人能力实在有限，面对困局，举棋不定。无奈之下，朱由检向大臣们吐露了心声："朕非亡国之君，事事乃亡国之象。天下是祖宗栉风沐雨才打下来的，如果在我手中失去了，我有何面目去地下见列祖列宗啊？朕愿意督师出城，与贼军决一死战，即使战死沙场也在所不惜。"皇帝都说要御驾亲征了，但群臣们既害怕战败，消耗实力，不愿意出战，又害怕承担放弃领土的罪责，不敢提议突围南下，迁都江南。结果君臣上下都瞻前顾后，挤在朝堂上大眼瞪小眼，坐视农民军将北京城围得水泄不通。

三月十八日，农民军对北京发起总攻。一夜之间，北京外城就被攻破。十九日，闯王李自成率军从承天门进入北京城。朱由检对于内城已经陷落似乎将信将疑，带领心腹太监王承恩跑到煤山（景山），四处瞭望，但见烽火烛天，确信内城陷落无疑，才返回乾清宫布置应急善后事宜。所谓的"善后"，其实就两件事情：送儿子出城，为王朝留下血脉；自己上吊，为王朝殉葬。

朱由检派人将三个儿子（十六岁的太子、十一岁的永王和九岁的定王）都叫到跟前。他叫宫女取来旧衣服，亲自给他们换上，系上衣带。朱由检看看这个儿子，端详那个儿子，谆谆告诫他们说："孩子们，各自逃生去吧！你们往日是太子、亲王，逃难出宫后，就是平民百姓了。做小百姓，千万要小心谨慎。日后，你们如果遇到做官的人，年老的称呼老爷，年轻的叫声相公；如果遇到农夫，年老的要称老爹，年轻的要叫老兄；你们要叫读书人先生，叫军人长官。好了，我要为社稷去死了，不然我就没有面目见祖宗于地下。如果你们能够不死，长大后千万不要忘了为父母之仇，不要忘了父亲今日的告诫。"朱由检已经下定了殉国的决心，在去见列祖列宗之前还有很多放不下的心事。他既担心三个儿子能否逃出皇宫，又担心他们在深宫长大，不通人情世故，难以在乱世安身立命。朱由检无限感慨地注视着即将永别的儿子。终于，一生的无奈和失意都爆发了出来。朱由检大喊道："你们何苦生在帝王家啊！"说罢朱由检嚎啕大哭起来，三位皇子也悲伤痛哭。周边的侍从宫人也都被这生离死别和父子真情感动，失声痛哭。最后还是朱由检咬咬牙，命人将三个儿子强行拉走，送往宫外，让他们各自逃难去吧。

痛别爱子后，朱由检先找来周皇后，让妻子自杀。周皇后自杀后，朱由检又去见自己的嫂子、明熹宗的张皇后，也让她自杀。张皇后隔着帘子和朱由检拜别后，自杀了。逼死亲人后，朱由检大受刺激，精神有些失常。他找到平日最疼爱的十五岁的长平公主，喃喃自语道："你为什么要当我的女儿啊？"说着，他突然拔剑砍向女儿。长平公主赶紧用手臂遮挡，结果被砍断了一条胳膊，顿时晕厥了过去。发了疯的朱由检以为女儿死了，持剑闯入后宫，手刃袁贵妃、乐安公主、昭仁公主和太监宫女等多人。宫中的太监和宫女们四散逃命，最后后宫空荡荡地只剩下沾满鲜血的朱由检。

这时，农民军已经攻入了紫禁城。深宫中到处都是喊杀声。朱由检在大太监王承恩的陪同下，踉踉跄跄地登上煤山（现在故宫后的景山），在寿皇亭旁上吊自杀，时年三十五岁。王承恩也吊死在他对面。

1644 年 3 月，统治江山 276 年的大明王朝结束了。

二

侥幸逃出紫禁城的三个孩子，从此再也没有踏进紫禁城半步。

这三个皇子，分别是：皇长子、太子朱慈烺；三子、永王朱慈炯；四子、定王朱慈炤。崇祯皇帝朱由检一共生有七个皇子，但活下来的只有这三个。皇子是皇帝的候选人，是王朝的希望所在。现在朱由检死了，明朝在法律意义上也灭亡了，但是只要朱由检的儿子还在，明朝就还有复兴的可能，在理论上就可以延续王朝的血脉。朱由检可以自尽，可以殉国，可以拒绝突围南逃，可就是要让所有的儿子安全地逃出紫禁城去，为王朝复兴留下希望。多逃出一个儿子，就多一份复辟明朝的希望。

三个皇子之中，最重要的就是太子朱慈烺。朱慈烺生于崇祯二年（1629 年），生母是崇祯的周皇后，因此是崇祯的嫡长子。崇祯三年（1630 年），朱慈烺刚满周岁就被立为皇太子。他从此在宫中接受系统的贵族教育，为将来登基当皇帝做准备。朝野上下一致把朱慈烺当做是皇位的第一继承人。

太子朱慈烺被太监护卫着，冲出皇宫后，躲避在京城某处。他的两个弟弟定王和永王冲出紫禁城后，举目无亲，见满大街都是农民起义军，只好去投奔周皇后的父亲、嘉定侯周奎。周奎虽然是说皇帝至亲，却对明朝命运一点都不负责任。崇祯皇帝内忧外患的时候，号召贵戚大臣捐款充入国库。周奎非但一毛不拔，还赶紧转移财产。现在，李自成的农民起义军成了北京城的新主人，开始搜索前明的宗室，重点是搜捕崇祯皇帝的三个儿子。周奎这样的人渣，怕惹火上身，竟然主动将定王、永王两个孩子交给了农民军。太子朱慈烺也被农民军给搜索到了，逮捕起来。

李自成正忙着在北京建立王朝坐天下，还需要朱慈烺兄弟几个装点门面。于是，朱慈烺被封为宋王，交由刘宗敏看管。他的两个兄弟也被留在农民军中，好生看管起来。小兄弟几个的生命暂时没有什么危险了，前途又将会怎么样呢？

北京沦陷后，明朝在东北长城沿线还保存着相当的军队力量。吴三桂统率着强大的军队，抵御满清军队的进攻，对农民军持观望态度。李自成招降了吴三桂。吴三桂都已经承认李自成是“新主”了，又因为著名的“陈圆圆绯闻事件”，降而复叛，向关外的满清政权投降了。李自成率领大军东征吴三桂。朱慈烺兄弟三人也被带着，一起去打吴三桂。三位皇子哪里能打仗啊，带在军中无非是作为招抚、压制吴三桂的砝码。可吴三桂一点都不给朱慈烺三兄弟面子，对李自成的农民军照打不误，还引进清军，大败农民军。

李自成一度和吴三桂议和。吴三桂的议和条件之一就是要求农民军归还太子朱慈烺和两位小王爷。李自成没答应。后来，李自成在吴三桂和满清的双重打击下，节节败退，放弃了北京城。西撤时，农民军还裹挟着太子朱慈烺及两个皇子。途中，农民军在追兵和各地明朝残余的打击下，分崩瓦解，自顾不暇，对朱慈烺等三人自然也管不了了。此后，朱慈烺三人下落不明。

也就是说，朱慈烺、朱慈炯、朱慈炤三人的确切历史到此为止，以后发生的一切都没有正史的记录。

朱慈烺三人虽然下落不明，但他们身上蕴含的巨大政治价值不会因此减弱。那边，满清入关后装模作样地埋葬崇祯皇帝、周皇后，追谥崇祯帝为“怀宗端皇帝”。清朝建立后，宣称自己入关是“为明复仇”，宣传清朝的天下不是霸占明朝的天下，而是从李自成农民军手里夺来的。清朝依然奉明朝为正统王朝，不以明朝为敌，明朝的藩王在北京受到善待。当然了，清朝所作的一切无非是要减轻明朝残余和汉族人的抵触情绪，便于巩固统治。但在这样的逻辑下，朱慈烺依然是明朝太子，他的两个弟弟依然是明朝的王爷。如果朱慈烺跳出来，向清朝要回明朝的江山，清朝在理论上是不能拒绝的。

落入凡尘起波澜

一

事情也真是不凑巧，就在清朝大张旗鼓地埋葬崇祯夫妇，要为明朝“报仇”的时候，太子朱慈烺突然回到了北京城！

顺治元年、崇祯十七年（1644 年）十一月，曾在宫中伺候过太子朱慈烺的前明朝太监常公公正躲在家里“夹着尾巴做人”，突然有个年轻人来投靠自己。常公公一看，这不是太子爷吗？原来，太子朱慈烺虽然在深宫生活，但曾经出宫“驾幸”过常公公家，记得常府的位置，所以就在乱军中找来了。在明朝的时候，太子“驾幸”茅舍，绝对是祖坟冒青烟的大好事。但现在是清朝了，太子“驾幸”茅舍，可是天大的祸事，说不定要招来杀身之祸。常公公哪里敢收留朱慈烺，忙对太子爷说：“长平公主（当日被崇祯砍掉了一只胳膊，没有死，苏醒后逃出了紫禁城）正在您姥爷家里休养，奴才带太子爷去周家吧。”

常公公也不管朱慈烺愿意不愿意，拉着朱慈烺就到了他的外祖父嘉定侯周奎府中。

老坏蛋周奎见外孙来了，大呼：“这孩子是谁啊？怎么乱往别人家里跑。”

正在周家养伤的长平公主听到喊声，出来看看情况，见是自己弟弟，上来就抱住大哭。这下子，周奎一家人没办法，只好跪下对太子朱慈烺行君臣大礼。

朱慈烺在周家待到晚上，长平公主把他拉到一边，把一件锦袍送给弟弟，嘱咐他说：“周家人不可靠，弟弟以后不要再来这里了，快快逃命去吧。”姐弟俩泪眼汪汪地分别了。

可朱慈烺是从小在紫禁城里娇生惯养的皇子。他孤身一人，怎么在兵荒马乱的北京城生活啊？朱慈烺饥寒交迫，在北京城里流浪了几天后，实在熬不下去，不顾姐姐的警告，一天夜里再次来到周家，要吃要喝，想在周家常住下来。周奎惹祸上身，就要朱慈烺对人自称姓刘，是投靠周家求学的书生。朱慈烺从小锦衣玉食、前呼后拥惯了，不愿意降低身份，过清贫的书生生活，断然拒绝，依然大呼小叫，说自己就是太子。周奎堵不住朱慈烺的嘴，只好让下人连夜将这个“不知道哪里来的野孩子”赶出门去。朱慈烺气极了，站在周府大门口破口大骂；周家的人也缺乏涵养，隔着大门和朱慈烺对骂。结果，双方把巡夜的满清官兵给招来了。一听有人自称明朝太子，官兵连忙将朱慈烺押送刑部。

负责审讯的刑部主事钱凤览认定抓到的就是真太子，如实上报。周奎又急又怕，连夜奋笔疾书，向满清摄政王多尔衮上书，信誓旦旦地说被捕的不是真太子。

“太子案”就此发生。

多尔衮找来一批前明朝的太监，去刑部辨认。所有太监都回报说是真太子；多尔衮又把朱慈烺接入宫中辨认宫中事物，结果确认无误；多尔衮还让十个侍卫太子的前明朝锦衣卫辨认来人，结果十个人都一齐对朱慈烺跪下，担保这是真太子。

多尔衮不禁倒吸了一口凉气：这太子出现得真不是时候啊。满清刚刚进入北京，屁股还没有坐热，原来主人家的继承人就回来了。你让满清王朝怎么办？如果让天下的明朝残余、地方文武官吏和百姓们知道崇祯的太子就在北京城里，他们要求拥立太子登基也是天经地义的事。满清在关内立足未稳，崇祯太子的出现说不定能让满清重新退回关外去。多尔衮在心里暗暗发狠：“这个太子必须是假的！”但是多尔衮又不能自己说抓到的朱慈烺是假冒的，而需要通过其他人的嘴说出来。因此，他导演了一场旷日持久的“太子真伪辨认”的闹剧来。

首先让亲属、宫人来辨认。皇家的长辈周奎一口咬定朱慈烺是假的；长平公主先说是真的，挨了周奎的一记耳光后不敢吱声了；明朝宗室晋王在辨认太子的时候，说自己没见过太子，不能确定真假；第一批辨认太子、说朱慈烺是真太子的太监全部被处死，第二批派来辨认太子的太监异口同声地“认定”朱慈烺是假太子。

其次发动前明朝官员来辨认。官员们的心思比太监、锦衣卫要严密复杂的多了，都揣摩到了新主人多尔衮的真实意图，为了保全荣华富贵，纷纷照着多尔衮的意思来“证明”此朱慈烺非彼朱慈烺。有的人围着朱慈烺装模作样地看了好半天，言之凿凿地说：“这是假的！”有的人笑容可掬地问朱慈烺：“年轻人，崇祯十年直隶一省人口多少啊？”朱慈烺哪里知道这种事情，于是发问的人就“确认”这是个假太子。清朝的内阁学士、曾任明朝太子教师的谢升也被安排来辨认太子。谢升也指认朱慈烺是假太子。朱慈烺急了，冲着谢升大喊："谢先生，京城沦陷前您还教导我'临危授命'一课，难道您忘记了吗？"谢升无言以对，只好对着朱慈烺深深作揖，默默地退了出去。

负责审理"太子案"的钱凤览全程见证了辨认过程。他虽然是关外汉八旗人，但也很为朱慈烺的境遇抱不平，对晋王和谢升等人的忘恩负义看不下去。钱凤览不禁怒斥这些前明朝官员无耻，当周奎的侄子来指认朱慈烺是假太子时还狠狠地打了他一顿。他向多尔衮报告，认为朱慈烺是真太子。多尔衮勃然大怒，将钱凤览送上了绞刑架。

对朱慈烺一案的长期审理，引起了京城附近的骚动。百姓们普遍认为刑部抓住的太子就是真的崇祯太子。宛平人杨时茂上书，谴责前明官员"逆臣无道，蔽主求荣"。顺天府杨博等人上书，直接斥责周奎、谢升等人卖国求荣。他们还幻想满清王朝能够像宣传的那样，是来为明朝复仇的，希望满清也让崇祯太子继续当汉人的皇帝。而一些百姓则直接以太子朱慈烺的旗号为号召造反。山东东阿祁八、杨凤鸣拉起武装力量，发文给清朝官员要求放还太子，不然就发兵"勤王"。多尔衮更加紧张了，忙派兵镇压各地骚乱，匆匆给"太子案"结案，认为朱慈烺是假太子。在公布的"证人"中除了宗室晋王外，竟然还有已被崇祯杀气的袁贵妃的名字，更加让人不相信审理的结果。第二年（1645 年）四月，狱中的"太子"已被处死。轰动一时的太子案就此结束了。[1]

杀死朱慈烺后，满清朝廷还传谕内外："如果有人报告真太子的行迹，朝廷必加恩养。报告之人必给重赏。"可当满清镇压了各地的明朝残余，坐稳江山后，将原先"恩养"在北京的十几个明朝藩王全

1　顺治二年（1645 年），长平公主上书满清朝廷，请求准予出家。清朝不同意，命令将长平公主许配给当初崇祯皇帝为她选定的驸马周显，并赐给田土、府邸、金钱、车马。长平公主经历家破国亡，婚后郁郁寡欢，于 1646 年逝世。

部残杀（包括“太子案”的重要证人晋王）。清朝对明朝皇室进行了“大清洗”，也就没有人相信朝廷所谓“恩养太子”的承诺了。

二

在北京处理太子案的同时，偏安东南的南明王朝也出现了“太子案”。

南明王朝是在北京沦陷后，南方的明朝残余势力拥戴藩王福王朱由崧建立的王朝，年号弘光，定都“陪都”南京。福藩出自明神宗朱翊钧一系。第一代福王是争夺太子地位失败的朱常洵，朱由崧是第二代福王，是崇祯的堂兄弟、朱慈烺的堂叔伯。当初明朝残余拥立朱由崧，就是因为找不到朱慈烺，而选择了在血缘上与崇祯最近的福王。

南明“太子案”的出现有两种说法。第一种说法是：农民军失败后，朱慈烺从乱军中逃出，被人引入皇姑寺与太监高起潜见面。两人从天津乘船南下，来投靠高起潜的侄子、南明鸿胪寺少卿高梦箕，流荡在苏州、杭州一代。朱慈烺在苏杭一代的行为很招摇，高梦箕怕受牵连，便在1645年向南明朝廷献出了朱慈烺。第二种说法是这样的：1644年12月，鸿胪寺少卿高梦箕的仆人穆虎从北方南下，途中遇到一位少年，结伴同行。晚上就寝时，穆虎发现少年内衣织有龙纹，惊问其身份。少年自称是皇太子朱慈烺。

太子出现后，南明政权面临的第一个问题也是“辨认真伪”。弘光帝朱由崧接到报告，马上派曾在紫禁城当过差的太监李继周去迎接朱慈烺。李继周觉得朱慈烺很眼熟，气度不凡，立刻跪下叩头：“奴才给小爷叩头。”朱慈烺问他：“我虽认得你，但忘了姓名。”李继周忙报上姓名和来意，要迎接朱慈烺去南京。朱慈烺再问：“迎我进京，让皇帝与我做否？”李继周实话实说：“此事哪是我等奴才所能知晓的！”

1645年3月1日，李继周护送朱慈烺到达南京。南明朝廷将朱慈烺交到锦衣卫冯可宗处看管。那一晚，弘光帝彻夜不眠。这个太子出现的真不是时候啊！朱由崧刚刚做上龙椅，比他更有资格坐龙椅的人突然出现了，动摇了朱由崧称帝的理由。弘光帝朱由崧在内心下决心说："这个太子必须是假的！"

3月2日，弘光帝面谕群臣说："有一稚子自称是先帝太子。如果真的是先帝之子，那么也是朕之子，定当抚养优恤，不能让他受委屈了。"弘光帝一开始就给整个"太子案"定了基调。首先，这个朱慈烺"自称"是太子，真假莫辨——弘光帝千方百计要让这个太子成为假太子；其次，即使这个朱慈烺是真太子，那也不能当皇帝。南明朝廷会好好养着他。群臣见此，也不好多说话。弘光帝就派了南下的两个太监先去辨别真伪。两个太监一见朱慈烺，立即上去抱住痛哭。他们看到朱慈烺衣服单薄，还脱下自己的衣服给他披上。弘光帝知道后，当即下令将这两个太监打死，同时赐李继周"自尽"。

南京老百姓知道太子出现后，也普遍认为是真太子，纷纷要求太子登基称帝。

弘光朝的大臣们见此，怕更换皇帝对自己不利，刻意拖延审理过程，也开始了漫长的真伪辨认过程。南明官员们纷纷前往探视朱慈烺，或者递送名帖。但对于太子的真伪，大家都莫衷一是。一次，原总督京营太监卢九德去探望朱慈烺。他在一旁注视良久，也不下跪。朱慈烺喝斥道："卢九德，你这奴才为什么不叩头？"卢九德被吓着了，双腿一软，不觉跪在地上叩头谢罪："奴才无礼！"朱慈烺端详卢九德，说："几日不见，你就胖了这么多，可见在南京很受用啊。"卢九德很惭愧，匆忙告辞。出来后，别人问他朱慈烺是否是真太子。卢九德模棱两可地说："我在北京的时候，不是服侍太子的太监。这个人看上去有点像太子，但我不能确定。"

弘光帝怕夜长梦多，下令将朱慈烺移到宫中严加看管。他再召集元勋显贵和大学士马士英等人商量如何了结此事。马士英是明末著名的大奸臣，迎合弘光帝的意思，当即认为朱慈烺是假太子，还提出了三个疑点：一，太子逃离北京后为什么不来陪都南京，反而在杭州苏州一带游荡；二，听闻太子严肃凝重，不善言语，但此人善于机辩；三，北京的满清朝廷也正在审理“太子案”，还不知道真伪。综上所述，马士英极力主张南京的朱慈烺是假的。他还进一步建议弘光帝询问朱慈烺永、定二王的生辰及宫中制度，同时找出曾教过太子的方拱乾、李景濂、刘正宗等人前去“会审”。

最后的审问开始后，朱慈烺对着紫禁城地图，一一指出了各宫由何人居住。一个官员突然问：“公主现在在哪里？”朱慈烺回答：“不知道，想必死了吧。”方拱乾、李景濂、刘正宗出现后，朱慈烺只认识方拱乾。方拱乾就问他当年讲课的场所，授课的内容。结果朱慈烺都答错了。又有官员问朱慈烺嘉定伯（周奎）的姓名，朱慈烺拒绝回答。最后，一旁的大学士王铎坚持认为眼前的朱慈烺是假冒的，得到了众人的附和。

既然判定南京的朱慈烺是假冒的，那么他究竟是什么人呢？

在场的通政司杨维垣指认眼前的朱慈烺是已故驸马都尉王昺的侄孙王之明。于是有官员问朱慈烺是否就是王之明，朱慈烺回答：“我是明之王，不是王之明。”

官员又问：“王之明，你来南京干什么？”

朱慈烺回答：“是李继周拿着皇伯的御札召我来南京的，我又没有说自己是太子。你们不认也就罢了，何必让我改姓名呢？”

几个回合下来，朱慈烺反驳得审问的官员哑口无言。大学士王铎干脆下结论说：“这分明是个假太子，不必再审。”于是众人以奸人假冒太子结案。朝廷随即布告天下，“以正视听”。

如此草率的结案，引起各地官员和百姓一片哗然。南明王朝本来根基就不稳，地方藩镇将领手握重兵，对朝廷虎视眈眈。在太子案审理过程中，江北四镇中的黄得功、刘良佐及武汉左良玉、扬州史可法等人纷纷上书询问案子。现在太子被判定为假太子，早想干掉马士英的左良玉干脆称奉太子密诏率部救难，进攻南京，要杀马士英。南明朝廷乱成了一团。清军大举南下，五月十日弘光帝出逃。十一日，南京百姓数百人砸开监狱，救出朱慈烺，给他披上演戏用的龙袍，认他做皇帝。这个朱慈烺还真的进入皇宫做起了皇帝，接受臣民的朝贺，还向南京内外发号施令，很像那么回事。

可惜朱慈烺只在乱哄哄中做了五天皇帝，就被攻入南京的清军抓住了。不久，逃亡的朱由崧也被抓住，押回南京与朱慈烺"团聚"。

清朝的豫亲王多铎设宴招待朱慈烺和朱由崧。席间，多铎嘲笑朱由崧不遵崇祯遗诏，擅自称帝，还指着朱慈烺煞有介事地说："太子逃难南下，你不仅不让位，为什么还要设法谋害。"一旁的朱慈烺也发问："皇伯手札召我来，反不认，又改姓名，极刑加我，岂奸臣所为，皇伯或不知？"朱由崧汗流浃背，一言不发。旁边的南明大臣忙说："这都是奸臣马士英的主意。"朱由崧也慌忙点头，说："是，是，是。"多铎对抓住的这个朱慈烺表现得很亲密，还送回北京。可朱慈烺一到北京，就和朱由崧一起被处死了。

南明朝廷的太子案到此结束。[1]

三

这一南一北两个"太子案"都以认定当事人为"假太子"结案。但是两个案子都没有严密的审理过程和让局外人信得过的证据，匆忙结案，留下了许多疑问。

有关朱慈烺下落还有第三种说法，传说朱慈烺明亡后在粤东嘉应

1 有观点认为南明"太子案"是东林——复社中的一些骨干分子视"门户"、"声气"重于国家、社稷，走极端，一手策划的假太子案。在这些书生看来，福藩继统等于万历以来自己党派在党争中的失败（万历朝时，文官集团千方百计才打败了福王朱常洵染指太子之位的企图），因此不管真伪抓住太子案大做文章，为了推倒福藩另立新君，结果给南明王朝带来了灾难性的后果。

州（今广东梅县）阴那山灵光寺出家为僧。广东嘉应州是东宫侍读李士淳的家乡。北京沦陷后，朱慈烺成为农民军俘虏，李士淳一直陪伴在朱慈烺身边。农民军西撤途中，朱慈烺和李士淳逃了出来。他们经历了无数危险，历尽艰辛，最后逃回了李士淳老家嘉应州的阴那山。在嘉应州，朱慈烺看明朝复辟无望，就削发为僧，度过了余生。

长期以来梅县地区流传朱慈烺归隐嘉应州的传说。据说明亡以后，阴那山的灵光寺中出现了一个不同寻常的和尚。灵光寺长期供奉着这个和尚的神位，神位上写的名字是“太子菩萨”。每当新谷登场，该寺住持便雇人挑着“太子菩萨”的神牌到乡间化缘募捐，以“所得供太子菩萨”。久而久之，“太子菩萨”被讹传为“稗子菩萨”。辛亥革命以后，明光寺才公布说，这个菩萨就是当年的崇祯太子朱慈烺。

此外，有关朱慈烺下落还有随着大太监王怀恩归隐四川的传说。但是缺乏可信的证据，权当民间故事。

朱三太子案

一

随着时间的推移，清朝的统治越来越巩固。朱慈烺也越来越找不出来了。永王朱慈炯、定王朱慈炤两人也一直没有重新出现。

在反清势力的心目中，前明朝的皇子始终具有强大的政治号召力。顺治八年（1651 年），有人冒称是崇祯第三子造反；康熙十二年（1673 年），北京人杨起隆自称是朱三太子在皇城根下造反；三藩叛乱时，福建人蔡寅自称朱三太子，勾结台湾郑经造反；康熙四十年以后，江苏太仓、浙江大岚山等处的反清力量都以拥立朱三太子为旗号造反。可见，只要有反清情绪的存在，前明朝皇子的存在就对清朝具有政治杀伤力。

在这些以“朱三太子”名义发动的造反起义中，对清朝造成最大威胁的是杨起隆起义。杨起隆是皇城根下长大的北京大老爷们，深谙政治，明白“朱三太子”四个字的政治价值。于是他自称是崇祯三子，在北京的胡同里自己做起了皇帝，封官许愿，草草地复辟了明朝，闹得动静很大。他勾结紫禁城的太监，原定在1673年12月23日晚上在北京城内外同时放火，杀进皇宫，让明朝的旗帜重新飘荡在金銮殿上。可惜叛徒告密，杨起隆不得不提前造反，终因事出仓促而惨败。清朝在北京城大肆搜捕造反者，杀死数百人之多。杨起隆却在混战中冲出重围，不知所终。康熙十九年（1680年），清朝曾在汉中抓到一名自称“朱三太子”的杨起隆。经审问，此杨起隆非彼杨起隆。

有趣的是，这些自称“朱三太子”的造反者都说自己名叫朱慈焕。而崇祯皇帝真正的第三个儿子是永王朱慈炯。这是怎么回事呢？难道是造反者们连最基本的史实都搞错了吗？

原来，朱慈焕却有其人。他是崇祯帝的第五个儿子，五岁的时候病死了。朱慈焕临死前，突然对前来探望的崇祯说：“九莲菩萨说：‘皇上待外戚太薄，所以要让他的儿子们都死掉。’”所谓的“九莲菩萨”是万历的生母李太后，是崇祯的太奶奶。崇祯帝听了以后很害怕，认为朱慈焕不是凡人，就封他为“玄机慈应真君”。清朝的造反者们频以朱慈焕相号召，而不是以真的第三子朱慈炯自称，显然是看中了“玄机慈应真君”在民间的蛊惑力。历代农民起义者多多少少都要借重民间宗教的力量，这些“朱三太子”也不例外。至于这些“朱三太子”是否真的是崇祯的皇子，想必不用多说也很明白了。

康熙皇帝亲政后，很在意隐匿在民间的前朝皇子们。康熙二十八年（1699年），玄烨南巡江宁，假惺惺地祭奠了明太祖朱元璋的陵墓孝陵，显露满清王朝对明朝的“深厚感情”。为了抚慰人心，康熙皇帝对有关官员说要派人察访明朝皇室后裔，授以职衔，让他们世代守卫孝陵，四时祭祀。几个月后，有关部门奏报说，明朝“亡故已久”，子孙埋没无闻，虽然经过多方查访，也没有找到确实可考嫡裔，建议委派一名地方官吏专门负责孝陵的祀典，以尽清廷关怀明朝之心。在公开的表演之下，康熙皇帝一直没有放松对前明皇室，尤其是对朱三太子朱慈炯的搜捕工作。清朝在各地暗暗布下天罗地网，展开大海捞针的搜捕工作，就是没有找到朱慈炯的影子。

二

康熙四十五年（1716年）腊月，山东省汶上县解任在家的前饶阳县令李方远家里来了一位张先生。

张先生自称是李方远的“故人”。李方远花费了很长时间，才想起这位张先生的来龙去脉来。早在康熙二十二年，李方远在一家路姓大户家中见到一位丰标秀整，侃侃能言的先生，就和他攀谈起来。先生自称姓张，号潜斋，在浙中大户张家为家庭教师。李方远和张先生相谈甚欢，交往密切，通过诗词唱和很快就成为密友。后来，张先生漂泊他乡，李方远则宦海沉浮，双方拜别后已经二十多年没有联系了。现在，李方远和张先生都已经是白发老人，故人相逢，分外亲热。两人立刻欢饮畅谈起来。这么多年来，张先生的生活并不如意。他这次是来投靠李方远，乞求李方远能够帮他谋求一教职，养家糊口。李方远见张先生已经年逾古稀，心中老大不忍，最后熬不过对方苦苦相求，就安顿张先生在自己家和邻近几乎官宦人家里教子弟读书。

两年后（康熙四十七年）阴历四月初三，李方远正与家中与张先生下棋。突然，本地官吏调发大军，如临大敌，将李方远团团围住。兵丁破门而入，将李方远和张先生二人狠狠捆绑起来。

李方远勃然大怒，喝斥说：“我是致仕家居的官宦，你们怎么能这么无礼？”

地方官理都不理李方远，逼问张先生：“说，你是何人？”

张先生淡淡地说：“我乃前朝皇子、定王朱慈炯。”

三

朱慈炯一生的经历满纸辛酸，充满传奇色彩。

根据朱慈炯当日的口供，当年李自成农民军战败西撤的时候，朱慈炯被一个姓毛的农民军将领带往河南。这个毛将军把战马卖掉，买了耕牛，种田过活，带着朱慈炯隐居起来。清朝建立后，对李自成的部下将领追查得很紧。毛将军最后抛弃朱慈炯，不知道逃到什么地方去了。当时朱慈炯只有十三岁，盲目地往南流浪。冥冥之间，朱慈炯逃到了祖先朱元璋的老家——安徽凤阳。在凤阳，朱慈炯遇见一个王姓老乡绅。王先生知道朱慈炯是明朝皇子后，冒险收留他在家。朱慈炯因此改姓王，躲过了清朝最初的搜捕。几年后，王先生病死了，朱慈炯就找了一座寺庙出家。长大后，和尚朱慈炯四处云游。一次云游到浙江，在古刹中遇见一位姓胡的余姚人。胡先生很赞赏朱慈炯的才学，就把朱慈炯邀请回家，让他还俗，还把女儿嫁给了朱慈炯。于是朱慈炯就改姓张，入赘胡家，长期隐居下来。

朱慈炯经过了这么多的坎坷，早已经把父皇崇祯皇帝分别时报仇复国的嘱托抛到爪洼国去了。他只想做个普通人，安安静静地过完一生。朱慈炯在余姚安家后，生下了六个儿子。时间长了，家里人知道了朱慈炯的真实身份。一家人都生活在阴云之下，不敢声张。朱慈炯也不敢在家里常住了，化名王士元、何言咸等，经常往返于山东、两江、浙江一带，以教书糊口。李方远就是朱慈炯在一次游荡途中认识的。

朱慈炯是无欲无求了，可各地的造反者和野心家还是经常盗用他的名号。浙东的宁波、绍兴二府交界处的四明山一带有一股反清力量，首领是张廿，张廿二。他们就以拥戴朱三太子为号召，又亮出大明天德的年号，在四明山一带和清军展开游击战争。江苏太仓的一念和尚也拥戴朱三太子发动起义，与四明山的友军遥相呼应。造反者在长江三角洲一带的影响很大。朱慈炯怕引火烧身，在康熙四十五年七月举家迁到了湖州府长兴县。当年十一月，江浙一带官府加紧缉查朱三太子，已经成了惊弓之鸟的朱慈炯选择了抛弃家眷，只身出逃。

四明山和太仓的造反者很快就被清朝官府镇压下去。朱慈炯的真实身份也被告发，官府赶往湖州长兴县逮捕朱慈炯的儿子和孙子，朱慈炯的妻女六人在家上吊自杀。抛家弃子的朱慈炯成为官府的通缉犯。而朱慈炯自出逃后，用“张用观”的名字在山东汶上李方远家隐匿躲藏起来，直到两年后被抓。

朱慈炯被捕后，押回浙江审讯。康熙皇帝非常重视“朱三太子案”，派侍郎穆丹作为钦差大臣前往杭州负责审讯。钦差穆丹和两江总督等高官亲自出面审讯朱慈炯。

问：“现在江南有两处叛逆谋反案，都说要扶立你为帝，恢复明朝。你知罪吗？”

朱慈炯答：“我今年已经七十五岁，血气已衰，须发皆白，哪还有力气造反啊？再说，我不在三藩作乱时造反，却在如今太平盛世造反，与情理不通。我平日对占据城池，积蓄屯粮，招买军马，打造盔甲等事情一无所知，从无参与。还有，我曾在山东教书度日，那里距京师很近，如果我有反心，怎敢呆在那里？”

清朝官员又押解生俘的大岚山造反首领，让他来“拜见”朱三太子。这位造反首领看了半天朱慈炯，说：“我不认得此人，他是谁啊？”

官员大怒：“他不就是你拥戴的明朝三太子、定王朱慈炯！”

造反首领说：“嗨，我们只是假借朱氏皇子名义鼓动百姓而已，并不知三太子真假。”

最后穆旦等人也不能确定这个朱慈炯是否就是真的朱慈炯，只好将朱慈炯押解到北京，由康熙皇帝定夺。康熙亲自翻阅卷宗，钦定这次抓住的就是朱慈炯。康熙皇帝御批说：“朱三者乃明代宗室，今已七十六岁。伊父子游行教书，寄食人家。”可见康熙皇帝相信了朱慈炯的供状，但是康熙皇帝置朱慈炯年逾古稀、苦苦求饶的现实情况于不顾，判定朱慈炯有罪。刑部因此做出结论："朱某虽无谋反之事，未尝无谋反之心。"（朱慈炯虽然没有参加造反，也有想造反的心思。）最后清朝以"通贼罪"仍将朱慈炯父子全家处死。朱慈炯三代同堂，共赴黄泉。而李方远因为收留朱慈炯，全家流放东北宁古塔给披甲人为奴。

朱慈炯生于崇祯四年，死于康熙四十七年，终年七十八岁。

四

康熙皇帝以为"朱三太子"从此应该销声匿迹了。但很多人认为此次抓住的朱慈炯也是假冒的"朱三太子"。康熙皇帝为了早日将"朱三太子案"结案，匆匆找了个情况接近，稍微可信的人当替罪羊。在民间，百姓们依然相信朱三太子还活着，躲在某个乡间角落。康熙末年，台湾朱一贵发动大起义，一度控制全岛。朱一贵起义仍然尊奉朱三太子的名号。康熙皇帝的如意算盘落空了。

雍正二年，清朝找出一个名叫朱文元的镶白旗汉人，宣称朱文元就是明太祖第十三子、代简王的后裔。出于"政治团结"的需要，清朝封这个朱文元继承明朝皇室血脉，享受优厚的待遇，四时祭祀明朝皇陵。朱文元这一系，世代成了清朝的"政治花瓶"。但仔细考察，这个朱文元来历可疑。明朝的代王这一系藩王在皇太极时期就被清军俘获，迁往关外，世系传承很混乱。同时，朱元璋时期就给子孙后代定下了宗谱。而朱文元的名字排行无据，不在宗谱字号里面。最后，朱元璋的侄子、靖江王始祖叫做朱文正。朱文元和祖先名字相似，一点都不避讳。凡此种种，这个朱文元可以判定是假冒无疑。可就是这家假冒的朱元璋后代，直到民国时期还代表明朝后裔，定期领取国民政府的俸禄。其人已经粗俗不堪，一点贵族气也没有了，动不动就扬言要出卖十三陵还债，还去故宫中找逊帝溥仪"打秋风"赚外快。

雍正搬出一个朱文元后，丝毫没有杜绝“朱三太子”的出现。雍正七年，有个叫李梅的人声称朱三太子没有死，而是流落到了海外。清朝广东总督亲自带兵抓捕李梅，李梅不知所终。此后国内的浙江、广西，国外的越南、吕宋等地都出现了朱三太子的踪迹，让清朝头痛不已。一直到乾隆年间，清朝入关超过百年，百姓对明朝的记忆已经淡忘，“反清复明”的号召起不了什么作用了，“朱三太子”才慢慢销声匿迹。

明朝末年和清朝初期这么多风风雨雨，反反复复地告诉后人：亡国太子是历史上最可怜的皇子。不论是投奔哪一方，不论身处何时何地，他们都只有死路一条。没有人愿意他们出来分享政治权力，也没有人愿意他们隐居在民间成为政治隐患。

云深不辨前方路
——康熙朝废立太子事件

康熙皇帝在政治上取得了辉煌的成绩，但在确立太子一件事上失败得一塌糊涂。他两次册立太子，又两度废黜太子；众多的皇子拉帮结派，兄弟相残，展开了激烈的皇位争夺战。康熙朝的废立太子事件是一个疑团接着一个疑团，从一个阴谋走向另一个阴谋。直到康熙咽气的那一刻，皇位之争才算告一段落。

失败的领跑者

一

康熙十四年（1675 年）12 月，康熙皇帝突然在太和殿册立方满周岁的皇二子、嫡长子胤礽（皇后赫舍里之子）为皇太子。

这是一次在非常时期进行了非常行动。在此之前，满族是没有册立太子的传统的——继承人一般由老皇帝在临死前指定。册立皇太子是汉族的政治传统。康熙为什么要打破清朝皇位继承制度，在自己年仅 22 岁的时候就预立一个刚满周岁的继承人呢？形势所迫。当时吴三桂等三藩在南方造反了，势头很猛，进占很顺利。长江以南地区都听吴三桂等人的号令，已经不是康熙的天下了。北方的陕西等地也局势动荡。更可怕的是，有一个叫做杨起隆的北京大老爷们，竟然在胡同里做起了皇帝，宣称复辟明朝。就是这个杨起隆，勾结太监，一度杀进了紫禁城！康熙皇帝血气方刚，抽出大刀，要赤膊上阵，和吴三桂、杨起隆之辈拼个你死我活。大臣们赶紧把康熙拉住，说皇上御驾亲征，万一不幸“龙驭归天”了，怎么办？

康熙皇帝说，那好，我就按照汉人的传统，先册立一个太子吧！

康熙当时只有两个儿子，四岁的长子胤禔（庶出、惠妃所生）和两岁的次子胤礽（嫡子、来自索尼家族）。这两个都是拖着鼻涕的小屁孩。康熙皇帝左看看，右看看，也看不出谁好谁坏来，干脆就按照汉族立嫡长子的习惯，确认胤礽为太子。

年轻的康熙皇帝此时也许天真地以为皇太子的册立，解决了帝国权力的继承问题。康熙皇帝不会想到，他刚刚在太和殿打开了萦绕在帝国最高权力继承问题上的“潘多拉魔盒”。

二

康熙册立胤礽为太子后，相当负责地承担起了抚养教育的责任。

亲征初期，康熙皇帝的事情特别多，和明朝余孽斗，和吴三桂斗，和台湾郑氏家族斗，和蒙古俄罗斯斗，和河工水利斗，斗得天昏地暗。可在繁重的政务之余，康熙皇帝每天都抽时间过问胤礽的成长情况。等胤礽稍微长大了一点，康熙皇帝亲自教皇太子读书写字、上马骑射。为了太子的健康成长，康熙皇帝给胤礽专门配备了正三品级的抚育机构，还外聘了张英、李光地、熊赐履等一代宗师给太子讲授各种书籍。至于太子需要的物资器具，康熙下令全都使用最好的。在与吴三桂等三藩作战最艰难的时候，康熙手头穷得叮当响，只好下令降低皇宫的待遇标准，自己带头每顿少吃饭。可就是在这样艰难的时刻，康熙严令胤礽的一切待遇照旧，不能有半丝半毫的下降。皇后赫舍里生胤礽的时候大出血而死，康熙是既当爹又当妈，一把屎一把尿把胤礽拉扯大，事事关心，时时过问，真的是非常不容易。

从表面上看，胤礽逐渐成长为了一个“杰出青年”。在康熙精心培养下，皇太子精通满、蒙、汉三种语言，写得一手好毛笔字，把四书五经背得滚瓜烂熟。胤礽的汉文水平很高，十岁时就写出了“楼中饮兴因明月，江上诗情为晚霞”的名对；胤礽的马上功夫更高，五岁时参加一场狩猎，就独自射杀了一头鹿和四只兔子。

康熙三十二年（1693 年）五月，康熙患了疟疾，第一次授权胤礽代理皇帝职务，监理国事。之后在康熙三十五年、三十六年亲征噶尔丹期间，康熙再次授权胤礽留在北京，监理国事。康熙对胤礽代理政事的表现大加赞扬，说他“办理政务，如泰山之固。”当然胤礽也出过一些差错，比如他发往父王率军出征地的包裹捆绑不严，到达后多有破损等等，康熙也都指出来要求改正。可见，康熙皇帝在二十多年的漫长时间里，对皇太子胤礽是满意的。他要传位给胤礽的意思也非常清楚。

可问题就在于看问题不能只看表面。胤礽的能力是不错，可内在品质并不好。

胤礽这个人年轻气盛，骄横跋扈，目空一切，甚至把父皇康熙也不放在眼里。

问题的根子既出在胤礽身上，也出在康熙身上。康熙对这个太子太过溺爱了。为了太子的健康成长，康熙把所有最好的东西都给了胤礽，给胤礽安排的待遇标准和皇帝的标准一样。胤礽的饮食、家居和出行的标准甚至超过了康熙本人。康熙还到处带着胤礽出去炫耀。出巡的时候，地方官员叩拜皇帝之后要叩拜胤礽；每年元旦、冬至、万寿节，大臣们向康熙行三跪九叩之礼，向胤礽行二跪六叩之礼。胤礽从满岁时被立为太子之后，一直养尊处优。康熙皇帝也不想想，自己的所作所为会对儿子产生什么样的不良影响？胤礽始终生活在康熙给他营造的极乐天堂之中，把一切待遇都看作是天经地义的事情。他跟随康熙出巡的时候，如果地方官不向自己敬献礼品就会大发雷霆；平日在朝堂上，如果有文武大臣，或者皇族宗室有不顺自己心意的地方，胤礽会直接给他们一个耳刮子。

这样的太子，能够继承康熙的天下吗？

三

渐渐的，康熙从亲身经历中也看出胤礽身上的毛病来。

康熙二十九年（1690年）7月，康熙在亲征噶尔丹，在途中染上重病，形容消瘦。康熙在重病中非常想念儿子，就让皇太子胤礽和皇三子胤祉赶来侍驾。两个儿子来了以后，胤祉看到父皇的病状，痛哭失声；胤礽却若无其事地站在一旁，左顾右盼。康熙挣扎着和儿子们对话，胤礽一句体贴话也没有，回答起来爱理不理的。康熙内心第一次涌出了失望之情，干脆把胤礽打发回北京了事。

对于这件事情，康熙之后可以用“胤礽被娇惯坏了，不懂人情世故”的理由自我安慰过去。但对于胤礽长大后结党营私、伸手揽权的行为，康熙非常在意，非常敏感。

自古宫廷斗争党同伐异。胤礽的长大和康熙对他的珍爱，让一些贵族和官吏们看到了胤礽身上的潜在价值。他们纷纷依附胤礽，胤礽也很愿意有人依附，于是“太子党”形成了。太子党奉行的是“顺我者昌，逆我者亡”的斗争思路，有意无意地压制对太子不满的声音和行为，处处显示太子的尊贵。太子党的核心人物是国舅、胤礽的亲叔祖父、皇后赫舍里的亲叔叔、领侍卫内大臣索额图。索额图非常希望自己家族能够出一个皇帝，时时刻刻提醒胤礽要凸显太子地位，要打倒那些政治对手。许多时候，索额图亲自上阵整人，给胤礽做示范。许多年以后，康熙提起已死的索额图还咬得牙痒痒，骂索额图是“本朝第一罪人”，是引诱胤礽走向深渊的罪魁祸首。在索额图的指导下，太子党斗垮了以大学士明珠为核心的支持皇长子胤禔母亲的势力。索额图的谆谆教诲，初战告捷，再加上年纪增长，胤礽开始流露出对皇位迫不及待的渴望情绪来。他扬言："古今天下，岂有四十年太子乎？"

康熙皇帝毕生奋斗的目标，就是建立皇权的绝对权威。和许多专制君主一样，康熙对任何威胁到皇权的行为和个人都特别敏感。胤礽和索额图等人就犯了这个忌讳。康熙皇帝开始反感"太子党"。而胤礽及其党羽的所作所为，"群众影响"极坏，恶化了自己和其他皇子、和朝廷大臣们的关系。胤礽的兄弟们，朝廷的一些大臣们就向康熙控诉胤礽的恶行，其中免不了一些添油加醋的造谣中伤。结果使康熙对太子胤礽厌恶了起来。

康熙三十六年（1697年）9月，康熙巡视塞外。随驾的御膳房、御茶房仆役，将皇帝的衣食住行定期密报胤礽和索额图。此事被人告发后，康熙看到了太子党的觊觎之心，极为震惊，诛杀了相关人等。他开始对太子党下手了。六年后，索额图被冠以"阴谋作乱"的罪名，遭到拘禁，很快死在了狱中。

对了胤礽，康熙是彻底失望了。但胤礽毕竟作了三十年太子，是自己的亲骨肉，康熙一时也不想动他。胤礽如果痛改前非，重新做人，相信康熙还是会把皇位传娣给他的。

四

可就在危机一触即发的关键时刻，康熙四十七年九月初爆发了所谓的"帐殿夜警"事件。

为了保持八旗子弟的尚武精神，康熙皇帝亲政后定期在秋天带领皇室子弟和八旗官兵去关外狩猎，称为"木兰秋猕"。所谓帐殿，就是木兰秋猕时皇帝驻跸的营帐。

康熙四十七年（1708年），朝廷又举行了木兰秋猕。康熙带着才七岁的十八阿哥胤祄同行。胤祄是康熙的爱嫔王氏所生，很受康熙的宠爱，因此获得了与皇帝同车的殊荣。而其他成年的皇子，包括太子胤礽在内都只能跟随前行。遗憾的是，北方秋天的昼夜温差很大，七岁的十八阿哥适应不了，半路上就发了病。随行的太医不能救治，病情日益严重。康熙只能搂着爱子，祈祷说宁愿以自己的寿命来换取第十八子的生命。八月底，胤衸一度病情好转，康熙欣喜若狂；但到九月初二早晨，胤衸就夭折了。康熙悲痛欲绝。

九月初二，就在胤衸的病床前，康熙皇帝和太子胤礽父子爆发了严重的正面冲突。

之前胤礽对十八弟的病情漠不关心。在十八弟病危的时候，胤礽还悠然地享受生活。心情悲伤的康熙看不过去，把胤礽叫过来痛骂："你这个当哥哥的，怎么一点关爱之心都没有？"

胤礽骄横惯了，现在被父皇当众痛骂，竟然"忿然发怒"，立即反驳康熙的斥责："我怎么了？这关我什么事情。"

康熙气得火冒三丈，在屋子里到处找兵器，扬言要劈了胤礽这个"逆子"。

胤礽可以马上跪在地上，向康熙道歉，也可以拔腿就跑，不再继续和康熙正面对峙，事情都容易解决得多。可胤礽的脑海里根本就没有"道歉"和"逃跑"两个人。他高傲地仰着头，蔑视康熙的举动。

康熙差点当场背过气去。

这个敏感时刻，一个重要人物出现了。这个人就是胤礽的大哥胤禔。胤禔是皇长子，仅仅因为自己的母亲是妃子，就和太子宝座擦肩而过。三十多年来，他心理当然不平衡了。成年后的胤禔文武全才，多次率军出征，把康熙交办的事情都办得很好，身边也聚集了一批支持力量。可康熙不但没有改立功勋卓著的胤禔为太子的想法，而且罢黜支持胤禔的大学士明珠，压制胤禔的欲望。胤禔心理更加失衡，时刻准备着置太子胤礽于死地。

现在，机会来了！胤禔趁着康熙正在气头上，举重若轻地说了一句："父皇，儿臣最近常常看到胤礽夜里在御驾营帐四周盘旋，还不时窥探内中情况。"

胤禔检举的行为，说白了就是胤礽夜晚偷偷摸摸地在康熙的营帐外面，看康熙的起居情况。但皇帝的生活起居是机密，是不能随便看的。而且你胤礽为什么要偷偷摸摸地看，而且是在夜里偷偷摸摸地看。康熙一联想到胤礽之前对皇位的觊觎，联系到胤礽在十八弟重病时冷漠的表现，再联想到胤礽平日拉帮结派的不良行为，他那颗本因幼子之死而悲痛欲绝的心受到更重的精神打击。“这是盼着我早死啊！”康熙对胤礽的愤恨程度急剧上升，大吼道：“反了，全都反了。把这些逆子全都给我抓起来！”

结果，胤礽、胤禔两人被捆绑起来，押到帐外跪在地上等候发落；当时在场的胤祉、胤禛、胤禩等人也“陪绑”。

在夜幕中，出离了愤怒的康熙皇帝当着朝廷重臣和供奉于朝廷的西方传教士的面，愤激地宣泄对胤礽积压了三十年的不满。康熙说胤礽除了他早已发现的种种不肖表现之外：“更有甚者，这个逆子每天夜里都逼近我的营帐，划开裂缝向内窥视……我都不知道我是不是今天会被毒死，或者明天遇害。我昼夜严加警戒，都不得安宁，全都是这个逆子专权谋逆所为。这样的人，怎么可以托付祖宗弘业！”康熙皇帝完全相信了胤禔告发的内容。想想看，每个月黑风高的夜晚，胤礽拿着利剑，鬼鬼祟祟地藏在康熙营帐的外面，透过划开的缝隙，注视康熙的一举一动，这是多么恐怖的事情啊！

康熙皇帝在营帐中烦躁地踱着步，情绪亢奋地诉说着自己的不幸。说到胤礽对自己居心叵测的时候，康熙一度痛哭倒地。大臣和侍从们赶紧把康熙皇帝救起。康熙缓过来以后，继续对着跪在地上的儿子们，一个一个骂过去。几位皇子被捆绑得严严实实的，大气都不敢出。末了，康熙下令，将胤礽关押起来，交由胤禔严加看管。

两天后，做了三十三年太子的胤礽被废。

五

这就是“帐殿夜警”事件的全过程。

整个“帐殿夜警”事件的主要证据就是皇长子胤禔的告发。当时胤禔负责狩猎时期的警卫工作，因此他的告发是具有相当杀伤力的。但是考虑到胤禔和胤礽具有利益冲突，他的告发是不是真实的呢？这次重大的事件为什么仅凭胤禔的“一面之词”就下结论呢？

一般认为，雍正当皇帝后大肆修改康熙朝的档案。关于“帐殿夜警”的资料说是康熙曾在夜半觉得有人逼近帐殿里的御榻，还发出了声音。但是任何人深夜躲过密布巡逻值守的人员，私自逼近御帐，都不是一件容易的事情。而胤礽被囚禁在宫中上驷院内时，为自己申辩说：“皇父若说我别样的不是，事事都有，只是弑逆的事，实无此心。”凡此种种，后人多方考证，依然众说纷纭，难有定论。

帐殿夜警事件最大的可能就是胤禔告发太子胤礽的一句话。康熙在情绪激动的情况下缺乏冷静的思考就做出了过激举动——废黜胤礽。

两废太子

一

康熙废黜胤礽后，痛定思痛，开始冷静思考自己在太子问题上的前后作为。

对于胤礽的变化，康熙懊悔地说：“皇太子服御诸物，俱用黄色，所定一切仪注，与朕无异，俨若二君矣！”他认识到了正是自己的溺爱毁了胤礽。为此，康熙开始失眠了。半醒半睡中，奇怪的梦境出现了。首先是康熙的祖母孝庄皇太后出现在梦境中，老人家很不高兴；接着，胤礽生母皇后赫舍里也出现在梦境中。赫舍里生胤礽的时候死了，康熙一直对此很内疚。因为赫舍里是康熙政治生涯中的有力助手。她是首席辅政大臣索尼的孙女。正是在索尼和索额图等人的支持下，康熙才能铲除掉鳌拜势力，实现亲政的。而现在，赫舍里在梦境中也很不高兴。康熙开始思考自己废黜胤礽的行为是不是做错了？

胤礽三十三年的太子地位一旦消失，原先压制住的太子之争开始表面化了。

胤礽太子地位巩固的时候，其他皇子都不敢公开的对太子宝座发动挑战。现在太子位置出缺，康熙的儿子们八仙过海各显神通，都死死地盯着太子宝座不放。除了胤礽图谋恢复太子地位外，皇长子胤禔、皇三子胤祉、皇四子胤禛、皇八子胤禩、皇十四子胤禵等人都参与到了浩浩荡荡的太子争夺战中来了。

对太子宝座垂涎已久的皇长子胤禔第一个跳了出来。

胤禔觉得自己最有资格成为太子。除了是皇长子之外，胤禔 19 岁就协助康熙征讨噶尔丹，之后历经军旅，27 岁因战功获封直郡王。在众多兄弟中，胤禔地位仅次于太子，而且功劳最大。康熙废黜胤礽后，交由胤禔羁押。胤禔将康熙的这个举动看作是一个信号，一个信任自己要托付重任的信号。胤禔乐观地估计，不论是论资排辈，还是论功行赏，都轮到自己当太子了。

但是胤禔跳得太急，跳得太早了。康熙废黜二弟的当天，胤禔就迫不及待地鼓动自己的亲信大臣向康熙建议立自己为新太子。康熙对胤禔的心急表现很反感，明确答复说："直郡王胤禔只要做好护驾工作就可以了，我并没有立他为皇太子的意思。"康熙还毫不客气地说："胤禔这个孩子，秉性急躁，智商也不高，怎么可以立为皇太子呢？"

康熙的答复很明确，但是胤禔不死心。胤禔不再直接提名自己继任太子，而是拿废太子胤礽撒气。胤禔又对康熙说："胤礽所行卑污，大失人心。如果父皇不愿意大义灭亲，儿臣愿意替父皇诛杀胤礽。"同时，胤禔顺便揭发八弟胤禩的"不法行为"："相面人张明德曾替胤禩相面，说八弟日后必大贵。"

康熙果然没有把胤禔看走眼。胤禔这个人既急躁，又愚蠢。他揭发胤禩找人相面，相面人说胤禩日后大富大贵之类的，根本不能置胤禩于死地（康熙只把胤禩训斥了一顿，不许胤禩再搞封建迷信活动，然后把那个拍马屁说胤禩大富大贵的江湖术士斩首而已），反而暴露了他胤禔自己小心眼，经常留心这些肮脏的琐事而已。而胤禔请求诛杀废太子，完全暴露了自己不念手足亲情和对太子之位的觊觎之心。胤禔也不想想，康熙废黜胤礽就是因为胤礽不念手足亲情引起的，根本原因是胤礽觊觎皇位。那么现在，胤禔又和胤礽有什么区别呢？

康熙听了胤禔的蠢话后，雷霆大怒，把胤禔痛骂了一顿，赶了出去。

就像当年胤礽受到康熙痛责的时候，胤禔落井下石一样，现在胤禔受到康熙的痛责，皇三子胤祉跳出来落井下石了。诚郡王胤祉热衷于"文化事业"，对江湖术士们的把戏很了解。他揭发大哥胤禔之前和蒙古喇嘛巴汉格隆秘密会晤，胤禔指使巴汉格隆以巫术诅咒太子。

根据胤祉的检举，康熙找到了十余处诅咒废太子胤礽的神符。康熙对胤禔绝望了，革去他的王爵，将他永远圈禁起来。结果胤禔玩火自焚，最早跳出来，也最早落入了万丈深渊，永世不得超生了。

神符事件引发了连环反应。首先，康熙皇帝神符事件联想到了胤禩找人相面的事件。结果严查下去后，给胤禩相面的张明德被凌迟处死，胤禩被革去贝勒爵位，贬为闲散宗室。其次，康熙同情起神符事件的"受害者"——废太子胤礽来。胤礽也趁机将自己之前狼心狗肺的事情归咎为受到了喇嘛诅咒。最后，这么多时间在短时间里高密度出现，让康熙防不胜防。他老人家对围绕太子之位展开的权力争夺战厌烦了。

思前想后，康熙越来越觉得自己不应该废黜胤礽的太子地位。

二

康熙四十七年（1708）十一月十四日，康熙皇帝召集贵戚重臣，要求大家推举新太子人选。

在推举之前，康熙皇帝"无意"地向一些大臣谈起废太子胤礽的情况，说胤礽这个孩子之前受了人的诅咒，行为失常，现在慢慢好转了。皇帝的意思是很清楚的，他想复立胤礽为太子。但是大臣们对康熙皇帝的意思理解贯彻得不太到位，只有很少的大臣建议重新立胤礽为太子，大多数大臣推举皇八子、刚刚被革去贝勒爵位的胤禩为太子人选。

这大大出乎康熙的意料。

这里有必要介绍一下胤禩的情况。胤禩是众皇子之中名声最好的一个人。他不仅自幼聪明机灵，而且交际能力很强。胤禩给康熙留下的印象很好，对兄弟姐妹恩爱，对大臣谦虚有礼，而且礼贤下士，不论贩夫走卒还是江湖术士都一一交往，因此声望很高。朝野上下都盛传胤禩是个好皇子。但是康熙没有考虑过立胤禩为太子。因为胤禩的出身不行。胤禩的生母卫氏出身于皇室家奴，地位低微，因此胤禩成年后只受封了贝勒的爵位。

皇帝说你不行，你就是再行也不行。胤禩尽管民意支持率最高，依然与太子之位无缘。康熙坚持复立胤礽为太子。

胤禩知道情况后，自然不甘心了。也许正是母家卑贱的缘故，胤禩从小就工于心计。凡是他觉得有用的人，胤禩都不惜代价地交往。他在宫廷内外，朝野上下，都表现得谦虚谨慎。暗地里，胤禩交结了一批文臣武将，为自己摇旗呐喊。知道输给胤礽后，胤禩就暗中收买了一批戏子、孩童和下三烂的人，到处在人群密集的地方，说重新成为太子的胤礽的坏话。这些坏话有的是真话，有的纯属瞎编乱造，形成了不利于胤礽的舆论。

胤礽也实在是不成器，一点都没有从被废黜一事中吸取教训，总结经验。成为太子后，胤礽马上重萌旧态，不仅大搞物质享受，在饮食服御陈设各方面追赶甚至超越康熙的待遇标准，而且重新纠集了原来的那些党羽，又耀武扬威起来了。胤礽自以为在短短几个月中废而再立，表明自己地位巩固，因此更加肆无忌惮起来。他派人去各地搜集美女，向地方官索要贡品。所有的恶行最后都反馈到了康熙那里。

康熙皇帝又为自己的举动后悔了。他想到再次废黜胤礽。但一想到在没有太子的日子里暴露出来的种种问题和其他儿子的丑态，康熙宁愿将胤礽摆在那里，也不愿意看到儿子们争权夺利，丑态百出。对于不争气的胤礽，康熙严令他“不得须臾离侧”，幻想能够日夜盯紧胤礽，不让他胡作非为。可腿长在胤礽的身上，胤礽想跑到什么地方去，康熙皇帝也不能时刻盯牢。胤礽我行我素。

三

康熙四十八年（1709年）十一月，安郡王马尔浑因病去世。

在安郡王的葬礼上，有许多王公大臣和武将饮酒行乐，连参加葬礼最起码的尊重都不顾。结果，有仇家就告发这些人“结党会饮”。

这原本是一件不大不小的案子，睁只眼闭只眼就过去了。但是日理万机的康熙皇帝从众多的政务中，单独将这么个案子抽了出来，大张旗鼓地审理起来。在审理的过程中又发现参与饮酒作乐的官员有经济问题，贪污了几千两银子。这样的经济问题如果要严查起来，相信朝堂上的衮衮诸公，谁都拿过这个数目的“赃钱”。可康熙皇帝还真就严查起来了。结果两案并举，将这些结党会饮的人安上了“谋逆”和“贪腐”两顶大帽子，判了死罪！

为什么会这样呢？

因为参加结党会饮的人，比如耿额、齐世武、托合齐等人，都是太子胤礽一党的人，而且都握有京城内外的军队实权，触动了康熙敏感的神经。康熙皇帝心想：胤礽还没有即位呢，你们这些奴才就这么嚣张，这还了得！如果这些手握兵权的奴才做起乱来，那还了得？

因为康熙皇帝早就对胤礽不满了，想给胤礽点颜色看看了。康熙皇帝查案事小，铲除胤礽的党羽事大。康熙皇帝需要杀几只鸡给胤礽这只猴子看看，打击一下胤礽的傲气和结党的风气。

当时的康熙已经是年近花甲的老人了。他感觉来日可能不多了，必须严肃地对待继承人的问题。扪心自问，康熙不愿意让胤礽成为接班人。康熙五十一年（1712年）九月三十日，康熙下令将胤礽拘禁。十月初一，康熙正式宣布废黜太子胤礽，颁布亲笔诏书：“（胤礽）数年以来，狂易之疾仍然未除，是非莫辨，大失人心。朕久隐忍，不即发露者，因向有望其悛改之言耳。今观其行事，即每日教训亦断非能改者。”诏书表明康熙将胤礽认定是即使每时每刻耳提面命、事事教导也不能改邪归正的“朽木”了，因此康熙放弃了胤礽。

如果说康熙废黜胤礽是在人们意料之中，那么康熙同时明确宣布今后不再册立太子，则大大出乎朝野的意料之外。

康熙做出这个决定，是出于对亲情的失望。康熙一生妻妾众多，一生有子、孙、曾孙共150多人（其中儿子35个），是满清帝王中子孙最多的一位。这众多的子孙，本使康熙享有普天之下最欣慰的天伦之乐。但在皇宫内院，这人间的乐趣在康熙皇帝身上展现得很有限。胤礽的两立两废和胤禔等人的拙劣表演，让康熙很受伤害。他明确表示不再考虑继承人问题，是想通过这样的表态来杜绝朝野上下的争论和家庭内外的争斗——康熙也知道“明争”可以被压下去，“暗斗”是控制不了的。

可就有那么一些书生气十足的大臣们不能理解皇帝的苦心。康熙皇帝不愿意在提起册立太子的事情，却有许多大臣和书生们上书，要求确立太子。对于上书要求立储的人，康熙皇帝抓的抓，杀的杀，而不手软。

果然，太子之争的风波在表面上平静了下去。

兄弟相残

一

暗地里，众多皇子依然对接班人宝座虎视眈眈。

康熙五十一年九月三十日，康熙第二次废黜胤礽的当天，皇八子胤禩有一场拙劣的表演。

胤禩一副忧心忡忡的样子，跑到康熙跟前说："父皇，今后如果有大臣推荐儿臣为太子，儿臣应该怎么办？"胤禩装模作样想了想，又说："要不，儿臣装病隐居吧。"

康熙严厉斥责道："你以贝勒的身份，心存如此越分之想，妄行陈奏，试探寡人，安的是什么心啊？这难道不是大奸大恶的行为吗？"

胤禩要求继任储君虽然被康熙断然拒绝，但他依然是众皇子中名声最高，最有希望冲刺接班人宝座的人选。朝野许多大臣和多位皇子也属意于他。胤禩之后更加注意言谈举止，颇有对接班人之位志在必得的意思。

康熙五十三年（1714 年）十一月二十三日，康熙前往热河巡猎。胤禩为讨好康熙，向御营送了两只老鹰。

当警卫御营的大臣隆科多（注意这个人）呈上老鹰的时候，康熙吃惊地发现这竟然是两只奄奄一息的病鹰。

所有人都震惊了。年迈的康熙皇帝再一次发怒了：胤禩送给我两只死鹰是什么意思？这不是明摆着暗示我体弱多病，行将就木吗？胤禩的心肠也太黑了！

冷静地想想，死鹰事件是个再简单不过的阴谋。胤禩就是再疏忽，再不小心，也不至于给父皇送去两只死老鹰；负责押送的下人再不小心，即使把老鹰给养死了，也不敢往上送啊。最大的可能是经手的大臣隆科多从中做了手脚。当时，只要在场的王公大臣有人出来给胤禩说句公道话，康熙也能明白是怎么回事。但是胤禩之前疯狂扩张，把手伸得太长了，太自信，太猖狂了，洋洋自得、非我莫属的做派得罪了很多人。竟然没有一个人出来给胤禩说句公道话。

康熙皇帝原本就没有立胤禩为太子的意思，而且对胤禩自作多情、上蹿下跳的样子很不满。死鹰事件成为了康熙攻击胤禩的宣泄口。

康熙又一次痛骂自己的儿子："胤禩是辛者库贱奴所生的贱种，

打小的时候就为人阴险。之前，他听信相面人张明德的话，大背臣道，雇人谋杀胤礽，现在又与乱臣贼子结成党羽，阴谋篡逆。胤禩因为没有被立为皇太子，对朕恨之入骨。这个人的阴险数倍于逆子胤礽。”

不用说，胤禩也彻底被排除在接班人的候选名单之外了。

不仅如此，康熙还宣布：“从今日起，朕与胤禩断绝父子关系！”

胤禩从此连康熙的儿子也做不了了，输得一干二净。为此，胤禩大病一场。康熙对胤禩的病情不闻不问。父子之情荡然无存。

二

是谁背地里给胤禩使坏呢？仅仅是隆科多，或者是背后还有其他人？

隆科多是皇四子胤禛的党羽，是胤禛在背后给八弟使坏。

纷纷扰扰了这么多年，胤禛这个人物才姗姗来迟，登上权力竞争的核心舞台。胤禛的出场，让许多人大跌眼镜。因为胤禛是个表现平庸，乏善可陈的皇子。在康熙生前，胤禛除了主持过祭祀外，没有任何政治行为。一般情况下，胤禛总是被安排协助其他某位皇子办事，给人家打打下手。看戏三十七年（1698 年），众皇子封爵。郡王只封到皇三子胤祉为止，胤禛只能和年纪轻轻的胤禩等弟弟们一样，受封贝勒爵位。这表明，无论是在康熙眼中，还是在大臣们心中，胤禛都是个无足轻重的皇子。

但就是胤禛的无足轻重，默默无闻，在激烈的权力斗争中成了他最有力的武器。

胤礽在接班人竞争中，跑得最快，但是丧失了自我，成为了众矢之的；胤禩在接班人竞争中，跑得最欢，结果被人一使坏，摔得最惨，输得血本无归。他们两个论血统、论能力、论声望，都比胤禛要强得多。而胤禛奉行“两不两亲”的原则，表面上不结党、不结怨，对父亲康熙孝顺敬爱，对兄弟和颜悦色。平日里，胤禛写写诗，写些“懒问沉浮事，间娱花柳朝”之类的闲云野鹤的作品，“表达”一下心迹，最后自费出版了一本《悦心集》。多么与世无争的一个皇子啊！

内心里，胤禛和兄弟们一样，也想做皇帝。他之所以这么做是根据自身情况，以静制动。

有人看出了胤禛的内心缜密和潜在价值，暗地依附胤禛。比如隆科多，比如四川总督年羹尧，又比如职位低得多的戴铎。戴铎是知府、道员一级的官员，康熙末年做到了四川布政使。戴铎暗地里与胤禛密切通讯，给主子提出了“孝以事之，诚以格之，和以结之，忍以容之”的“十六字方针”。胤禛就是严格按照这个方针韬光养晦，伺机而动的。

现在，几个有实力的竞争者先后落马了。胤禛觉得该是自己出头的时候了！

三

可就在胤禛觉得苦尽甘来的时候，另外一匹“黑马”横空出世，又跑到了胤禛前头去了。

这个人就是胤禛同父同母的弟弟胤禵。胤禵是十四皇子，年纪小，这时候刚刚成年开始步入最高权力的竞技场。胤禛和胤禵虽然是至亲兄弟，但感情却不太好——可能是因为胤禵品貌出众、才德双全，样样都把胤禛给比了下去的缘故。胤禛也不得不承认，胤禵是众多兄弟中最出色的一位。更要命的是，康熙皇帝也觉得胤禵很出色，开始越来越多地将这个儿子带在身边。这被许多人看作是一个重要信号。

胤禵自然没有放弃绝妙良机，表现得温文尔雅、稳重干练，对人不卑不亢、和蔼可亲。

但是胤禵有个致命的缺陷：太年轻，太嫩，没有什么拿得出手的功绩，镇不住人。

胤禵迫切地需要一个展现的机会。机会很快就来了。康熙五十七年（1718 年）春天，在准噶尔起事的策旺阿拉布坦叛军攻下了拉萨，杀死拉萨汗。西藏方面向京城告急。康熙皇帝决定出兵平叛。当天，胤禵就主动请缨。康熙皇帝也很希望爱子能去历练历练，增加政治经验，建立功勋。于是在当年十二月，胤禵率领大军，雄赳赳气昂昂地赶赴大西北积累政治资本去了。康熙五十八年（1719 年）三月，胤禵抵达青海西宁，开始指挥作战。他统帅新疆、甘肃和青海等地的所有军队，号称三十万大军，自称“大将军王”，高高兴兴地打起仗来。客观地说，胤禵的军事才能真不错，捷报连连。

康熙皇帝很高兴，特地提升胤禵的地位。康熙六十年（1721 年）年底，胤禵回京述职。康熙命令皇三子、诚亲王胤祉，皇四子、雍亲王胤禛去迎接弟弟，文武百官全都出城设宴迎接。在庆祝凯旋仪式上，宗室成员阿布兰竟然跪迎胤禵。胤禵猝不及防，不得不接受了。按规定，宗室成员对宗室成员，平级相待就可以了，对皇帝才下跪。阿布兰现在给胤禵下跪，就是把胤禵当皇帝来对待来！在场的王公大臣们都大惊失色，这可是杀头的死罪啊。想不到，康熙知道后，竟然默许了！

于是，京城里的贵戚大臣们忙开了，挤破了胤禵家的大门，争得巴结胤禵。

第二年（1722 年）正月，康熙决定结束西北战事，展开议和工作。4 月，胤禵重新赶赴前线主持议和工作。议和工作进展得很顺利。胤禵的政治行情也就水涨船高，一旦签订和约回京，可就算是功成名就了。到那时，老子有意，儿子有功，胤禵做接班人的事就板上钉钉了。

人算不如天算。胤禵还没来得及回京，康熙皇帝病倒了，而且迅速加重。

四

1722 年 11 月 13 日，康熙皇帝在海淀畅春园病逝。

康熙皇帝临死前，没差事的皇子们都守在园子里，等待决定命运的一刻。胤禛又被派去祭祀了，没能守在畅春园。令人生疑的是，康熙病重期间，侍卫大臣隆科多封闭消息，在场的皇子都很难畅快地见到康熙。而雍亲王胤禛频繁的派太监和侍卫来给康熙“请安”，都能很畅快地见到康熙。

康熙弥留之际，胤禛从祭祀的地方回来了。不久康熙病逝，隆科多出来宣布康熙的“遗诏”：“皇四子人品贵重，深肖朕躬，必能克承大统，著继朕登基，即皇帝位。”

胤禛成为了胜利者！这太让人吃惊了。在场的其他皇子和大臣们都惊呆了。

胤禛来不及管那些怀疑的眼光，一面下令隆科多密不发丧，“护送”康熙灵柩和其他皇子返回北京城内，一面自己抢先回到北京城跪迎康熙灵柩。胤禛迅速控制了北京城，第二天就在紫禁城接受了臣属的朝拜。大位初定后，胤禛又下令北京戒严。

大清王朝开始了雍正皇帝胤禛的强权统治时期。

胤禛将“康熙”年号改为“雍正”，似乎表明自己雍亲王即位是正大光明的。但从隆科多宣布遗诏的那一刻起，一直到近三百年后，有关胤禛“即位不正”甚至“谋逆篡位”的声音就没有停歇过。胤禛的即位的法律依据就是隆科布公布的口头“遗诏”。16 日，雍正皇帝煞有其事地公布了康熙的正式遗诏，结果引起朝野哗然。因为雍正只拿出了满文诏书，而没有汉文诏书。几天后，雍正皇帝才迟迟公布汉文遗诏。汉文遗诏抄袭了康熙之前的诏书内容，再加上对胤禛的赞美之词，拼接而成。诏书中涂改多处，疑点重重。胤禛做事给人“越抹越黑”的感觉。

民间盛传，康熙临终时留下了“传位十四皇子”的遗诏，结果被隆科多改成了“传位于四皇子”。且不说康熙不会用简化字写遗诏，单说清朝的重要文书都是满汉双文书写的，“十”改“于”的传说就不可信。但这个说法的产生和流行就表明了社会上对胤禛即位的疑惑。

抛却所有的正反方证据不说，单单康熙临终前只有隆科多一个人在跟前这么一条信息，我们就能判断雍正即位是怎么回事了。

五

胤禛的即位并没有停止康熙皇子们对最高权力的争夺，引发了一场兄弟相残的悲剧。

远在西宁的胤禵听到康熙死讯后，风尘仆仆地赶回北京。但是一切都晚了。皇帝宝座已经落到四哥的手里了。胤禵在路上就收到了雍正皇帝的严密监视，抵京后马上失去了行动自由。胤禵的气愤之情，可想而知。他大闹康熙的灵堂，雍正皇帝就下令革去他的王爵，降为固山贝子。雍正三年，胤禵又被革去固山贝子，被囚禁于景山寿皇殿内。当年6月，诸王大臣罗列了胤禵的十四条“罪状”，奏请将他“即正典刑”。雍正念在同父同母兄弟的情分上，没有同意将胤禵斩首。

两立两废的前太子胤礽在雍正即位后被迁居到祁县郑家庄严加看守。雍正二年12月，51岁的胤礽病死在幽禁地。胤礽死后被追封为理亲王，谥号“密”。

胤禩虽说一败涂地了，但声望和势力都还在。所以雍正即位，一度任命胤禩总理事务，进封廉亲王，参与政事。但在雍正四年，雍正就以“结党妄行”等罪名削去胤禩爵位，剥夺宗籍（从皇家开除），圈禁起来。雍正还给他取名“阿其那”，后来更名为“塞尔黑”。“阿其那”是满语“猪”的意思，“塞尔黑”是满语“狗”的意思。当年，胤禩就死了。诸王大臣议奏将胤禩戮尸示众。雍正下谕说胤禩“既伏冥诛，其戮尸之罪著宽免”。

雍正十二年，被圈禁了26年的康熙皇长子胤禔死了。

第二年（1735年），雍正皇帝死了，儿子乾隆继位。乾隆皇帝比他爸要宽厚得多。乾隆即皇位不久就下令释放囚禁多年的“十四叔”

胤禵。胤禵时来运转，陆续加封，最后做了恂郡王，还总管正黄旗。但胤禵年事已高，只能做个政治摆设而已。乾隆二十年（1755 年），胤禵死了，被厚葬，赐谥号“勤”。

乾隆四十三年（1778 年）正月，乾隆下旨恢复已故的“八叔”胤禩宗室地位，将他的名字重新列入皇室成员名单中。

至此，所有的故事角色都有了自己的归宿。

有其父必有其子
——道光皇帝立愚不立贤

道光皇帝是半身倒在古代史，半身躺在近代史上的人物。面对鸦片战争以后的“千年未有之大变局”，道光皇帝会选择什么样的一个继承人呢？是和自己一样平庸稳重的奕詝还是能力出众慷慨激昂的奕䜣？道光皇帝的选择是前者，清王朝继续沿着积贫积弱的轨道沉沦。

立愚不立贤

一

鸦片战争爆发的时候，中国处于道光皇帝旻宁的统治之下。

道光皇帝除了吝啬、迂腐、平庸外，总体上还算是一个勤勉的皇帝。他天天穿着破旧的龙袍早早地在紫禁城里等大臣们来上朝。此情此景，可算是清朝后期的生动写照。道光化工内地的这一辈子都思考着怎么把祖宗的基业给维持住，怎么让国库的银子不少下去。为了因鸦片走私产生的越来越大的银子缺口，道光皇帝不惜与英国人打了一仗。谁知道，平庸的道光皇帝战和不定，最后竟然输给了蛮夷之邦的英国。国库的银子反而是越来越少，连祖宗传下的香港岛也给割了。道光帝一度感觉有愧于列祖列宗。

但是他最头疼的还是给大清王朝挑选关后的第七位皇帝，一位合格的太子。

道光二十六年（1846 年），道光皇帝已经是 65 岁的老人了，还没有选定接班人。

道光皇帝为什么迟迟没有确定太子人选呢？说来话长。道光皇帝之前根本就没为继承人问题着急过。因为大阿哥奕纬在道光皇帝还是皇子的时候就出生了。此后道光皇帝又有了二阿哥、三阿哥。虽然很不幸，二子和三子都夭折了，但毕竟还有奕纬。实际上，道光皇帝在很长时间里能够选择的太子人选也只有奕纬一个人，立不立太子并没有实质意义可言。谁知道天有不测风云，奕纬在道光十一年（1831 年）死了，终年 23 岁。这下子，道光皇帝傻眼了。奕纬死了，继承人没有。尽管两三年后，四阿哥奕詝出生了，紧接着五阿哥、六阿哥也出生了，但是没有个十年二十年，这些皇子也不能独自挑起大梁。为了等待众位皇子长大，道光皇帝耐心地熬到了年过花甲。

道光皇帝先后有过九个儿子，其中大阿哥、二阿哥、三阿哥早逝；五阿哥过继给了醇亲王绵恺，失去了继承资格；七阿哥（奕譞，日后光绪皇帝生父）、八阿哥、九阿哥都还年幼。真正参加继承者竞争的只有 16 岁的四阿哥奕詝和 15 岁的六阿哥奕訢。

那么选择谁合适呢？

二

奕詝和奕訢两人仅差一岁，平日里同在上书房读书，接受同样的文武教育，兄弟俩感情很好。道光二十年（1840 年），奕詝的母亲钮祜禄氏因病去世，年幼的奕詝被托付给奕䜣的母亲博尔济吉特氏抚养。小哥俩朝夕相处，亲密无间。

奕詝是事实上的长子，六岁入学，道光为他挑选的老师是以公忠正直著称的杜受田。杜受田对奕詝的学习要求十分严格，给他朝夕灌输儒家思想，按照传统政治标准要求这位皇位的热门竞争者。奕詝长大后养成了严肃稳重的性格，精通儒家政治的条条框框。弟弟奕訢没有哥哥那样的好运气，没有一位公忠体国、满腹儒家经纶的老师，因此学的东西比较杂乱，思想激昂直接，关心现实情况的解决。奕詝与奕訢相比，除了年长一岁（年龄优势并不明显）外，不论是文才，还是武功，都远不及后者。而且从面相看，奕詝小时候骑马摔断过腿，还得过天花，所以脚稍微有点瘸，脸上有麻子。而奕訢帅气威严，有帝王之相。因此，一开始道光帝曾有意立奕訢为皇太子。

清朝从康熙之后并不公开册立太子，而是秘密写在小字条上藏起来，等到皇帝逝世的时候才拿出来宣布继承人名字。《清稗类钞》曾记载了这么一段野史：道光皇帝最宠爱恭亲王奕訢，曾经在字条上偷偷写下了他的名字，藏在大殿的匾额后面。有一个太监在殿外看到道光皇帝书写继承人名字，最后一笔拉得很长，就知道继承人是奕䜣（奕䜣的“訢”字最后一笔是长笔，奕詝的“詝”字最后一笔是竖弯钩，不可能是长笔）。这个小太监很多嘴，就把这件事情告诉了其他人，结果传得宫廷内外人人皆知。道光皇帝知道后，非常反感，进而对奕訢也讨厌了起来，所以就改立奕詝为继承人。

道光皇帝为什么之后选择了奕詝，自然没有野史说得这么简单。实际上，道光对两个儿子进行了一系列的考察。在这些考察中，奕詝的平庸反而取得了父亲的欢心，战胜了奕訢。

三

清朝尚武，皇室每年有围猎的传统。通常这也是检验皇子骑射才干的考试。因此每一年的围猎都被天下看作是各位皇子表演的舞台，被看作是刺探皇位更替的指向针。这一年的围猎，人们都将目光对准了奕詝与奕訢。

奕訢正常发挥了他的武功，骑射功夫出众。他率领部众打到了许多猎物。奕詝则力弱多病，干脆呆呆地站在一旁，一箭不发。围猎结束后，奕訢带着自己的“战利品”去见父皇。道光看后非常高兴。道光见奕詝及其部众毫无所获，大惑不解。奕詝平静地说：“父皇曾经多次教导孩儿，要有仁爱之心。春天正是万物孕育的时候。现在正是春天，如果我把它射死了，那么就连它腹中尚未出生的幼兽也射死了。我实在不忍心这么做，所以一箭未发。”道光听后觉得非常有道理，也有欣慰，当中称赞奕詝心胸开阔，有仁慈之心。

奕詝此举并非出自他的本意。在围猎之前，奕詝认为毫无超越奕䜣的可能，非常焦急，就去请教自己的老师。杜受田告诉他要“以愚示仁”，不要以武功取胜。结果虽然他两手空空，却和六弟打了个平手。

后来年迈的道光生病了，病得很重，有一天想召见二位阿哥，打算进行最后的考察以决定把皇位传给谁。奕詝和奕訢都知道这是冲刺皇位的最后关头，分别询问各自的老师如何在父皇面前表现。

奕訢的老师卓秉恬给学生出主意说：“如果皇帝问阿哥什么事，阿哥就知无不言，言无不尽。”卓秉恬知道奕䜣聪敏过人，反应也快，知识丰富，完全可以凭借自己的才华压倒奕詝。当时朝廷内忧外患，问题很多，的确也需要未来继承人在这些问题上有自己的见解，以便让老皇帝看到新皇帝将来的执政思路。

杜受田却不这么认为。他建议奕詝扬长避短，不要在智商和执政思路上和弟弟硬碰硬。杜受田对奕詝说：“如果皇上问起国家政事，阿哥您在这方面的见识能力不能与六阿哥相比。因此，您什么也不用回答，只须始终伏地叩首痛哭，将您对父皇的病情的担忧，对父皇的依赖留恋全部表现出来就可以了。如果皇上一定要阿哥回答，您就把皇上对这么问题的处理意见重述一遍就可以了。”奕詝马上就明白了：嗯，我的优势就是憨厚老实，就是重感情，看我怎么用去亲情感动父皇。

果然，在两个儿子中难以取舍的道光皇帝是以国家大事向两个儿子置询。

道光先传旨召六阿哥奕䜣问策，询问他对当前国事政务的看法。道光先说："我年纪大了，身体也是一日不如一日。可能不久于人世了。现在我想听一下，你对治理国家有什么看法。"奕䜣就充分发挥自己的口才，滔滔不绝地阐述了自己的治国方略。道光听着也频频点头。奕䜣对时弊看得很深，对各领域政务都有比较明确的设想。作父亲的道光自然很高兴。

道光又召见了奕詝，把刚才的那番话又说了一遍，再向奕詝询问治国良策。奕詝却一言不发，长跪在地，痛哭不已。道光很奇怪，一再催促他快点回答。于是，奕詝流着眼泪回答："儿臣希望父皇健康长寿，永远也不要离开我们。我要永远留在父皇身边，好好侍奉父皇。"道光闻言，长叹不语。之后转问了几个琐碎问题。这回，奕詝答了，并无大的方略，只是延续了父亲道光的既定策略而已。

杜受田的这招"以愚示情"果然很有效果。道光在奕詝与奕䜣之间选择了四阿哥奕詝。

奕詝与奕䜣两人的表现，将各自的能力、眼光表现地一览无余。道光为什么选择前者，而不选择能力出众的奕䜣呢？因为道光从奕詝身上看到了自己的影子。奕詝虽然长相丑点，学识和武功差点，对政治现实了解少点，但仁爱孝顺。更重要的是，奕詝这个孩子忠厚老实，守规矩，恶变革。这既符合倡导儒家的仁爱和以孝治天下的思想，又让同样墨守成规的道光产生了共鸣。于是，他决定弃奕䜣，而立奕詝。这就是许多皇帝在挑选继承人的时候热衷的"类己"的标准。哪个人选和自己的思路一致，会继续奉行自己的方针政策，我就挑选那个人继承自己的地位和权力。如果道光是一位锐意改革、奋发图强的帝王，按照这个标准他就会选择奕䜣。可惜道光皇帝不是那样的人，所以就只能委屈奕䜣了。

四

道光二十六年（1846年）六月十六日，道光皇帝朱笔用满汉两种文字写下“皇四子奕詝立为皇太子”。写完了，道光皇帝对这字条沉默了许久，又提笔仅以汉字写下“皇六子奕訢封为亲王”。道光用一张黄纸将字条包好，在黄纸上用朱笔写下“道光二十六年六月十六”字样，并亲笔签名；再用一张黄纸讲字条包了一层，在背面又写上满文的“万年”字样，又亲笔签名。之后，道光皇帝写下遗诏，再亲手撰抄一份。立嗣的字条和两份遗诏分别被密封在两个匣子内。道光亲自在匣子的三面启扣处贴上封条，并在三处封条上亲笔签名，其中正面的封条除了道光皇帝的亲笔签名，还记上了日期：道光二十六年立秋。[1]

在这一天，奕詝与奕訢这两个孩子一生的命运就被决定了。在某种程度上，清王朝之后的命运也被决定了。

对错自有评说

一

道光三十年（1850年），道光皇帝驾崩。临死前，道光皇帝亲口宣布奕詝为继承人。奕詝毫无争议地登基称帝，改年号为“咸丰”。

1 道光皇帝的立储字条、遗诏和两个匣子至今仍保存完好。它们是国内目前发现的唯一一份清代秘密立储制度的实物。道光皇帝之后，清朝没有再出现多个皇子争立的局面（咸丰皇帝只有一个儿子，同治、光绪都没有儿子），没有再实行秘密立储。因此道光皇帝留下的这些文物价值重大。

"咸"是普遍的意思，"丰"是富足的意思，"咸丰"就是"天下丰衣足食"的意思。

杜受田是奕詝能够当上皇帝的头号功臣。咸丰帝即位后立即提升杜受田为太子太傅兼吏部尚书，随即调任刑部尚书、礼部尚书、协办大学士。咸丰二年（1852年），黄河决口，山东、江淮地区受灾严重。杜受田顶着烈日，前往赈灾，途中触染瘟疫，死在了工作岗位上。咸丰帝闻讯痛哭失声，追赠杜受田为太师大学士，谥号"文正"。杜受田灵柩返回北京的时候，咸丰皇帝亲往祭奠，抚棺痛哭。之后，再也没有汉族大臣死后被追赠为太师大学士，可见咸丰对杜受田的感激与恩宠程度。

咸丰登基之初，与许多年轻帝王一样，也有过锐意图强的创举。但是一来国家积弊日深，二来咸丰能力有限，拿不出什么新鲜的政策方针来，执政起来无非是新瓶装旧酒。结果是朝政毫无改善，反而是打击了咸丰自己的积极性。咸丰也真是苦命，刚即位，太平天国运动就爆发。这场中国历史上规模最大，组织为完善的农民起义，席卷大半中国，几乎断送了清王朝的统治。咸丰开始以传统镇压农民起义的方式一再围剿，又要防止汉族官僚掌握实权。结果导致太平天国运动成为清朝弊政的总体现，成为封建社会保守僵化、积贫积弱局面的总爆发。太平天国越剿越多，直至建立了与清朝相抗争的政权。咸丰没办法，大量提拔汉族大臣参与军务，总算是提出了一个大的政策改革。曾国藩、李鸿章、左宗棠等"中兴名臣"都是在咸丰朝时先后登上政治舞台。在中央朝廷中，肃顺等人支持汉族大臣，协助咸丰皇帝清剿国内造反者，日益为咸丰皇帝所倚重，形成了一大政治势力。但咸丰和肃顺等人的有限认识和政策创新都集中在传统的国内政治领域，对于日益增加的国际交往和英法等西方大国的觊觎侵略，既看不清楚，更谈不上有所反抗。

相反，无缘皇位的奕䜣在近代历史舞台上的表现比身为皇帝的咸丰要耀眼得多。

咸丰帝刚即位时，即按父亲道光皇帝的遗诏，封19岁的奕䜣为恭亲王，恩遇超过其他诸王。这可能是道光皇帝对奕䜣这个皇位竞争失败者的补偿，也可能是希望弟弟的才能够辅助忠厚守旧的哥哥，匡扶大业。1852年，奕䜣受命在内廷行走。1853年，太平天国北伐军由扬州进入安徽，杀入河南，直逼直隶。在危机时刻，咸丰帝打破亲王不能任军机大臣的祖制，任命奕折为“军机大臣上行走。”奕䜣成为了掌握实权的亲王，威信日隆，在镇压太平军北伐期间“参赞军务，夙夜勤劳”，布防及时，为守卫京畿消灭北伐太平军立了大功。

但在平息太平军北伐之后，咸丰帝妒忌奕䜣的才干，又担虑弟弟势力过大，就借口奕䜣在其母丧期间为母争封，礼仪失当，于1855年罢免了奕新的军机大臣、都统等军政要职，仍命在内廷行走。

对于日益增加的国际事务，奕䜣兴趣很大，很认真地研究近代中国政治出现的“新情况新问题”。一些守旧的官员攻击奕䜣是“鬼子六”，也反映了奕䜣“开眼看世界”的务实一面。

二

咸丰皇帝在近代史上返下了一个不可饶恕的错误。因为他的极端无知和自闭，导致了第二次鸦片战争的发生和扩大，进而导致了北京的沦陷和圆明园的大火。

1856年2月29日，西林县代理知县张鸣凤因县府缉拿犯法徒众与在本县私自传教的法国传教士马赖发生冲突，重刑将马赖杀死。当法国公使查问马赖下落时，张鸣凤却矢口否认，极力隐瞒马赖传教和被杀一事。不知是因为西林过于偏僻，还是广西省府官员失察，广西按察使和两广总督到了1858年初还对张的话信以为真，据此回答法国公使和上奏朝廷。

同年10月，广州水师在中国商船“亚罗号”（该船虽然在英国香港注册，但是被检查时注册有效期已过）上，缉捕了海盗和水手。英国领事无端干涉，硬说“亚罗号”是英国船要求中国方面释放被捕的人，并向英方赔礼道歉。两广总督叶名琛怕事态扩大，释放了被捕的水手，但拒绝道歉。

这两个事件都只是幌子。英国就借所谓的“亚罗号事件”炮轰广州，挑起战争。法国即借口马赖被杀事件，与英国组成联军。第二次鸦片战争正式爆发。英法两国真实的侵华原因是希望进一步打开中国大门，在中国博取更大利益。在政治上，他们希望中国严格按照外交规则、外交条约来行事。特别是希望与清朝政府建立稳定、常驻的外交关系。对于咸丰为首的清政府来说，依然盲目自大，坚持传统的朝贡外交制度，只愿意做小修小补。比如英国政府强烈要求清政府忠实履行《南京条约》的规定，让英国官员和商人可以自由进入广州城。但咸丰皇帝将让洋人进城看成可是夷夏大防的大事，拒不执行条约规定。道光皇帝和西方钦定的条约规定，中外条约满十二年之数后，西方可与中国再行筹议。咸丰皇帝出尔反尔，拒绝重开谈判。终于小嫌酿成大衅，引发了一场浩劫。

1858 年 5 月，英法军队侵入天津城郊，并扬言要进攻北京。咸丰慌忙议和，分别与英、法订立《天津条约》。《天津条约》签订后，英法联军撤离南下。咸丰事后对条约内容后悔了，尤其是不愿意接见外国公使。他下令交涉取消公使驻京、内地游历、内江通商等条款，并不允许英法外交人员到北京换约。但英法方面不同仪变易既定条款，并坚持要在北京换约。1859 年，英法公使按照条约规定，在军舰的护送来前来天津外海要求进京换约。蒙古亲王僧格林沁奉了咸丰皇帝的密旨，对英法外交使团发动了袭击，。不知外交为何物，举止失措的清朝政府又主动授人口实。英法两国勃然大怒，扩大了侵华战争。

1860 年夏天，英法联军屡败清军，兵临通州。咸丰皇帝急了，再次与英法联军展开外交交涉。英法联军同意交涉。在与英法联军的谈判中，清朝政府又与英法联军在外交礼仪上发生了纠纷（对于通商、税则等西方关心的实质内容，清政府兴趣不大）。钦差大臣、全权代表载恒要英方代表巴夏礼面见皇帝时下跪礼拜，遭到巴夏礼反对。咸丰皇帝觉得自己愿意谈判，接见英国使节已经是莫大的恩典了，坚持要外国人“跪拜如仪，方可许可”，谈判遂告破裂。僧格林沁的军队遂将巴夏礼和随团采访的《泰晤士报》记者等一行39人截拿扣押送往京师刑部，关进“天牢”，以作为人质。英法联军要求释放使团，未果。谁知第三天，3名人质死于天牢的消息传到军中。（当时禁在天牢里的人质每日没少挨打，饮食无着，在短短25天里，就有21人在天牢中被折磨致死。交还的尸体有的还被中国人分成了好几块。）英法联军于是做出了攻占北京的决定。

本已弱势的清王朝，被极端愚昧的情绪支配，结果酿成了大祸。

三

英法联军于1860年8月逼近天津。9月18日，怡亲王载垣、科尔沁亲王僧格林沁等人拘留了英国使团巴夏礼等26名英国人和法国人13名。侵略联军决定向北京进攻。9月21日，清军在八里桥战败，联军兵临城下。咸丰皇帝决定求和。当时北京城找不出一个懂英文的人。满清贵族中只有奕䜣一个人愿意和外国人打交道，而且也对国际问题有所认识，所以才被时刻防范着他的咸丰皇帝授予了留京应对的实权。咸丰帝逃往热河。受命于危难之际的奕䜣，在大兵压境之下，代表清朝签订了中英、中法、中俄《北京条约》。当时的北京依然保留着政府框架，大批官员留守，京畿军事力量仍在，都受奕䜣节制。咸丰皇帝西逃承德，却使自己防范的弟弟成为了拥兵在外、自成气候的亲王集团。

1861年咸丰帝在病危时，将身后的大政是托付给肃顺集团的。8月22日咸丰帝病逝，遗命肃顺、载垣、端华等八人为“赞襄政务王大臣”辅佐年幼的皇太子载淳执政，总摄朝政。

在这里，咸丰皇帝和肃顺、奕䜣两派政治势力都忽视隐藏在承德的一个不简单的女人——妃子叶赫那拉氏。咸丰死后，叶赫那拉氏被称为慈禧太后。

慈禧太后，那拉氏，祖居叶赫，故称叶赫那拉。满洲镶蓝旗人。父惠征，曾任安徽徽宁池广太道道员。叶赫那拉氏是满族八大姓氏之一，其祖先最早可追溯到五代时期的海西女真。但真正让叶赫那拉扬名天下的是慈禧太后。慈禧太后由选秀女入选咸丰后宫，在残酷的后宫争斗中脱颖而出，并生下了咸丰帝唯一的儿子——载淳。咸丰在临死时，人为制造了权力结构的复杂性。他将自己的两枚印章（“御赏”和“同道堂”）的作用提升。“御赏”章让皇后慈安掌握；“同道堂”章由同治掌握，同治年幼归慈禧掌握。咸丰规定皇帝发布诏谕时，除了玉玺必须盖上这两枚章才能生效。叶赫那拉氏就是利用这枚印章开始，牵制肃顺集团，联合奕䜣集团，发动“辛酉政变”粉墨登场，纵横近代政治舞台的。慈禧太后这个干政的女主，成为了同治、光绪两朝的实际统治者，推行了许多功过难辨的政策方针。

如果历史能够假设，我们假设奕䜣被道光皇帝立为了继承人。奕䜣成为了皇帝后，极有可能实事求是地面对传统王朝面临的一切问题，打开国内正视世界形势的变化（起码不会像咸丰朝那样的愚昧自闭）。尽管中国落后的局面不会骤然改观，但第二次鸦片战争、火烧圆明园、辛酉政变和慈禧太后垂帘听政等为历代史学家所诟病的事件都不会出现了。从奕䜣在中国近代化进程中的真实表现，我们有把握确信这些推论都是会成立的。

遗憾的是，历史是不能假设的。清朝末期的道路很大程度上是道光皇帝为后人选择的。

那些邂逅皇位的孩子们

老虎的屁股摸不得，同样皇帝的宝座也不是轻易能坐得了的。什么人能坐皇帝的位置，什么时候能坐，应该怎么坐，坐之前需要做些什么准备，这一切都是有明确而又严格的规定的。它们构成了中国历史上的皇太子制度，衍化出了形形色色的皇太子政治现象。而参与其中的主角是一群邂逅皇位的、既幸运又不幸的孩子们。

皇太子制度

一

何谓皇太子？

皇太子是皇位的法定继承人，一般是现任皇帝的儿子。

秦始皇确立了皇帝制度后，自称“始皇帝”，子孙后代称“二世皇帝”、“三世皇帝”，直到千万世。这个皇帝制度就是“家天下”的世袭制度，子承父业。历代皇帝一般都在生前就册立皇太子，给自己预留一手，免得万一哪天自己“嘎嘣”一下升天了，朝廷不至于群龙无首、四分五裂。其实在秦朝统一之前，周朝和列国都有预立储君的传统。

只是当时称为“太子”，而不叫“皇太子”而已。除了秦朝因为短命没来得及正式确立太子、清朝雍正皇帝以后采取秘密建储制之外，中国历史上其他时期都册立过皇太子。

既然皇太子是未来的皇帝，国家的储君，那么册立皇太子要举行盛大的典礼，经过复杂的仪式才能最终确定。典礼和仪式结束以后，朝廷建立专门的太子官署，开始负责皇太子的衣食住行和教育、出巡、交际等事务来。皇帝一般都会延请贵戚重臣作为皇太子象征性的师傅，同时选择名师大儒执掌皇太子的读书、习艺及生活起居。而一些年纪轻，但有政治潜力的人会成为太子的宾客或者侍从，与太子相处，为以后太子登基做好人才储备。因为太子一般被安置在皇宫内的东宫生活学习，“东宫”也就成为皇太子的代名词。

皇太子确立后，只要皇帝没有“驾鹤西去”，就一直是皇太子。所以我们会看到许多皇太子的年纪都很大了，甚至年过四旬。这样的成年皇太子，当然不能让他在东宫悠闲地学习，无所事事，而要及时出来参与复杂繁重的政治事务。成年的皇太子都要跟随父皇参预朝政，处理父皇交待的各项事务。皇帝出巡或因它事离京时，常留皇太子在京主持朝政，“代理”皇帝职务。

当然了，皇位的继承人不一定是现任皇帝的儿子辈，也可能是皇帝的同辈或者孙子辈（中国历史上没有出现过父辈继承儿子皇位的情况）。因此就出现了“皇太弟”和“皇太孙”。皇太弟指的是皇帝的弟弟被指定为皇位继承人。比如明朝末代皇帝崇祯帝朱由检就是以皇太弟的身份继承哥哥、明熹宗朱由校的皇位的。皇太孙指的是孙子继承皇帝爷爷的皇位。最典型的是明朝初年，明太祖朱元璋的太子朱标早死，朱元璋于是选立朱标的儿子、嫡长孙朱允炆为法定继承人。此外，一些野心勃勃的女人，老是想当武则天，常常怂恿窝囊父皇立自己为接班人，称为“皇太女”。他们本质上还是“皇太子”。

这最后三种情况都比较少见，我们依然可以通用“皇太子”来指代所有的皇位继承人。

二

中国历史上的第一位皇太子是谁呢?

太子的称谓在春秋战国时就出现了，比如燕王喜的接班人就被称为“太子”丹。但是“皇帝”称谓和皇帝制度是秦朝建立后由秦始皇确立的，所以说秦朝之前的各种太子其实都不是严格意义上的“皇太子”。我们只能从秦朝开始慢慢梳理每一场皇权交接，去寻找获得“第一”桂冠的皇子。

秦始皇的嫡长子扶苏最有希望成为中国的第一位皇太子。他在事实上也被秦始皇看作是自己的接班人。万分可惜的是，秦始皇生前没有明确、正式地册立扶苏为皇太子。临终的时候，秦始皇留下诏书，传位给扶苏。但是诏书被赵高截住，之后沙丘政变就发生了。扶苏被迫自杀了，胡亥继承了皇位，夺走了大哥的“秦二世”宝座。

秦朝在胡亥手里败亡了，刘邦和项羽争夺天下。刘邦当上汉王的第二年，立 6 岁的嫡长子刘盈为汉王太子。公元前 206 年，刘邦正式登基做了皇帝。在隆重的登基典礼上，刘邦公开、正式地升王太子刘盈为皇太子。刘盈就是日后的汉惠帝。他性格懦弱，受制于幕后吕氏，过得很不如意，年纪轻轻就死了。但“中国第一位皇太子”的殊荣刘盈是当之无愧的。

中国古代最后一位皇太子是谁呢?

我们需要去清朝历史中寻找答案。清朝只有在康熙一代立过皇太子。之前，清朝没有皇太子制度；之后，雍正皇帝确立了“秘密立储”制度，将接班人名字写在小纸条上，只在最后时刻公布，避免内部纷争。所以，康熙朝立的皇太子就是中国古代最后一个皇太子。康熙立过两次太子，但都是同一个人。那就是康熙次子胤礽。因此，胤礽是中国古代最后一位皇太子。

三

除了必须是皇子外，皇太子的选择标准是什么？

皇太子的选择标准早在西周确定礼仪的时候似乎就已经明确了。后来儒家综合周礼和历史教训，提出了一整套完备的继嗣理论，其核心便是“嫡长子继承制”。《春秋公羊传》说：“立嫡以长不以贤，立子以贵不以长。……子以母贵，母资子贵。”

我们可以抽出两条具体的标准来。首先是：嫡先庶后。

君主们都有许多老婆，明媒正娶的大老婆（皇后）就是“嫡”，她生的儿子就是“嫡子”。而君主们的其他老婆再漂亮，再受宠爱也是“庶”，所生的儿子就是“庶子”。挑选皇太子的时候，嫡子优先。如果没有嫡子，才轮到庶子。嫡子优先原则本身也是一个“排他原则”。如果某个君主只有一个嫡子，无数庶子，那么无数个庶子也只能排在嫡子的后面。因此，历朝历代都很重视皇后的生育问题，重视嫡子的教育问题。康熙皇帝早年钟爱太子胤礽。胤礽虽然是皇次子，却是皇后嫡子。皇后赫舍里在生胤礽的时候难产死了，之后康熙立过两个皇后，都没有生育。后来，康熙为了巩固胤礽的太子地位，不再册立皇后，目的就是为了造成胤礽是唯一嫡子的优越地位。

皇太子选择的第二条标准是：长先幼后。

如果有很多个嫡子，选择哪个嫡子为皇太子呢？或者如果没有嫡子，很多个庶子争位，又怎么抉择呢？很简单，看谁的年纪大。在同等条件下（同是嫡子或者同是庶子），谁早跳出娘胎，哪怕是早一分钟，谁就具有优先继承的权力。在实践中，君主只有一位嫡子的情况很少出现。人们常常需要用到这第二条原则，逐渐演化出了“立嫡不立长，立长不立贤”的连贯标准。一些思想传统的大臣们将它上升到保持王朝政治长治久安的高度，坚决反对任何“废长立幼”的企图和行为。越到王朝政治成熟的后期，越到王朝风雨飘摇的时候，人们对尊嫡尊长的原则就越坚持。

如果一位皇子是“嫡长子”(既是嫡子，又是长子)，那他的出身就是一张政治角逐的王牌。

可见，皇太子的选择标准，在根本上是由一个人的出身决定的。至于健康状况、政治能力、朝野声望等在政治实践中非常重要的内容，在理论上不能成为选择皇太子的标准。

四

皇太子地位的确定与否，能够改变一帮兄弟们的命运。

一个皇子被确立为皇太子后，就要按照皇帝的标准要供养，同时享有仅次于皇帝的权力。整个帝国都把他当作未来的皇帝来呵护、关注。而其他皇子则被封为诸王，终身为臣。顷刻间，兄弟情分变成了君臣大义。

皇子封王开始于西汉刘邦时期，以后世代相沿。诸王的地位极高，远高于公爵和侯爵，衣、食、住、行、器物、礼仪等都有严格的规定。他人不得僭越，王爷们也不能僭越，能够享受的权利和待遇都是严格限定的。现存在国家博物馆的金缕玉衣就是西汉中山王刘胜的葬衣，看起来很好，很让人为刘胜的待遇羡慕。实际上，里面的玉器数量、金丝密度都按照严格的标准执行，稍有违反就是大逆之罪。汉武帝为了削藩，就主要抓住诸王在礼制上的僭越把柄，大开杀戒的。归根结底，皇帝手里握着王爷们生杀予夺的大权。即使如此，这一时期(汉朝、南北朝)还是皇子们地位最高的时期。他们被封为王爷后，往往能有实质的封地，在西汉的时候甚至还拥有自己的政权和军队。随着中央集权的加强，诸王的实权越来越小，最后到唐宋以后弱化成了一个荣誉称号而已。唐宋以后的诸位皇子受封的王爵，类似于“领高薪不干活”的金饭碗而已，要说政治权力，少得可怜。

就是这样的虚职，也不见得每个皇子都有份。为了控制王爷的数量，朝廷不会给每个皇子都封为亲王。许多皇子只能受封普通的爵位，几代后就默默无闻了。即使是那些受封为王爷的皇子们也分三六九等。比如明朝规定，一字王最大（燕王、福王、信王等），二字王次之。其中靖江王因为是朱元璋哥哥后代的封爵，情况特殊，介于两种王之间。又比如，清朝的时候，王爷也封铁帽子王、亲王和郡王多种级别；而且除了铁帽子王以外，亲王和郡王都不是世袭的。

原本是一起在地上爬的亲兄弟，现在一个成为皇太子，准备日后接班，其他的人却要开始为地位和将来着急奋斗。奋斗得好了，其他皇子能够取得王爷的封号，子孙后代能够按期领到一份能够勉强过活的俸禄。而皇太子的子孙后代，可能还是世代贵胄。这事如果摊在读者您头上，您也要去争争那太子的位置——因为其中的待遇和命运差别实在是太过悬殊了。

万恶源于一个“权”字。做皇太子的好处太多了，太令人垂涎了，自然萦绕在它之上的贪念和恶行也少不了。

五

对于朝廷来说，在选择皇太子问题上必须要坚持“嫡庶分别，长幼有序”。

皇太子的确立关系到巨大的利益，最怕引起群子争立，乃至骨肉相残的悲剧。因此，对于宏观的朝政来讲，在选择皇太子问题上要求稳，务必不能出乱子。既然务求稳重，就要按照严格的标准来执行：“嫡庶分别，长幼有序”，不能抹煞了某些人的正当权益，也不能助长某些人的不正当想法。

三国后期，东吴大臣诸葛恪辅助孙亮的时候，孙亮的弟弟孙奋常常有意无意地表现自己，在朝堂上滔滔不绝，而且器物用品都和身为皇帝的孙亮攀比。诸葛恪觉得这是一个危险的苗头，劝谏孙奋说：“之前袁绍、刘表等人各自割据国土，土地广阔，军队众多，但就是因为在子嗣问题上嫡庶不分，最终导致了政权失败，家族服灭。天下人都对他们的失败感到痛心。……大王应该深以鲁王（孙霸，具体事情见孙权一章）为戒，改易其行，战战兢兢，尽敬朝廷，如此才能保全自己。……这是古今正义，大王应该记住。……如果之前鲁王能够早纳忠直之言，心怀惊惧，完全可以好好享福，哪里会自取灭亡之祸啊？”诸葛恪以大臣身份呢，引经据典，训诫孙奋要“注意自己的身份”，不能僭越。

的确，如果在权力场上人人都安分守己，各司其职，就不会有那么多的纷争仇杀了。

对于群臣来说，轻易不要拿皇太子制度做文章，小心引火上身，粉身碎骨。

一些自作聪明的大臣，喜欢拿废立太子这样的大事来做为谋取晋升或者打击政敌的手段。这是非常危险的事情。立谁为太子，什么时候立为太子，是皇帝说了算的事情。一个大臣跳出来指手画脚，画对了也会讨人嫌。历史上的确有一些人，因为在关键时刻揣摩皇帝的意思，发表“正确的”意见，受到嘉奖。但是多数人因为盲目参与废立太子一事，身败名裂，甚至满门抄斩。

清朝康熙皇帝想第二次立胤礽为太子的时候，曾找大臣李光地“无意”谈到胤礽的“病情恢复”情况。没多久，康熙皇帝下令群臣推举太子人选，李光地没有反应过来，没有上表推荐胤礽，结果事后遭到康熙的训斥。几年后，康熙第二度废黜胤礽，对众位皇子争权夺利，紧盯太子之位的行为非常反感。他下令今后不再册立太子。可还是有一些人上书议论皇太子废立的事情，要么向某位皇子套近乎，要么向康熙皇帝表达忠心，或者干脆用议论国家储君的事博取空幻的虚名。这些人没有一个人得到好下场，砍头的砍头，抄家的抄家。康熙皇帝还算是个仁慈的皇帝，可在这个事情上严办了许多上书的人。

对于皇帝来说，一定要及时确定皇太子人选。

皇太子的确定可以杜绝皇室内部的“非分之想”。如果没有及时确定皇太子，不仅非分之想会疯狂膨胀，而且可能错过可以平稳册立太子的时机。我们又要说到康熙皇帝。康熙皇帝晚年不立皇太子，表面上平安无事，暗地里波涛汹涌，儿子们斗得你死我活。还有一些皇帝，迟迟不立皇太子，直到死了也没有制定继承人。好在还有老太后在，遇到太子出缺、无人继位的情况，一般由太后出面召集群臣推举新皇帝。比如晋穆帝死后，皇太后下诏立司马丕为帝；宋哲宗死后，向太后主持立端王赵佶为宋徽宗。

北宋英宗病危的时候，精神错乱，显然难以出面正式册立太子。宰相韩琦就赶到皇帝病榻前，劝英宗早日确认接班人，避免政局出现动荡。宋英宗微微点头，在韩琦准备的纸条上歪歪扭扭地写下“立大王为皇太子”。韩琦又指出宋英宗写得过于含糊，依然容易引发权争。宋英宗就在后面补充了“颍王顼”三个字。韩琦立即起草好诏书，拿到宋英宗面前，宋英宗已经几乎丧失了言语能力，挣扎着在诏书上签名。费力签名完，宋英宗泫然下泪，韩琦等大臣也相对流泪。不满一个月后，宋英宗就死了，赵顼平稳继位。如果再晚点确立太子，可能就会引起血腥政变了。

对于少数民族来说，皇太子制度是陌生的政治制度。

皇太子制度是带有明显汉族色彩的政治制度。北方的游牧民族崇尚的是力量，主要以能力和功绩为标准确定领袖，对血缘看得并不那么重。当他们入主中原后，虽然仿效了皇太子制度，但并没有学透。比如元朝定都大都后，采纳了一系列汉族政治制度。忽必烈立孙子铁穆耳为皇储的时候，却授给他“皇太子宝”。元朝还残存着“兄终弟及”的继承方式，皇帝也往往册立自己的弟弟为“皇太子”。这在汉族制度中是荒唐的事。蒙古人简单地将皇太子等同于继承人，被人们当作了元朝的蒙古贵族没有好好学习汉族政治制度的证据。

皇帝无家事

我们知道，嫡长子在皇太子竞争中具有极大的优势，但真正做成皇帝的嫡长子却很少。

宋朝 18 个皇帝中只有 3 人是嫡长子即位。明朝的 16 个皇帝中也仅有 5 人是嫡出。清朝皇帝则没有一个人是以嫡长子身份继承皇位的。

为什么会这样呢？因为皇帝牢固掌握着决定继承人选的最终权力，可以根据个人的好恶而干扰破坏嫡长制的实行。世袭制度说到底还是一种人治的政治。掌握主动的一定是皇帝，一切权力都由皇帝而出，一切享受都是皇帝赏赐的。套用句时髦的话，就是“朕给你的，你才能要；朕没给的，你不能要”。举个例子：东汉光武帝刘秀的第一个太子是郭皇后生的嫡长子刘强。但刘秀不喜欢郭皇后，而喜爱阴丽华。太子刘强最终只好识相地让位与阴丽华的儿子刘庄。

恰恰因为皇帝身上的绝对权力，导致皇帝无时无刻生活在政治之中，根本没有正常的家庭生活可言。皇帝很任意的一句话，都可能被泄露出去，被不同的人解读出不同的结果来。晚年的孙权在已经有太子孙和的情况下，封皇四子孙霸为鲁王。当时其他皇子都没有封王，孙霸的地位一下子突出出来。而且孙权对他宠爱赏赐和其他待遇，都和太子孙和没有差别。这可能是孙权无意的表现，对孙霸的亲情宣泄，却被许多大臣解读为孙权喜欢孙霸，有废孙和改立孙霸的意思。孙霸也洋洋自得，开始拉帮结派。孙权一时的疏忽，结果导致了延续多年的“二宫构争”，国无宁日。

皇太子的废与立，本质上来说是皇帝的家事。皇帝没有家事，一言一行都要考虑政治影响。皇帝在考虑皇太子问题的时候，要时刻注意政治影响，及时接收反馈：

1. 储嗣之争是亡国之道，要尽量避免众子争位。

皇子们争夺太子地位，可能危及到皇帝的整体事业，危害皇室的血肉亲情。宋朝洪迈在《容斋随笔》里这么评价因为皇太子权力纷争而导致的家庭悲剧："三代以前，人君寿考有过百年者，自汉、晋、唐、三国，南北下至五季，凡百三十六君，唯汉武帝、吴大帝，唐高祖至七十一，玄宗七十八，梁武帝八十三。自余至五六十者亦鲜。即此五君而论之，梁武帝侯景之祸，幽辱告终，旋以亡国。玄宗身致大乱，播迁失意，饮恨而没。享祚久长，翻以为害，因已不足言。汉武末年，巫蛊事起自皇太子、公主，皆不得其死，悲伤悉沮，群臣上寿，拒不举觞，以天下付之八岁儿。吴大帝废太子和，杀爱子鲁王霸。唐高祖以秦王之故，两子十孙同日并命，不得已而禅位，其方寸为如何？然则五君虽有崇高之位，享耄耋之寿，竟何益哉！"汉武帝刘彻和康熙皇帝玄烨，都是一代圣君，功勋显赫，但晚年都因为没有处理好与皇太子的关系问题，导致内讧，没有十全十美地走完政治道路。汉武帝刘彻残杀了太子刘据和孙子后，又反悔了，在刘据遇害的湖县修建了思子宫，在宫殿中修建了归来望思之台。他希望通过这些宏伟的建筑能够挽回儿子的生命，弥补自己的过错。早知今日，当初为什么不三思而后行，在襁褓中扼杀内讧呢？

2. 皇帝要注意考察皇太子，不能册立以后放任不管。

同样是一代圣君的唐太宗李世民立李承乾为太子，但幼子李泰不满，怀有夺位之志。兄弟二人各自拉起朋党，四处伸手，相明争暗斗。李世民对这些情况既不重视，也缺乏了解。贞观十七年（643 年），李承乾勾结大臣侯君集等人企图杀害李泰，将权争的脓疤捅破了。唐太宗李世民这才下令严查真相，最后废李承乾为庶人，流徙黔州。李承乾的悲剧很大程度上是李世民"重立轻教"造成的。李承乾从小聪明伶俐，在李世民让他监国期间，表现出色，赢得了朝臣的一片赞誉。结果，李世民对李承乾的言行不加约束，对其缺点没有丝毫察觉，酿成大患。

宋孝宗赵昚的太子赵惇待人不卑不亢，对待父皇赵昚和太上皇赵构非常孝顺。赵昚开始对赵惇很放心。实际上，赵惇年近四旬，还是太子，内心的权力欲让他对父皇非常不满。太上皇赵构可以退位，让赵昚当皇帝，为什么赵昚就不能退位让赵惇继位呢？此时的赵惇已经须发皆白，却从来不用药剂染黑须发，就是要通过白发来时刻提醒父皇赵昚："我的年纪已经不小了！"一次，祖母、赵构的吴皇后不解地问孙子赵惇："那么多人送你黑发药，你为什么不用呢？"赵惇轻描淡写地说："孙儿以为白须白发并没有什么不好，反而可以向天下显示我的老成。"赵昚对赵惇感受的忽视，导致了父子俩的亲情很淡薄。为日后父子两人的反目埋下了伏笔。

3. 不能过早册立皇太子。

所谓"枪打出头鸟"，"木秀于林，风必摧之"，一个人被立为太子后，也就成为了所有竞争对手攻击的对象。太子册立得越早，承受的明枪暗箭就越多。如果皇帝真的是出于爱护这位皇子的考虑，那么反而要注意保护他，不要过早地让他暴露在攻击火力之下。

胤礽刚满周岁的时候，就被康熙皇帝册立为太子。康熙很喜欢胤礽，甚至溺爱到了相当荒谬的程度。比如，康熙皇帝任命胤礽的奶母之夫凌普为内务府主管，不是凌普的资历才干，而仅仅是为了便利胤礽取用皇宫特供物资。胤礽过早成为太子，一方面成为了其他所有政治派别造谣中伤和攻击的靶子，另一方面越做太子越没有新鲜感，就越想再往上进一步。胤礽党羽也日益增多，急迫张狂。而康熙身体健康、精力充沛，看起来短期内不会"归天"。这就使胤礽急迫的接班欲望和康熙稳重敏感的政治做派之间产生了不可调和的矛盾。

4. 皇帝倾向于选择与自己性格脾气类似的儿子做太子，这样做对吗？

奕詝与奕䜣两个人的能力高低，明眼人一眼就看出来了。但道光就是选择了能力不济的奕詝，而不选择能力出众的奕䜣。因为奕詝虽然长相丑点，学识和武功差点，对政治现实了解少点，但仁爱孝顺。更重要的是，奕詝这个孩子忠厚老实，守规矩，恶变革。道光从奕詝身上看到了自己的影子。许多皇帝在挑选继承人的时候热衷选择“类己之人”。哪个人选和自己的思路一致，会继续奉行自己的方针政策，我就挑选那个人继承自己的地位和权力。但是自己的思路，自己的性格是否就和国家的宏观发展“对路”呢？在个人喜好和国家发展需要之间，皇帝是否需要权衡，需要做出某种牺牲呢？清朝末期的历史就向我们证明，奕䜣比奕詝更适合近代化的局势，更适合做皇帝。

皇帝拥有决定太子的最终权力。这既是皇帝的权杖，也是一棵荆棘。他需要运用这个绝对权力在挑选一位对事业、对家族发展有利的接班人，不能轻视或者滥用它。

二把手政治

对于皇太子们来说，首先要考虑的问题是：皇太子和父皇们之间的矛盾是怎么产生的？

权力产生了矛盾。

皇太子虽然不是真正的皇帝，但在皇帝的生前也掌握了部分权力。同时，朝廷为皇太子配备的人员，皇太子自身结交的人员和主动钻营、依附的其他人往往让太子形成自己的小团体。他们的父皇们很容易在心理上，在权力操作上感觉到权威受到来自皇太子势力的威胁。父子间的猜忌和防范就此产生了。千万不要小看了因为权力转移产生了心理作用。皇帝们的心理不同于常人。加强集权是皇帝毕生奋斗的目标，一旦出现哪怕是最细微的权力威胁，他们都会敏感地把握住。

并不是所有的皇帝都会像唐睿宗李旦一样，意识到儿子李隆起势力壮大的时候，愿意主动退位。因此，皇太子们成为皇太子以后，反而要更加小心地“伺候”皇帝。

1. 时刻要有忧患意识，低调做人。

如果我们把皇太子比作政界的“二把手”，那么皇太子政治就是二把手应该懂得和执行的政治。“二把手看似一人之下、万人之上，无限风光在顶峰，其实风险很大，很容易翻船。二把手既要全力辅佐一把手，又要不揽功、不诿过，不能功高盖主；既要在下属面前树立必要的威望，又要防止树大招风，成为众矢之的。”在权力的生物链中，皇太子注定是重要而又易受攻击的一环。“因此，在官场中，二把手奉行的是这样一种‘副手之道’，即到位而不越位，到位而不空位，到位而不无为。一句话，踏踏实实做事，夹起尾巴做人。”[1]

2. 皇帝是皇太子权力的来源，一切要紧跟皇帝的思路。

昭明太子萧统是个能力出众、道德高尚的好太子。但在父皇梁武帝看来，萧统这个孩子的思路有问题，不太适应南北朝乱世的发展。而萧统犯了一大错误。那就是他为了兴趣也好，为了避祸也好，过多地沉溺于文章和编辑工作之中。他忘记了，儒家的道德要求也好，臣子们的认同与赞誉也好，这些虽然是影响太子能够顺利继位的重要因素，但并不是最重要的因素。最后的决定权还是在皇帝本人手中。从这个角度来说，做太子的人，提高素质博取名声固然重要，但最要紧的还是与皇帝保持高度一致。这种一致不仅是个人能力上的一致，更是性格秉性和执政思路的一致。萧统虽然表面上做得尽善尽美，盛名在外，但并没有与父亲萧衍保持真正的、深度的一致。

3. 要适当地表现自己，挖掘自身资源，巩固太子地位。

没有任何一个人敢说自己在社会结构中的地位是稳若泰山的。皇太子群体也要居安思危，发挥一切优势，挖掘一切资源，巩固地位。

三国时期，曹丕即位后很久都不立太子。儿子曹睿跟随曹丕出猎，遇到子母鹿。曹丕射杀了母鹿，命令曹睿射杀小鹿。结果曹睿不从，说：“陛下已杀其母，臣不忍复杀其子。”说着曹睿流涕哭泣。曹丕由

1　李俭著《权力的伤口：大清皇位传承内幕》，新华出版社出版，第五章第一节。

此想到被赐死的甄氏，内疚起来，下定了立曹睿为太子的决心。曹睿能够将日常遇到的事情和政治紧密联系在一起，既表现了自己，又勾起了父皇对自己的愧疚之心，可谓一举两得。

古代历史上还有许多皇帝隔代相传的故事。皇帝爷爷看中了皇孙，为了让钟爱的皇孙将来能够继承皇位而册立该名皇孙的父亲为皇太子。据说曹睿能被立为太子，多少就和曹操的隔代相传有关。曹睿小时和，曹操经常让他跟在左右。曹操每次宴会时，曹睿与侍中近臣并列坐于军营帷幄中。曹操公开说："我要让你作我的三世继承人。"这种情景就好像康熙之于乾隆。雍正的处境就与曹丕类似。雍正能够称帝的一个重要原因是康熙属意于他的儿子乾隆，想通过传位雍正来确立乾隆的帝位。类似的还有弱智太子司马衷。据说司马衷的儿子司马遹乖巧聪慧，深得晋武帝司马炎的喜欢。司马炎一度想将皇位传给司马遹，因此没有废掉弱智儿子的太子之位。所以，历史上的皇子们很注意发挥子女在父皇心目中的作用。子孙欢聚膝下，享受天伦之乐的场景，往往异化成皇子们暗中搏杀的"角斗场"。

4. 关键时刻，留在皇帝身边很重要。

雍正皇帝即位充满疑云。不管雍正有没有耍手段，也不管他耍了什么手段，起码雍正皇帝在康熙临死前就在北京。而他的主要对手胤禵却幻想着通过建功立业，威震天下，实现太子梦想，关键时刻人却远在青海。这给了雍正从容应对、充分布局的时间；胤禵则连最基本的过招的机会都丧失了。

相同的例子还有秦始皇的长子扶苏。扶苏贤明而为秦始皇器重，是朝野上下公认的继承人。但对于父亲焚书坑儒和其他残暴的做法，扶苏有不同看法。他劝谏始皇帝说："天下初定，人心尚未稳定，父皇以重法严惩，儿臣恐怕天下不安。"晚年的秦始皇，刚愎自用，根本听不进去批评。他对扶苏的诤言很生气，干脆发落扶苏去陕北上郡，落个眼不见心不烦。扶苏就去抗击匈奴的前线当监军去了。而他的弟弟胡亥则和赵高、李斯等人乘随驾在秦始皇身边的机会，假传圣旨，要了扶苏的命。结果，胡亥当了秦二世，早早断送了秦王朝的命。

胤禩的外调和扶苏的外放，都对各自的皇位继承问题乃至帝国政局产生了重大影响。

等待接班的日子是难熬的，也是危险的。皇太子要考虑的最大问题是如何消除危险，保障现有地位。其中的重中之重就是维持与皇帝的良好关系。

历史可以为今人提供借鉴。在现实生活中，我们可以把上面的皇帝替换成领导者，皇太子替换成接班人，众多的皇子就是被领导者。历史上众多皇太子事件表现出来的问题和经验教训，依然可以给今人多重借鉴。

后 记

成败皆是匆匆客

感谢大家购买、阅读本书。

这是一本从皇太子政治的角度来讲述中国历史上的皇位传承的通俗读物。“皇太子”仅仅是政治继承人、权力接班人的代名词而已。只要世袭政体的存在，君主们就面临着如何选定接班人、如何把最高权力交接给接班人的问题。最高权力的交接关系到国家政治的稳定。选好了接班人、顺利实现交接，利国利民，也利于皇室家族的传承与发展；反而则对三方面都产生消极影响。对于许多君主来说，挑选合适的太子可能是毕生最重要的政治问题之一。有些皇帝在治理国家上很平庸，却找了一个优秀的接班人，成就了生平最大的功绩，比如适时传位给太子李隆基的唐睿宗李旦。有些皇帝在处理政务、南征北战方面取得了辉煌成绩，但在接班人问题上一误再误，为政治生涯留下遗憾，比如两立两废太子的康熙皇帝。而从皇太子的角度来说，成为皇太子只是迈出了万里长征的第一步，如何磨炼意志、学习能力、积聚声望等后天的工作更加重要。其中最重要的莫过于如何处理好于老皇帝的关系。世袭政体从本质上来说，是人治的政体，因此处理好人际关系对皇太子来说尤为重要。

历史总给我们今人许多借鉴。权力交接问题在人类发展的各个阶段都会存在。领导者如何预定恰当的接班人，接班人如何顺利接班，是一个永恒的难题。希望读者能够从书中一个个案例中得到一些启发。

比如领导者是挑选一个自己喜欢的接班人，还是挑选一个对事业有利的接班人？

比如被领导者如何理性对待接班人职位的诱惑，如何处理好与领导者和同事们的关系？是由着自己的性格禀性来争取进步呢，还是循规蹈矩、顺着领导的意思前进呢？

中国历史上的皇太子制度非常完备，无论是太子的挑选标准、太子的教育培养、太子的官署设置、太子的权力分工，乃至太子出巡的规格都有严密的规定。但是围绕皇太子宝座的争斗一直就没消停过，上演了许多阴谋诡计和血腥政变。遗憾的是，这些丑闻和流血事件，都是发生在父子兄弟内部的。骨肉亲情往往敌不过政治权力的诱惑力量。大家为什么要争来争去呢？说到底，还是皇太子宝座具有的巨大政治权力和物质享受。许多人为了感受一下身为太子的荣耀，不惜扭曲本性，不惜骨肉相残，最后依然是身败名裂，满门抄斩。古今多少事，后人谈笑一挥间就过去了。成也好，败也好，相对于漫长的历史来说是千年一瞬，即使对于个人生命来说也是匆匆过客而已。如果历史上的那些失败者、成功者都看淡看轻了“皇太子”三个字，相信许多悲剧都能够避免。

这就是我在本书中最想传播给读者的看法，有道是“成败皆是匆匆客”，不必太过在意。

历史上围绕最高权力展开的政治斗争一直是图书市场热衷的出版内容。之前，我尝试着将最高权力的斗争从时间上“前移”，从层次上“下降”，写写在最高权力归属确定之前的事情，写写那些活跃在权力金字塔次顶端的人物。皇太子恰好吻合这两个考虑。

接着，我要交代一下本书的资料来源和引用情况。我要感谢现代科技的发展。之前在汗牛充栋的纸质《二十五史》中查找特定的人物、事件等内容需要花费数小时甚至一两天时间。电脑技术的飞速发展使得同样的搜索工作可以在电子版《二十五史》中通过简单的“关键词搜索”完成，花费不了一秒钟时间。为了从纷繁复杂的相关史料中脱离出来，探究历史的原貌，有所新发现和私人感悟，我浏览了各个朝代正史的相关部分内容。此外，我参考了相关的文章。除了在文章注解中注明的之外，我还参考的文献有：温功义著《明代宦官和三案》（重庆出版社 2004 年 5 月版），李俭著《权力的伤口：大清皇位传承内幕》（新华出版社 2007 年版），刘心武著《红楼望月》（书海出版社 2005 年版），林大志、陆盛江著《“蜡鹅事件”真伪与昭明太子后期处境》（载于《文学遗产》2004 年 6 期），王永平著《孙权立嗣问题考论——从一个侧面看孙权与世家大族的斗争》（载于《南京理工大学学报·人文社科版》2003 年第 1 期），刘驰著《晋惠帝白痴辨——兼析其能继位的原因》（载于《中国历史大辞典通讯》1984 年第 4 期），张国元、杨国庆著《康熙的多子与多忧》（载于《渝州大学学报·社会科学版》1999 年第 1 期），朱维铮著《火烧圆明园之前的事》（载于《历史教学》2002 年第 10 期），史卉著《简析中国古代的皇位嫡长子继承制》（载于《聊城大学学报·社会科学版》2007 年第 2 期）。另外，《守得云开见月明——血缘外的南宋太子们》一章可以看作是对我之前的作品《脆弱的繁华》中有关南宋皇位传承问题的一个归纳总结。

我并不是历史学科班出身，对历史的写作多半是出于兴趣。全书在史料的选择和观点的阐述上难免存在错误，敬请各位读者手下留情。

本书初版由安徽人民出版社出版，现由群言出版社再版。我要感谢责任编辑张天放的辛劳付出，感谢群言出版社的专业工作。没有大家的帮助和辛劳付出，就没有本书的成功出版。我特别要感谢唐琳娜在写作期间对我的支持和鼓励。她是本书的第一个读者，并且在本书的写作过程中一直陪伴在我身边。

谢谢大家！

张　程

二〇〇八年春初稿于六合园

二〇一五年七月改于王府井